日本労働法学会誌102号

労働契約法の新潮流
労働条件変更法理の再構成
契約労働をめぐる法的諸問題

日本労働法学会編
2003
法律文化社

目　次

〈特別講演〉
　　司法制度改革と「労働」………………………………髙木　　剛　1

シンポジウムⅠ　**労働契約法の新潮流──独仏の新制度をどうとらえるか**
　　趣旨と総括……………………………………………野田　　進　23
　　フランスにおける労働契約法の動向………………奥田　香子　30
　　ドイツにおける労働契約法制の動向………………根本　　到　40
　　　──改正民法典における約款規制に限定して──
　　独仏の新潮流と日本法への示唆……………………野川　　忍　55
　　　──労働契約法理の再構成に向けて──

シンポジウムⅡ　**労働条件変更法理の再構成**
　　趣旨と総括……………………………………………盛　　誠吾　65
　　労働条件変更法理の再構成…………………………川口　美貴　70
　　　　　　　　　　　　　　　　　　　　　　　　　古川　景一

シンポジウムⅢ　**契約労働をめぐる法的諸問題**
　　趣旨と総括……………………………………………毛塚　勝利　101
　　「契約労働者」保護の立法的課題……………………永野　秀雄　108
　　仲介型並びに下請型委託就業による契約労働者
　　　　保護の課題………………………………………小俣　勝治　118
　　契約労働者の概念と法的課題………………………鎌田　耕一　128

〈個別報告〉
　　中国における雇用の流動化と労働関係の終了……山下　　昇　141
　　ベトナムの市場経済化と労働組合のドイモイ……斉藤　善久　153

i

ドイツにおける被用者概念と労働契約……………皆川　宏之　166
立法過程から見た労働関係の内閣提出法律案に対する修正
　………………………………………………………寺山　洋一　184

〈回顧と展望〉
　職務発明と「相当の対価」
　　（オリンパス光学工業事件・最三小判平15・4・22）…………奥野　寿　201
　業務委託に伴う出向とその延長
　　（新日本製鐵〔日鐵運輸第2〕事件・最二小判平15・4・18）……中内　哲　211

　日本労働法学会第105回大会記事……………………………………　219
　日本労働法学会第106回大会案内……………………………………　224

〈特別講演〉
司法制度改革と「労働」

髙木　剛

〈特別講演〉

司法制度改革と「労働」

髙　木　　剛
(UIゼンセン同盟会長)

I　はじめに

　本日は，労働法の碩学の皆様のお集まりでございます日本労働法学会の第105回大会の場で，「司法制度改革と労働」というテーマでご報告させていただく機会をお与えいただきまして，大変光栄に存じております。私は司法制度改革審議会の委員を仰せ付かり，2年余にわたりまして司法制度改革の論議に参加をさせていただきました。現在，司法制度改革推進本部の下に11検討会が設置されておりますが，その一つでございます「労働検討会」の委員として，労働分野における紛争解決，あるいは「労働」司法の改革・改善のための論議に参加させていただいております。

　法律や司法制度についての知識，経験の乏しい浅学非才の身を顧みず，それ故にお叱りやご批判をいただく点も多いかと存じますが，どうぞお心を広くお聞きいただきたいと思います。癇に障るようなことを申し上げる点がございましたら，ぜひお許しを賜りたいと存じます。

II　今次司法制度改革のめざすもの
――改革の努力を怠ってきたツケの清算と21世紀の司法への備え――

　1999月にスタートいたしました司法制度改革審議会は2年間の審議を終え，

特別講演

2001年6月に「司法制度改革審議会意見書」(以下,単に「意見書」と言う)を小泉首相に提出しました。その後,2001年12月に,内閣に小泉首相を本部長とする司法制度改革推進本部が設定され,現在,課題ごとに設けられております11の検討会で,意見書の内容を具体化すべく検討が行われているところです。そして,検討会で既に結果がまとまってきたものから順次法案化され,本通常国会にも10本近い法案が上程されています。

労働の関係につきましても,労働検討会が設置されまして,11人の委員による論議が展開されており,後程申し上げます諸課題につきまして,精力的に論議を行っています。

この司法制度改革推進本部ですが,設置期限は2004年11月末日までとなっており,各検討会の検討作業は,おおむね本年秋,遅くとも本年末,あるいは来年の初頭までに結論を得て,2004年の通常国会に所要の法案を上程するという流れが想定されています。来年の7月は参議院選挙等が予定されておりまして,来年秋の臨時国会がどういう日程になるのかは今のところよく分かりませんが,場合によっては一番遅いものは臨時国会に掛かるものも出てくるのではないかと思われます。

まず,司法制度改革が全般的に何を目指そうとしているのかについて,簡単にご紹介したいと思います。中坊公平さんが「2割司法」という言葉を使われておりますが,日本の司法は,小さな司法だと言われ,アクセスや使い勝手が非常に悪い司法です。また,諸外国と比べて主権者である国民が参画する度合いが少ない,国民的基盤の非常に弱い司法と言えます。時代の変化への対応の遅れなども批判の的になっています。各般にわたって早急の改革が求められていることは,皆様ご高承の通りです。

日本の司法は,なぜこのように多くの問題点を抱えてしまったのでしょうか。主権者で統治の主体者であるべき国民を統治の客体であるかのように扱う統治の感覚,「裁判沙汰」という言葉に象徴されるように訴訟回避を誘導せんとする社会的な風潮など,国民と司法の関係を暗黙裡に律してきた消極的な司法観が日本の司法制度の改革を阻んできたのではないかと思います。

日本と同じく第2次世界大戦を敗戦国として終えたドイツの戦後の司法制度

改革に対する不断の努力と比べまして，日本では，終戦直後の制度改革以降は部分的な改善が一部で行われたものの，大勢的には改革努力に乏しく，多くの問題点を積み残したまま今日に至っていると言われても致し方ないと思います。この席にも多数お見えですが，法曹三者の皆さんや法学者の皆さんなど，司法に直接的に関与されている関係者の皆さん，あるいは政府，国会は，それぞれ怠慢の誇りを免れないのではないかと思います。

　このように，改革の努力を怠ってきた日本の司法は，その帰結として多岐にわたる課題を抱えております。主な課題を列挙すれば，小さな司法を改善するための法曹人口の大幅な増加，法曹養成システムの改革。これについては，現在，各大学で法科大学院の設立のための準備に邁進されていると認識しております。さらに，裁判へのアクセスの改善。また，訴訟や裁判に非常に長い時間を要するので，その点を踏まえた訴訟の迅速化の問題。司法制度における国民参加の拡大など，国民的基盤を飛躍的に高めるという課題も抱えております。民事・刑事訴訟における各般に亘る制度の見直しも求められております。行政訴訟，労働事件訴訟にも改革を要する点が多々ございます。裁判官，弁護士制度の改革。あるいは裁判所，検察庁等の人的基盤の強化と運営の改善といった課題等，枚挙に暇がありません。まさに司法制度全般にわたる改革が求められております。戦後50数年の怠慢のツケを清算し，21世紀前半の日本の司法を，主権者である国民を主人公とする司法制度として組み立て直す改革が求められています。

Ⅲ　司法制度改革審議会における「労働」の検討経過

　それでは，司法制度審議会における「労働」の検討状況を簡単に報告させていただきたいと思います。「意見書」には，「労働」に関する課題が2ページにわたって書かれております。これが，どのような検討経過を巡ってまとめられたのか，資料1（※当日配布資料「司法制度改革審議会意見書」4．労働関係事件への総合的な対応強化）をご参照ください。

　1999年7月から論議を開始した司法制度改革審議会では，最初，どういう論

点をどういうコンセプトで協議していくのかということについて議論を致しました。その結果，同年12月に，翌年の1月以降の議論に供すべき論点や，そうした論点を抽出した考えの大本をまとめた文書として「論点整理」が提出されました。

この「論点整理」をまとめる時点では，13名の審議会委員の大方の関心は，労働というジャンルにはほとんど向いていませんでした。労働のことが常に頭の中にあったのは，13人の委員の中で多分私1人ではなかったかと思われます。そういうことですから，「論点整理」の最初の原案が出てきた時には「労働」という文字が1カ所も入っておりませんでした。私は，「労働についても，いろいろ検討していただきたい課題があると思っております。『労働』という文字をぜひ入れてください。」ということを再三再四申し上げまして，民事の関係の部分に「労働」という2文字を入れていただくのに大変苦労したのを覚えております。

「論点整理」では「労働」の2文字が入りましただけでしたが，その後，1年ほど経って2000年12月に中間報告がまとめられ，翌年の1月から更に論議を深め，2001年6月の時点で最終的な「意見書」がまとまったわけです。その過程で，2文字から2ページにわたる記述を得るところまで漕ぎ着けることができました。審議会をスタートする時は，「労働」はそんな認識でとらえられていたということです。

このような状況から出発して，資料1の「意見書」に記載された労働関係の課題が指摘されました。内容の主な項目だけ申し上げますと，労働裁判の迅速化，労働調停の導入，労働事件固有の訴訟手続きの要否，労働参審制の導入の可否，労働委員会の救済命令に対する司法審査の在り方の問題等です。

Ⅳ 「労働検討会」における検討状況

1 概況

司法制度改革審議会の「意見書」を具体化すべく，2001年12月には，小泉首相を本部長とする司法制度改革推進本部が設置され，その下の検討会の一つと

して,「労働検討会」が置かれました。労働検討会は11人の委員で構成され,座長は東京大学の菅野法学部長がなさっておられます。現在まで議論を19回して参りました。この連休中の5月2日にも第19回目の会議がございました。

そこで議論されている項目が資料2（※当日配布資料「労働関係事件への総合的な対応強化に係る検討すべき論点項目」中間的な整理）です。検討を求められている全項目について3月末までに1巡目の議論を終え,2巡目の論議を始めたところです。本会場にも委員になっておられます山川先生や村中先生もお見えですが,委員の方々がそれぞれの意見を表明し,当然意見の対立点が出てきますが,意見の対立点の調整や接点を探す努力は1巡目の中ではやっておりません。

現在,2巡目の議論に入っております。恐らく3巡目ぐらいまでやらなければいけないかと思いますけれども,今後の議論の中で,順次それらの対立点を究明し,合意点を探っていくことになります。その議論はこれからです。本年秋あるいは年末ぐらいまでかかるかもしれませんが,労働分野における課題について,「こういうことで解決しよう」という方向性をまとめます。同時並行的に作業を行う部分もあるかと思いますが,来年の通常国会に向けて,必要ならば所要の法案作りの作業に入っていくことになろうかと思います。

なお,今年の夏ごろまでに,どういうタイトルになるかは分かりませんが「中間報告」というか,議論の中間的な状況の報告をパブリックコメントをいただくことができるようなかたちで出すことも予定されています。

こういうことで議論を続けてきておりますが,この議論の前提として,現在,労働紛争解決システム全般にわたり,その現状をわれわれがどういうふうに認識しているのか,あるいはどういうことを課題だと留意しておかなければいけないのかといったことについて,簡単に申し上げていきたいと思います。

2　労働紛争解決システムの現状と課題

司法制度全体が改革の努力を怠ってきたツケを払わなくてはいけない状況にあることを申し上げましたが,労働の分野でも,やはり同様のことをわれわれは指摘しておかなければならないのではないかと思います。

そういう意味では,法務省,旧労働省（現在の厚生労働省）,裁判所,弁護士

特別講演

会,労働弁護団,経営法曹会議等にご参加の皆さん,私ども労使,あるいは労働法をご研究の皆さん,いわば「労働」にかかわることの多い者のすべてが,各々の怠慢を反省することから,この議論を進めていく必要があるという認識が共有されなければならないと思います。

(1) 使い勝手の悪さ

具体的な課題としては,労働分野での使い勝手が大変に悪い小さな労働司法という面があります。ADRにつきましても,まだまだ整備途上という状況だと思います。アクセスを含め,労働紛争解決システムを巡る問題点も多岐にわたっています。日本の労働紛争解決システムは,トータルで見て十分に機能してきたとは言えないのではないか。そういう中で,権利の救済を受けて然るべき労働者を中心にした当事者は多くの場合,泣き寝入りをしてきたケースも多いと思っております。

その原因はどこにあるのでしょうか。日本の司法制度全体が小さな司法と言われる中で,労働司法も諸外国と比べて極めて小さいという状況にあります。裁判所に持ち込まれる労働関係事件は,近年,増加傾向にあるとはいえ,仮処分事件を含めまして年間3千件程度です。ドイツの年間60万件以上という数字と比べ,その違いの大きさに愕然とさせられます。

もちろんドイツと日本の労働紛争解決システムには大きな違いがありますから,そうした影響もあるかと考えますが,裁判所で処理される労働事件数の大きな違いはどこから来ているのか,十分に検証,吟味をしてみる必要があると思います。

昨今,個別労働紛争が増加しつつある状況の中で,紛争当事者となった労働者が各県の労働局や,労政事務所,労働委員会,弁護士会等の相談コーナー,あるいは労働組合等いろいろな所で相談を受けられております。紛争のある部分は,この段階で解決されている面もありますが,多くの事件はADRの枠内だけでは決着がつかず,にもかかわらず裁判所に救済を求める行為もなされないまま,労働者が泣き寝入りとなっているのではないかと思われるケースも随所に見られるわけです。裁判所に訴訟を提起するにはどうしたらよいのか。どの弁護士事務所に相談に行ったらよいのか。本会場には弁護士の方々もお見え

ですが，弁護士さんの事務所は，どこに行っても「法律事務所」という看板しか掛けてくださいません。病院でも内科，小児科，外科ぐらいは書いてある。法律事務所も何かちょっと専門分野，得意分野ぐらいは明らかにしていただけないか，要するにどの弁護士さんの所に相談に行ったらよいのか，なかなか分かりません。裁判費用や弁護士費用がどのくらいかかるのかについても，多くの普通の労働者は分からないわけです。また，解決までにどのぐらいの時間がかかるのかということについても，皆な，分からないままに不安を抱えている。このように，どうしたらいいのか判断ができずに，結果として当該労働者に訴訟提起をためらわせているのが現状ではないかと思われます。

　弁護士や裁判所へのアクセスの改善，ADRの一層の整理，労働裁判自体の迅速化など，労働者がより利用しやすくなるように各般にわたって改革・改善策が講じられなければなりません。

　(2)　法秩序形成の弱さ

　どこの国と比較するかにもよりますが，日本の労働法は体系としての整備が十分ではないという特徴を持っています。特に解雇の問題など雇用契約を巡る紛争につきましては，民法の一般条項の権利の濫用や公序良俗規定などの援用による判例の積み重ねによって，判例法理依存型の法秩序形成を余儀なくされています。

　この法秩序形成力の弱さを克服する手段の一つとして，既に定着した判例法理の実定法化を含めた労働法体系の整備が求められておりますが，なかなか十分なところまで至っていないのが現状です。現在，労働基準法改正の中に解雇をめぐって「解雇権濫用法理」を法文化するという改正案が国会に出ておりますが，政府案は，私どもの立場からは大変心配な書き方だなという懸念を持たれるような内容になっております。いずれに致しましても，判例よりは社会的規範という意味でインパクトの強い実定法化を進めるべきだと思います。どういうふうに機能しているかはともかくとしまして，韓国では整理解雇が法律に書かれていると聞いております。そういう意味で，例えば雇用契約法等の制定など，判例の実定法化等が喫緊の課題であると思っています。

　また，裁判所の判決や労働委員会の命令の実効力の弱さも問題です。その弱

さ故に法秩序形成という点でインパクトに欠けるという面もあり，その改善も強く求められております。

(3) 労働紛争の特性に関する視点の弱さ

労働紛争の特性に関する視点の弱さも問題です。労働紛争の特性は，紛争の原因を究明すべき証拠の過半が経営者の手元にあることから来る証拠の偏在の問題だろうと思います。事実認定に必要な証拠の開示について，もう少し必要かつ十分な証拠が収奪・開示されるようなルールが要るのではないかと思っています。これは労働委員会の不当労働行為の審問におきましても同様なことが言えます。いくらADRの制度の整備を致しましても，判断すべき材料が十分に開示されなければ，ADRそのものの実質的な効果を減ずることになるのは当然のことかと思います。

(4) 解決への迅速性の欠如

また，裁判も非常に時間がかかっております。労働紛争には，解決の遅延は解決の意義の喪失と言わざるを得ないものが多く，解雇事件等はその典型です。近年，労働事件訴訟の判決までの期間はかなり短縮されたと言われていますが，まだ3年，5年といった長い期間を要している事件も多く，一層の短縮努力が強く要請されています。労働委員会の不当労働行為の審問においても，長い所では10年を超えるような労働委員会滞留事件もあるわけです。特に中労委での命令発出までの時間の長さは強い批判の的になっています。労働事件の解決はスピードが何よりも肝腎であり，解決までの時間の長期化は紛争解決システムそのものの存在意義を減殺しかねないことを強く認識し，それぞれのシステムのなかで，いかに迅速な解決をはかっていくかについて格段の努力を積み重ねていかなければなりません。

現在，国会には，訴訟の迅速化を促すべく「原則的に1審の判決は長くても2年以内」という法案が出ております。裁判所のほうで2年以内に事件を済ませていただくことになれば，この法律の枠外かもしれませんが，労働委員会が不当労働行為の問題を何年も滞留させたままに置いておくことも当然許されないわけです。労働委員会で行っている審査の迅速化の問題も，当然のことながら大きな課題として浮上しています。

労働事件の一番の要諦は解決に至るスピードです。解雇された労働者が解雇された状態のままで何年も耐えられるわけがありません。スピード感に欠ける労働事件の解決は，解決の意味を持ちません。そういう側面が非常に強いのが労働事件だろうと思います。

　(5)　「労働」をめぐるルールの揺らぎと労働紛争増加への備えの弱さ

　労働を巡るルールも，昨今はいろいろ揺らいできております。不況の長期化や経済のグローバル化等の影響を受け，リストラという名の雇用縮減や，雇用・就業形態の多様化が生み出しているパートタイマーや派遣労働者の増大，成果主義に名を借りた労働条件の個別化や不利益変更，出向から転籍への切り替え，サービス残業という不払い労働など，労働の現場が動揺し，労働をめぐるルールも揺らぎ始めています。「規制緩和」という課題との係わりで，いろんなルールの見直しも行われております。時代の大きな転換点であるが故の揺らぎもあるでしょう。そういうことから発生する過渡的なルールもあると思います。ただ，絶対に守らなくてはいけないといったルールまでもが，見直しの対象になってしまっている。何か意図的にそういう方向に向かわされているのではないかという面を感じることもあります。

　そういう中で，個別労働紛争の増加とその対応策が十分に準備されているかと言えば，その備えは不十分と言わざるを得ません。いろいろな経営施策の展開は，その結果として光の部分と影の部分を生み出します。光の部分を成果として享受するのを否定しませんが，影の部分への対応策の備えのない状況は，結果として日本の労働秩序の不安定性を招きかねません。労働を巡るルールの揺らぎと労働紛争増加への備えの薄さをお互いが十分に自覚して，対応策を考えていかなくてはならないのだろうと思います。

　(6)　労使対立型の感覚へのこだわりからの脱却の必要性

　労働紛争の大半が労使間の紛争であり，労使対立が軸になっているのは致し方のないことだろうとは思いますが，紛争を解決する場に臨んでなお労使対立型の感覚にお互いが大変強いこだわりを持ちますと，良い意味での良識的な解決方法を得るのは，なかなか難しいという側面があります。

　かつて中労委委員として労働事件に係わっていて時々感じたのですが，中に

特別講演

は例えば飼い犬に手をかまれたという発想で，どんな議論も受け付けてくださらない，情念的，感情的な対立感になっている事件もあります。こういう中では，和解ができるわけもありませんし，その対立感の故に「本来こういう解決が得られるはずなのに」という解決への道が遠くなり，時間もかかってしまって，何のための ADR あるいは裁判かという状況になってしまう。こういう例がたくさんあるわけです。

　この点に関しまして，私は組合の立場ですので，経営側の方たちからはお叱りを受けるかもしれませんが，経営側の皆さんや経営法曹会議に属する弁護士の方の中には，労働委員会における不当労働行為の審査にあたりまして，経営側がひどい目に遭うことが多いといった感覚の主張をされる方が時々おられます。そもそも不当労働行為制度は，労働者，労働組合の団結権や団体交渉権，団体行動権を擁護するための制度であり，また労使委員が労使双方の団体の推薦を受け，例えば労働委員は提訴した労働組合をサポートするかたちで参与するという仕組みになっています。この労働委員会制度の組み立てられ方から来る制度の本質が，労使対立型の構図であり，労働委員会での審尋過程や命令から受ける印象から，労働委員会制度そのものに消極的な見方をするのはいかがなものかなという感じがいたします。

　そして，このような労働委員会制度についての印象を強調するあまり，労働訴訟も同様に捉えられ，例えば労働参審制の導入は反対だという主張があるわけですが，そもそも労働委員会制度と労働参審制とは制度の本質が違うというところを認識しながら議論しなければいけないのではないかと思っております。

　労働紛争を的確に解決するのが労働紛争解決システムの眼目であり，過度に労使対立型の発想に過度にこだわるのは，労使双方共に戒めなければならないことではないかと思っています。

　(7) 法曹における「労働」の軽視

　法曹における労働の軽視も問題だと思います。社会の最も基本的な営みの一つが労働ではないかと思います。その労働に係わって紛争が起きた場合，それを円滑かつ迅速に解決することは，社会の安定的な発展のために欠かせない活動です。しかし日本の司法に関与する方々，とりわけ法曹界の皆さんは，その

仕組みが故に，あるいはアクセスが悪いが故に小さくなったことを棚に上げて，労働事件訴訟の数の少なさにかまけて，労働を軽視してきたのではないかと，恨みつらみを申し上げたくなるわけです。

　裁判所におきます労働事件担当裁判官の専門性を高める意味での裁判官の皆さんの配置やローテーションの問題，あるいは司法試験科目からの労働法の削除，また労働事件はあまりお金にならないのかどうかよく分かりませんが，労働事件に関する専門性をお持ちの弁護士の皆さんの数が非常に減っていることなどから，法曹界の皆さんが労働に向かい合う姿勢は，やはり労働を軽視されているという批判を受けられても，仕方がないのではないかと思っています。

　最近，組合は物分かりが良くなったとよく言われます。だから，事件もあまり起こらない。労働に係わっていても事件もないし，こうなったのは「組合のせいだ」と言われてもしょうがないかなとも思ってはおります（笑い）。そういう意味で，法曹界の方々も労働にもっと前向きに向かい合っていただきたいと思っているのは，私1人ではないと思っております。

3　労働検討会の検討課題と争点
(1)　労働事件の審査期間の半減と審査の充実の相関

　労働検討会の検討状況ですが，まず審査期間の半減等につきましては，民事事件の第1審判決までの審査期間を長くても2年以内にする法案が現在開会中の通常国会に提案されており，労働事件も例外ではありません。労働事件訴訟の中には，まだ2年以上，数年に及ぶ期間が審理に費やされるものも多く，余程特殊かつ複雑な事件以外は審査期間を半減，長くても2年以内に判決を出すためには争点整理や計画的な審理など審理の進め方を抜本的に改善するとともに，裁判官や裁判所書記官の増員など裁判所の体制の強化をはかり，一方，弁護士も計画的な審理に対処していける体制を作っていく必要があります。

　この審査期間の半減については，委員の中に異論のある方はおられません。ただ，迅速性にこだわるあまり，審理が十分に尽くされないといった事態を招かないようにという危惧の声が弁護士委員から出されていることも報告しておかなければなりません。また，労働事件の特性の一つである証拠の偏在問題が

特別講演

どのように解決されるのか，この点も労働事件訴訟の迅速化に大きく係わっていりことは言うまでもありません。

(2) 法曹の専門性強化

労働事件に係わっている法曹の皆さんの専門性向上につきましても，先程「問題点は，こういうところにあるのではないか」と申し上げましたが，裁判官の専門性強化のための研修や労働事件担当裁判官の配置とローテーションの工夫などの課題があります。2004年にスタートする法科大学院における労働法等のカリキュラムへの組み込み，本会場には大学で法科大学院の設置準備に係わっておられる方も多いわけですが，法科大学院に，労働関係のカリキュラムをぜひ入れていただきたいと思っております。どうぞよろしくお願いを申し上げます。また，弁護士の態勢も考えていただかなくてはいけないのではないかと思います。裁判に係わっておりますと，弁護士さんの日程をいただくのが大変です。そのことの故に，時間がだいぶかかっている事件にも度々遭遇を致します。弁護士さんのほうの態勢作りもぜひお願いしたいものです。

ちょっと余談になりますが，司法制度改革審議会時代に，審議会の海外調査ということでロンドンに行かせていただきました。そこで，クリフォードチャンスという巨大法律会社のローヤーにお話を聞く機会がありましたが，ああいう姿を見ますと，これから日本の弁護士さんは大変ですね。今は弁護士法があるから守っていただけるのでしょうが，国際競争力という視点から見た日本の弁護士の現状につきましては，大変心配だなという思いを抱きました。若干生意気なことを申し上げましたが，弁護士の皆さんにはお許しいただきたいと思います。

(3) 労働調停の導入

次に労働調停の導入についてです。「意見書」は，労働紛争について民事調停の一類型として労働調停制度の導入を促しております。この「意見書」を受け，どんな形の調停制度にするか突っ込んだ議論が行なわれています。労働調停をどんなかたちで組み立てていくのかについて，いくつか論点があります。

1つには調停の舞台，いわゆる管轄をどうするか。地裁でやるのか，簡裁を中心にやるのか，地裁・簡裁併用でやるのか，いろんなパターンが構成される

と思います。どんな労働事件がどれぐらいの件数，労働調停に持ち込まれるのかについても，これをどのように想定するかによって先述した3論のいずれを選択するか判断が分かれる面があります。委員の間でも「そうたくさん行かないんじゃないの？」と言う人と，「いや，けっこう使うよ」と言う人と，いろいろおられます。それによって，調停の流れの仕組みや方法が若干違うかと思われます。

　2つ目の論点は調停前置主義というのを採用するのかどうかです。これにつきましては，委員の大方の皆さんが「調停前置主義は採用せず，当事者が訴訟を求めれば訴訟，調停を求めれば調停に」という考え方のようです。ただ，場合によっては調停を求めてから，また裁判に行かなければいけないようなケースも出てくるので，調停があまり長く引っ張るようなことではいけないということについては，皆さん指摘されております。調停委員として，労働に関する経験と知識をお持ちの専門家の人たちをどういうかたちで獲得していくのかといった問題もあります。さらに迅速な問題解決という視点から，労働調停に要する手続きをどうするのか，調停に要する期間に制限を設けるべきかどうかということについても論議が及んでいます。また現在，簡裁で処理されている少額事件を今までどおり一般民事調停に委ね続けるのか，あるいは労働に係わるものはすべて労働調停として扱うのかなど，調停の仕組みの設計等について，現在，かなり詰めた検討が行われています。労働調停の導入問題は，検討会の中では議論が一番進んでいる課題かと思っております。

　私ども連合も，労働の現場をよく知っている，あるいは労働の現場の慣行等に関する知見を持っている者として，調停委員に参加を要請されるケースがあるだろうと思っております。今後，そういう調停委員として調停作業に係われるマンパワーとして，私どもがどういう責任を果たせるのか，何をしなければならないのか，今，検討を始めたところです。

(4) 労働事件固有の訴訟手続きの整備の要否

　次に，労働事件固有の訴訟手続きの整備の要否という点です。これは先程も申し上げましたとおり，労働紛争の特性は，紛争の内容を解明するために必要とされる証拠の大半が経営者側の手元にあります。現行の民事訴訟法における

特別講演

証拠に関するルールでは，事実を究明していくための証拠が十分に提出されないのではないかという観点から，証拠開示について，より強制力の強い手続きを設けるべきだという強い意見があります。経営側は総じて消極的ですが，今後さらに検討を続けることになっています。なお，労働事件固有の手続き，例えば特則的な訴訟手続法の制定まで踏み込む必要があるか，現行法の中の運用で労働事件訴訟における争点整理や計画審理などを具体的，実務的にどうしていくかなどについても，いろんな議論が行われております。

これにつきましては，現在，裁判所と弁護士の皆さんとの間で，実務の面も含めて別途議論の場を用意して，現行法の下での運用の工夫で対処可能なのか，あるいは近い将来，特則法的な労働事件訴訟法の制定まで行う必要があるのかを検討していただくことになりました。

(5) 労働参審制の導入の可否

それから，労働参審制の問題です。これが本司法制度改革の中の労働分野におきます最大の論点ではないかと思っております。ヨーロッパ諸国で広く行われております労働参審制を日本でも導入すべきであるという意見は，今，強いものがあるのではないかと認識しています。また「意見書」にも，ヨーロッパでは労働参審制がかなりのレベルで機能しているという助言を書き込んでくれてあります。「意見書」では参審制のことを「雇用・労使関係に関する専門的な知識・経験を有する者の関与する裁判制度の導入」という長い表現を使っています。「参審制」という言葉を使うのを嫌がられた人がおりましたので，こういう長い表現になったわけです。「陪審制」という言葉を使うのも非常に嫌がられる人がおられましたので，意見書の中ではそういう言葉は使っておりません。それと同様に，「意見書」には「参審制」という言葉が入らず，今申し上げました長い表現になっておりますが，その導入の当否を検討するという経緯になっております。

ヨーロッパ各国で広く使われている労働参審制は，ご承知のとおりドイツ型，イギリス型，フランス型と，それぞれ特徴があります。枠組みとしての根本は，プロの裁判官の方と労使団体等の推薦によって選ばれた労働に関する専門性を持っているアマチュアの参審員の方々が一緒に労働訴訟で判断を下される仕組

みです。フランスでは、大方は労使推薦のアマチュア裁判官のみで裁判を行うのが原則のようです。いずれに致しましても、アマチュアの参審裁判官の参加によります裁判という手法であろうかと思います。

　この労働参審制につきましては、「参審制をぜひ入れよう」という意見や、「いや、参審制は無理だね。そんなアマチュアの裁判官を日本でちゃんと確保できるのか」とか、「日本の労働委員会のように、労使ということにこだわり過ぎちゃうのではないか」とか、いろんなご意見がございました。経営側や裁判所などを代表する委員は、参審制の導入に消極的な態度に終始し、1巡目の論議では、「今回の民事訴訟法で導入される予定の専門委員制度を労働事件訴訟にも導入すれば良い」とする意見や、「法廷に出廷し、プロの裁判官に意見を述べるが、判決についての評決権を持たない参与型ではどうか」といった意見が出されました。

　専門委員制度は、私が司法制度改革審議会の議論に参加してきた時の印象から申し上げますと、例えば医療過誤の問題とか建築瑕疵の問題といった技術的な知見も含めて専門性を求められる裁判の中で、そういう事件に係わりまして、専門家の立場から法廷で裁判官に意見を申し上げる仕組みだと思っております。労働事件に求められている専門性とは、若干趣を異にする分野の専門性に係る仕組みと思っています。しかし、これは私の意見でありまして、労働事件も専門委員制度程度でいいのではないかという方もおられます。

　労働委員会の労使委員の参与とはちょっと違うかもしれませんが、昭和3年から18年まで戦前の日本で行われておりました陪審制と同じように、意見は言えるけれども評決権なしという形の参与制でいいのではないかという意見もあります。参審制になりますと、アマチュアも1票を持ちます。やはり1票を持たないと意味がないという意見もあり、いろいろと分かれております。

　私は、今回の司法制度改革が「司法に対する国民的基盤を強化する」という大きなコンセプトのもとに置かれていることを考えました時に、労働参審制も司法に対する国民的基盤の強化という視点に沿うと言えるのではないかと思っております。その意味から、私は労働参審制をぜひ入れたいと思っております。本日ご参加の皆さんの中にもいろいろなご意見があろうかと思いますが、日本

労働法学会の皆さんがサポートしてくだされば，多分できあがるだろうと思っています。ぜひ前向きにご支援を賜りたいと思います。高い壇上から平にお願いを申し上げます。

(6) 労働委員会の救済命令に対する司法審査のあり方

次に労働委員会の問題です。労働委員会もたくさんの課題を抱えておりますが，その中の最大の問題と言えば，労働委員会の救済命令に対する司法審査のあり方，いわゆる「5審制」の問題です。労働委員会が扱っている不当労働行為制度の現状については，各般にわたる批判があり，この課題につきましては，労働委員会，厚生労働省も問題意識を持たれまして，現在，「不当労働行為制度の在り方に関する研究会」を設け，いろいろ検討を重ね，先般3月2日に「中間整理」を出されました。

この「中間整理」は，労働委員会における事件の処理状況や裁判所における労働委員会命令の取消訴訟の処理状況を分析し，労働委員会が抱えている問題点を洗い出しています。そして，その問題点についての解決の方向を抽象的にではありますが打ち出しており，本年7月までに具体的な改善策まで書き込んだ「最終報告」をまとめる予定と聞いています。

労働検討会では，労働委員会の救済命令に対する司法審査のあり方については，中労委，都労委等からのヒアリングや，前述の「中間整理」の内容の報告を受けながら1巡目の論議を行いましたが，この問題に関する2巡目の議論は，本年7月にまとめられる「最終報告」を受けて行うことになっています。

いわゆる「5審制」問題，審級省略につきましては，裁判所から出ておられる委員，弁護士会から出られている委員等がいろいろ議論されております。裁判所は，「労働委員会でどういう審理をやっているか知ったことじゃない。裁判所は，例えば要件事実論に基づいて事実を審理し，判断していくだけである」というスタンスから一歩も出ず，「その判断の結果として，ときには労働委員会の発した救済命令を取り消すことになるだけです。取り消されるのが嫌なら，労働委員会で厳格な審査をちゃんとやって来られたらいかがですか。」という立場です。

この裁判所の主張に対しては，「労働事件というのは，事件が解決すると同

時に，その先に良好な労使関係が展望されなければ駄目じゃないか」という趣旨のことを申し上げました。裁判所は，そのことは観念的には否定されませんが，裁判官の方のお話を聞きますと，「労使関係が良いとか悪いというのは事件とは関係ありません」という感じに聞こえる説明ぶりでした。裁判官の人たちに，例えば「木を見て森を見ず」というようなことを訴えるにしても，現状ではなかなか「うん」と言うわけがないという感じが致しています。

そういう意味では，労働委員会側の審査や命令内容のレベルアップというアプローチによるしかないのではないかと思っております。裁判所は「ちょっとかたくなじゃないですか」という気がしないでもありませんということだけ申し上げておきたいと思います。

(7) 仲裁法改正と「労働」の係わり

次に仲裁法改正と「労働」の係わりについてです。現在，国会に仲裁法の改正が上程されていますが，「労働」にも仲裁が係わる面があります。この仲裁と労働の係わりについて結論だけ言えば，「労働」の関係は，今次仲裁法改正の影響を受けることを，暫時凍結することになりました。暫時とはどれぐらいの期間を言うのかについては，将来，別途の議論が行われ一定の方向性が出されるまでという捉え方で良い，つまり，かなりの期間ということではないかと思われます。

(8) 弁護士費用の敗訴者負担と労働事件の取扱い

最後に，弁護士費用の敗訴者負担と労働事件の取扱いについてです。別途「アクセス検討会」で検討されている弁護士費用の敗訴者負担制度は，労働事件と係わりを持ちます。労働事件訴訟のように，訴訟当事者間の費用負担能力の違いが大きい分野では，弁護士費用まで，敗訴の場合とは言え労働者に負担させることは過酷であり，訴訟提起を萎縮させる懸念が強く，労働側の委員としても賛成できるものではないと思っています。

経営側委員としては，たとえ労働事件であったとしても弁護士費用の全額ではなく一部でも敗訴者に負担させるべきだという主張がなされましたが，労働検討会の全体的雰囲気は，労働事件等への敗訴者負担の導入はしないほうが良い，といった感じではなかったかと思われます。

特別講演

V　おわりに

　今次司法制度改革をめぐる論議は，本年秋から年内が正念場であり，労働検討会も同様です。何十年に1回の大改革とも言われる今次司法制度改革のなかで，「労働」の分野にも改革を求められる課題が数多くあります。そういうことで，年内あるいは来年11月までの司法制度改革推進本部の設置期限ぎりぎりまで，何とかいい司法制度改革，とりわけ労働分野の改革が一歩でも進むように，私も努力して参りたいと思います。

　特に「労働参審制」導入の問題は，21世紀前半の労働紛争解決システムの扇の要とも言うべき制度として是非実現したいと考えています。

　最後になりましたが，改めてもう一度お願い申し上げます。参審制のために是非是非皆さん方のお力を貸していただきたい。皆さんのお力をいただければ，労働参審制への道が開けると思っております。そのことを申し上げたくて本日は出て参りました。また私自身も労働検討会の場でより良い労働司法の確立のため，さらに努力を続けることをお約束申し上げます。拙い報告で，ご不満もたくさんございましたでしょうが，お許しをいただきまして，これで私の報告を終わらせていただきます。どうもありがとうございました（拍手）。

（たかぎ　つよし）

シンポジウムⅠ

労働契約法の新潮流
——独仏の新制度をどうとらえるか

趣旨と総括 ………………………………………………………… 野田　進
フランスにおける労働契約法の動向 …………………………… 奥田香子
ドイツにおける労働契約法制の動向 …………………………… 根本　到
独仏の新潮流と日本法への示唆——労働契約法理の再構成に向けて… 野川　忍

〈シンポジウム I〉

趣旨と総括

野 田 　 進
(九州大学)

I 本シンポジウムの意図と分析手法

1 労働関係の法化と労働契約理論

(1) 労働契約の役割拡大

　多くの指摘があるように，労働関係の「個別契約化」の進行が著しい。その背景には，雇用形態の多様化の中で，パート・派遣，契約社員など，個別労働契約に基礎を置くタイプの就業契約の増加したことが挙げられる。また，いわゆる正社員の側でも，雇用や労働条件の個別的・成果主義的運用が図られるようになったことで，労働関係の集団的規整が後退し，直接に個別労働契約が労働関係を規整する局面が多くなった[1]。

　こうした動向は，企業活動のグローバル化を背景に，世界規模で進行しているとみることができる。グローバル化による企業の世界的再編は，生産拠点や販売活動を極度に拡張し流動化させるようになり，個別企業と固定的に結びついた労働関係は瓦解してしまう。企業や労働者組織を前提とした労働関係の規整システムは，機能しなくなるのである[2]。

　個別労働契約化の進展とともに，そこで生じる個別的労働紛争は，伝統的な

[1) 中窪裕也・野田進・和田肇『労働法の世界〔第6版〕』（有斐閣，2003年）
2) 浜田冨士郎・香川孝三・大内伸哉編『グローバリゼーションと労働法の行方』の各論文を参照。

企業内部的・非法的な解決システムで対処できなくなる。平成13年10月に施行された「個別労働関係紛争の解決の促進に関する法律」にもとづく，平成14年度における紛争処理の実施状況をみると，全国約300ヵ所の総合労働相談コーナーに寄せられた総合労働相談件数は625,572件で，そのうち民事上の個別労働紛争相談件数は103,194件。さらに，そのうち助言・指導申出受付件数は2,332件，あっせん申請受理件数は3,036件である。こうした盛況から，厚生労働省は，あっせんに携わる調停委員の大幅増員（174人→300人）を予定しており，「労働分野の ADR として国民の期待は大きいといえる」と，いささか自負気味である[3]。

こうして，個別労働契約をベースにした労働関係の進展は，規範的な価値基準による規整を要請するようになり，労働現場の「法化」の進展をもたらす。21世紀型労働関係においては，労働契約を通じた権利関係の規整が重要となるのであり，個別労働契約の内容・形式をめぐる立法や解釈法理は，ますます重要性を帯びるであろう。

(2) 労働契約法理の貧困

にもかかわらず，日本における労働契約法は，二重の意味で貧困であるといわざるを得ない。まず，労基法など個別的労働関係に関する立法は，ほんらい労働条件の保護や規制を目的とする労働法保護法の側面と，労働契約の締結，内容，変更・終了などの諸問題の規整を目的とする労働契約法の側面という，2つの役割を担っている。ところが，わが労基法は，後者についてわずかな規定しか持たず，その他の法律にも契約規整を含む規定は少ない。そうすると，労働契約に関する規整は判例に委ねられざるを得ないが，判例理論もまた，確固たる安定した法理の形成にはほど遠い。判例法理は，野川報告がとくに強調するように，実に多様な局面で権利濫用理論や信義則など，民法の一般条項を用いて問題解決を図るにすぎず，労働契約紛争の解決のための安定的な法理の準備がなされていない。そのことは，労働法研究者が自らに課された仕事に応えていない，知的怠慢の結果であるともいえよう。

---

3) http://www.mhlw.go.jp/houdou/2003/04/h0425-1.html

(3) 本シンポジウムの課題

以上の認識のもとで，本シンポジウムは，まず，フランスおよびドイツにおいて，1990年代以降，労働契約に関する立法の動向と判例法理の発展が著しいことに注目し，その意味を正確に把握し，日本の法理への示唆を探ろうとする。ついで，日本における民法理論とくに契約法の理論の新しい潮流に目を向けて，労働契約法理への示唆を探り出し，その発展のあるべき方向性を検討しようとするものである。

2　分析ツール

(1) 内的コントロールと外的コントロール

本ミニシンポでは，労働契約に対する法的規制のあり方として，内的コントロールと外的コントロールという用語を，共通のキー概念としている。これらの概念を用いることで，フランスおよびドイツにおける立法・判例動向を共通の比較の俎上に乗せることができ，また，その延長で日本の法理への示唆を得ることができると考えられた。内的コントロールというのは，契約内容の解釈方法を操作する規制であり，意思解釈を通じた労働契約の内容決定や約款規制による契約の内容規制などを念頭においている。これに対して，外的コントロールというのは，労働関係そのものを解釈とは無関係に直接的に外から規律するものであり，たとえば解雇に手続を課すことにより制限を加え，あるいは労働条件の最低基準を設定することにより規制する手法をいう。前者が判例法理等により確立され，後者が立法により設定されることが多いが，しかし，約款法（あるいは新設される労基法18条の2）などのように，立法により内的コントロールを行おうとする場合もある。また，判例による労働契約の解釈を通じて解雇手続の遵守が厳格なものとなるなど，場合によっては，判例により外的コントロールが達成される場合もある。

(2) 外的柔軟性と内的柔軟性

なお，奥田報告では，上記とは別に，労働契約のフレキシビリティーの分析道具として，外的柔軟性と内的柔軟性という概念を用いている。ここにいう「外的」とは労働契約の存否や雇用の枠組みをいい，「内的」とは労働契約に盛

り込まれた内容をいい，それぞれの局面がフレキシブルに解釈されることをいうものである。

II シンポジウムの概要と総括

1 シンポジウムの構成

各個別報告の概要は，以下に展開される各論文のとおりであるが，それらの報告の後に行われたディスカッションは，おおむね次のような論点を用意して行った。以下では，必ずしも質疑応答の順にではなく，この論点整理に即して議論の概要を紹介する。

> A．報告内容についての確認
>   各報告の提供した情報内容および問題認識に関する論点，とくに，
>   a フランスの法改正の動向・判例法理の変化について
>   b ドイツの法改正の動向・判例法理の変化について
>   c 日本法については，契約法理論の新潮流の理解・評価について
> B．独仏の法理の日本の労働契約法理への示唆について
>   a フランスおよびドイツにおける外的コントロールに関して
>   b フランスおよびドイツにおける内的コントロールに関して
>   c 民法理論の与える労働契約法理への示唆について
> C．日本の労働契約法理および立法の構築の方向について

2 シンポジウムの概要

(1) 報告内容についての確認（論点A）

本シンポジウムの各報告は，それ自体が各国での最先端の議論の紹介であるために，論点Aに多くの質疑がなされた。

まず，松本会員（立命館大学）から，根本報告について，BGBの約款規制を労働契約に適用するようになった議論の経緯，とくに従来は適用が否定されていたのに，短期間の議論で適用されるに至った理由について質問（論点Ab）があった。これについて，根本会員から，労働契約については従来は集団的規制や労働保護立法があるから約款規制を及ぼす必要がないと考えられてきたが，

実際には協約適用率の低下もあってそれらでは不十分であったこと等の説明がなされた。

西谷会員（大阪市大）から，根本報告に対して，①労働契約のうち個別的な部分については約款規制はどうなるか，②取り入れ規制について判断は難しく，これをどのように行うか（論点Ab），奥田報告に対して，③取り入れ規制と内容規制の関連，とくに内的柔軟性が取り入れ規制に関連しないか，すなわち契約締結の際に十分な説明があった場合などには，内容規制が弱まることはないか等について（論点Aa），質問がなされた。これについて，根本会員からは，それぞれ報告に即した説明がなされ，奥田会員はフランスの場合には内容規制はいずれにせよ限定的である趣旨の説明がなされた。

宮島会員（弁護士）からは，約款規制と労働条件変更（変更解約告知）との関連について，とくに変更に関する包括的条項の法的評価について質問がなされた（論点Ab）。これについて，根本会員からは，労働条件の変更を容認する包括的条項は脱法になるとの説明と，約款規制により新たな議論が生み出されたことが説明された。

(2) 日本の労働契約法理への示唆（論点B）

西谷会員からは，日本法への示唆を得るためにも，労働者の意思と客観的な規範の関係，すなわち取り入れ規制と内容規制との関連が重要であることを強調して質問がなされた（論点Ba，Bb）。また，日本の議論としても就業規則における取り入れ規制が重要となるが，これをあまりに強調すると，内容の説明などさえ十分なされていれば就業規則の内容の合理性は相対的に後退するという議論を導かないかという質問がなされた。これについて，根本会員は，日本での就業規則のとりいれ方の実態は実に多様であり，実務の状況を調べてみると取り入れ規制を強調すべき場合もあることを強調した。また，野川会員は，一般論として，しっかりした合意がなされていれば，内容規制の必要性は低くなるといいうるが，約款の場合は内容の吟味が難しいことから取り入れ規制が必要になるという関係を強調した。また，たしかに実務は多様であり，実は秋北バス大法廷判決も，就業規則が定型的統一的な内容であり「事実たる慣習」と評価すべき実態にあることを前提としているのであり，そのような実態がな

いときには，拘束力を否定すべき余地も残していると考えられると論じた。

清水会員（弁護士）からは，根本報告に関して，ドイツにおける約款規制の労働契約への適用では，その実効性は評価しうるのか，今後どのような変化が予想されるのかといった，日本の就業規則論との関連といった質問（論点Ba）がなされた。根本会員は，この点について，規制が適用されるにつれて約款規制に反しないように労働契約を書き換える傾向が生じていること，また判例はケースバイケースで明確なことはいえないが，約款の拘束力の根拠，拘束力があるとしてもどこまで内容を熟知する必要があるかなど，労働契約に約款論の本質的議論が展開されており，日本法の議論にも豊かな示唆が得られる方向で議論が進展している旨を明らかにした。

さらに和田会員（名古屋大学）からは，野川報告に関して，民法学の各説は，評価できるとしても労働法にとってさほど目新しい議論ではないとともに，むしろそれらが労働法とどのような絡みがあるかといった議論をすべきなのではないか，との意見（論点Bc）が出された。これについて野川会員は，労働法や判例では，これまでに各アスペクトで緻密な議論をしてきたのに，その体系化できていないこと，体系化の参考になるものとして民法の議論が役に立つことを強調した。

(3) 日本の労働契約立法および法理の構築に向けて（論点C）

清水会員から，野川報告に関して，日本において内的および外的規制のいずれにおいても，規制が強化されようとしないのをどのように理解すべきか，またその再構成の方向などについて質問がなされた。これについて，野川会員からは，①外的規制については，立法的な構造に問題があり，（労基法１８条の２のように）審議会方式により労使の協議の一致点で立法内容が決まるので，規範的に整合性をもった労働契約法が形成されにくいこと，また労働組合のスタンスとしても規範論的要請に理解やニーズがないことなどの点が上げられた。また，②内的規制については，民法の一般原則に依拠しているとはいえ，判例は各論的課題についてはそれなりの理論を構築しているが，労働契約における「合意」論など，各課題を包括するベーシックな議論が進化していないことを問題として提示した。

Ⅲ　総　　括

　いま，再びわれわれの現実的な課題に立ち返ってみよう。

　たとえば，山昌事件（名古屋地判平成14・5・29労判835号67頁）という裁判例に注目したい。この事件は，原告X会社のトラック運転手として勤務していた被告労働者Yが，Xの購入したトラックを買い受けて，専属的にXの運送業務に従事することとし，毎月の運賃収入から，車両価格等の月賦返済分，車両保険料・ガソリン代等の経費，事務経費，および比例分10％を差し引いた分をYの収入とするが，その月額が40万円を下回ったときにも同額を最低保障給として支払い，差額を新たな貸付金として処理するという方式（償却方式）を合意したという事案である。貸付金が多額になりYが退職を申し出たため，Xが貸付金の返還請求をしたところ，Yはこの償却方式の効力を争う主張をなした。そこで，判決は，①この方式は出来高払いの保障給についての定めをしていないので，少なくとも「差額分のマイナス計上は労基法27条に違反し，無効」であり，②こうした償却方式の仕組みを有する労働契約は労基法の趣旨に合致せず，「公序良俗に反し無効」と判断して，Xの請求を棄却したのである。

　しかし，償却方式が労働者に損害を被らせるものだとしても，その労働契約がいかなる意味で「公序良俗」に反するかは，実は決して明確ではないのであり，日本の労働契約法理が，現に存在する成果直結型の労働契約の妥当性について，依拠すべき理論を提供していないために，同判決は公序という遠い一般原則に頼らざるを得なかったのである。

　野川会員の指摘するように，労働契約の基礎的・包括的な理論の形成と立法への橋渡しの議論が，今まさに求められている。本シンポジウムがその最初のステップとなり，今後もその議論が引き継がれることを希うものである。

（のだ　すすむ）

〈シンポジウムI〉

フランスにおける労働契約法の動向

奥 田 香 子

(京都府立大学)

I 本稿の課題と検討の視点

　本稿は，フランスにおいて労働契約に関わる法制度や法理が最近の主要な立法・判例を通じてどのように展開しているかを整理することにより，変動する労働法の中での労働契約法の位置づけや特徴，方向性について検討することを課題としている。その際，労働契約が法的にどのような規制構造のもとに置かれているのかということに留意しつつ，経済状況の変化の中での規制のあり方に焦点をあて，労働契約関係の外的側面（労働契約の締結・終了）と内的側面（労働契約内容の形成・変更）それぞれの傾向や相互関係を，法的規制の柔軟性に着目して検討するという方法をとっている。

II 外的柔軟性と労働契約法

1 経済的解雇規制の強化

　労働契約関係の外的側面については，まず，経済的解雇の法規制を強化した2002年1月17日の「労使関係現代化法」(La loi de Modernisation sociale) に注目する必要がある。同法は国内外の政治的・社会的状況を背景に多様な内容を含んだ法律として成立したのであるが，その策定過程で大企業を中心とした相次ぐ大量解雇が問題となったことから，それに対応して取り入れられた経済的解

雇規制に関する諸規定がとくに注目された。フランスの労働契約法制においては，労働契約関係の締結形態や終了が従来から厳しく規制されているが，この法改革においてはその点がさらに強化されている。またそこでは，判例によって蓄積されてきた規制法理のいくつかが明文化されている。

　第1に，解雇に先立つ使用者の再配置義務に関する諸規定が設けられている。まず，個々の労働者に対する使用者の再配置義務や適応義務が経済的解雇の実体的要件の1つとして明文化された。それによると，使用者は解雇に先立って労働者の再配置や職への適応のための措置を行わなければならない（但し結果債務ではない）。これは破毀院判例で蓄積されてきた法理を整理し明文化したもので，経済的解雇にかかわる使用者の義務を強化する内容となっている。つぎに，この再配置義務とは別に手続上の再配置措置について，一定規模以上の経済的解雇の際に作成される雇用保護計画の手続が無効になった場合には，結果として解雇自体も無効になり労働者は復職請求できることが明らかにされた。この規定も，1997年のサマリテーヌ事件判決以降に踏襲されてきた判例法理による到達点を明文化したものである。

　第2に，法定従業員代表への情報提供や諮問に関する多くの手続規定が追加されている。たとえば，一定規模以上の解雇に関する企業委員会への諮問手続が実質的に2段階に設定されたこと，企業再編計画の検討にあたって専門家の助力を得られる場面が拡大したこと，事前の情報提供の充実，使用者案に対する対案の提示などの関与，調停制度の新設などである。これらは，解雇に関する手続過程でのコントロールを重視してその枠組みを精緻化するものとなっている。もっとも，2002年5月の政権交代後，2003年1月3日の法律によって，これらの規定の多くは最長18ヶ月間の効力停止の対象となり，労使交渉によるルール形成が試みられることになった。

1）　Loi n° 2002-73 du 17 janvier 2002 de modernisation sociale, Journal officiel du 18 janvier 2002. 学会報告では同法の経済的解雇に関する諸規定の内容を資料で示したが，本稿においては紙幅の関係上割愛させていただいた。なおこれについては，矢部恒夫「経済的解雇に関するフランスの新立法」修道法学第25巻第1号（2002年）69頁以下で詳細に逐条解説されている。

2）　Cass. soc. 13 fevrier 1997, Dr. soc. 1997, p. 255.

第 3 に，経済的解雇がやむを得ない場合の不利益緩和措置として，労働者に対する再就職援助や解雇補償手当に関する諸規定の内容が充実・強化されている。

2 有期契約規制の強化

つぎに，労使関係現代化法の中では有期契約に関する法規制も一部強化されている。すなわち，契約終了手当の支給率を 6 ％から10％に引き上げること[3]，有期契約の濫用的利用や顕著な増加がある場合に企業委員会は労働監督官に確認作業を求めることができること，有期契約労働者が期間の定めのない契約で採用された場合には当該有期契約を解約しうること，などである。フランスにおいても，有期契約などの多様な雇用形態が増加していることは今日の特徴的傾向の 1 つになっている。しかしながら，労働契約法制との関係でみると，このことは必ずしも有期契約規制の緩和にはつながっておらず，あくまで一定の範囲で利用しうる例外的な締結形態と位置づけられていることが注目される。

3 小 括

以上のように，労働契約関係の外的側面に関する立法動向からみると，現在のところフランスでは，一連の雇用保障立法と相俟って労働者の地位の不安定性に対する規制は強化されており，労働契約規制のいわゆる外的柔軟性はこの点では変化していないと見ることができる。また，近年の破毀院判例については，「外的柔軟性（flexibilité externe）よりも内的柔軟性（flexibilité interne）を重視するような判例政策を採用している[4]」との指摘もあり，こうした判例法理にみられる外的側面としての解雇規制強化の流れも立法に反映されているようである。

---

3) 但し，2003年 1 月 3 日法により，代償付与を条件にこの支給率を 6 ％に制限する拡張部門協約の定めが許容されることになった。
4) Jean PELISSIER, Alain SUPIOT et Antoine JEAMMAUD, Droit du travail, 21éd., Dalloz 2002, p. 97.

Ⅲ　内的柔軟性と労働契約法

1　労働条件変更法理における「労働契約」の位置

(1)　労働契約変更に関する判例の動向[5]

　内的柔軟性に関しては，まず，近年もっとも活発な議論が展開されてきた労働契約の変更に関する判例の動向を見ておく必要がある。破毀院はとくに90年代頃から，労働契約の変更について積極的に判例法理を展開し，意思自治原則の下に変更について厳しい態度を示すようになってきた。まず，破毀院は集団的規範に由来しない労働条件の変更について，労働者の個別的同意を必要とする「労働契約の変更」と使用者の指揮命令権の範囲で行うことができる「労務遂行条件の変更」[6]という新たな区別を設定し，前者の「労働契約の変更」に対するコントロールを強化してきた。そこで重視されたのは変更の客観的評価であり，とくに賃金は「契約領域」としての固定性が強く，わずかな変更であっても，また労働者に有利な変更であっても労働者の同意がない以上は認められない（このほか，職の格付・労働時間の長さ・勤務場所も労働契約の要素であると解されている）。要するに，労働条件変更に関して労働契約は固定性を保障する根拠として位置づけられている。

(2)　集団的規範における変更法理の柔軟性

　しかし，労働契約の変更に関する厳格な判例法理については，労働条件変更法理全体との関係でとらえなければならない。つまり，労働条件変更法理全体においては，労働契約の固定性とは対照的に，むしろそれとの関連において，集団的規範における変更法理の柔軟性が存在するからである。たとえば，労働協約の変更では，新協約の締結によって旧協約の規定はそのまま変更されるので，一定の例外を除いて労働者は新協約に基づく労働条件の適用を受けること

---

5)　奥田香子「フランスにおける労働条件の決定・変更」日本労働法学会編『講座21世紀の労働法〔第3巻〕労働条件の決定と変更』（有斐閣，2000年）299頁以下。

6)　筆者は前掲注5)論文において，「労働契約の変更」と対置されている changement des conditions de travail を「労働条件の変更」と訳しているが，労働条件変更一般を意味する場合と区別するため，本稿では「労務遂行条件の変更」とした。

になる。さらに，1992年12月31日の法律により，判例が形成してきた労働協約改訂のルールが以前よりも容易になる方向で修正され（労働法典 L.132-7条3項），さらなる柔軟化が図られた。

(3)「労働契約の変更」に対する立法措置

もっとも，フランスの労働条件変更法理において，労働協約変更と労働契約変更とは厳密に区別されているので，労働協約の変更によって労働契約上の労働条件を引下げることはできない。それゆえ，労働契約による労働条件変更そのものについてはなお，前述の破毀院判例の傾向に留意しなければならない。しかし，こうした破毀院判例の傾向は，企業をとりまく状況変化との関係で摩擦を生じることとなり，これにどう対応するかが労働契約法理における1つの難問として浮上してくる。つぎにあげる2つの立法措置は，こうした問題に個別に対応した例とみることができる。

第1に，経済的理由による契約変更に対する黙示の受諾に関する立法規定である。判例は当初，使用者による労働契約変更の申入れに対して労働者が変更された条件で労務提供を継続している場合につき，これを黙示の受諾と判断していた。しかし，1987年の有名なラカン判決[7]以降，労務提供の継続から黙示の受諾は推定されないという考え方が確立されている。これに対して1993年12月20日の法律は，経済的理由による労働契約の変更について，労働者への通知から1か月以内に拒否の意思表示をしなければ受諾とみなすという規定を導入した（労働法典 L.321-1-2条）。それは債務の一般理論に反するものの，この規定の考え方は「内的柔軟性を促進して解雇のリスクを予防する[8]」ことにあるとも理解されており，経済的理由による契約変更については企業の利益との調整がはかられたのである。

第2に，労働時間短縮の法律における特別措置の導入である。週35時間制に関する1998年6月13日および2000年1月19日の法律は，立法によって法定労働時間を短縮する一方で，具体的適用をとりわけ企業レベルの労働協約に委ねる内容の法律であるが，そこで，労働時間を短縮する労働協約の労働契約に対す

---

7) Cass. soc. 8 octobre 1987, Dr. soc. 1988, p. 140.

8) Antoine MAZEAUD, Droit du travail, 3éd., Montchrestien 2002, p. 379.

る適用可能性が問題となった。たとえば，報酬が関連する場合はもとより，労働時間数を変動させる労働協約変更は一方的に契約を拘束しえないと解される可能性があるからである。こうした契約の固定性に対応するために，2000年の法律は，労働契約法に対する2つの特別な措置を導入した。第1に，労働時間短縮協定の適用による労働時間数の単なる縮減は「労働契約の変更」ではないという規定であり，第2に，こうした変更を拒否したことによる解雇は経済的解雇ではないという規定である。判例法理によると，労働時間数の変更は一般に「労働契約の変更」であると解されている。また，解雇の性質決定についても，経済的理由による労働条件変更の拒否に対する解雇は経済的解雇と判断される。したがってこれらの規定は，立法による調整措置の導入によって，部分的にではあるが判例法理や法制度を修正するものとなっている。

2 契約の特約条項と内的柔軟性

以上に述べてきた労働契約変更の厳格さは，一方で，労働者が可変的な労働条件を個別契約化することによって変動に対抗しうるための根拠を与えることにもなるが，しかし他方で，労働条件の変動可能性を特約として契約に盛り込むことによって使用者が柔軟性を確保しうるための手段にもなりうる。では，こうした特約条項は，契約自由の原則に基づいてその効力を全面的に認められることになるのかどうか。以下では，労働条件の可変性条項，とりわけ勤務場所に関する移動条項を中心にこの問題を検討する[10]。結論を先どりすれば，こうした条項は，当事者の意思と条項内容の両面からその有効性・適用の可否が判断され，一定の制約のもとに認められている。もっとも，これらの問題に関する判例はいまだ形成途上にあり，確たる判断基準や司法的規制の法的根拠が明確になっているわけではない。

---

9) こうした問題については，奥田香子「『35時間法』をめぐる諸問題——フランス時短法制の新たな展開」労働法律旬報1476号（2000年）4頁以下。
10) 労働契約に挿入される特約条項は，労働条件の可変性に関わるもの以外にも，雇用保障条項のような新たなタイプも含めて多様に存在する。この問題に関しては主として，A. MAZEAUD, op. cit., pp. 264 et s., François GAUDU et Raymonde VATINET, Les contrats du travail, LGDJ 2001, pp. 228 et s. など。

(1) 可変性条項 (clause de variabilité) の有効性[11]

フランスでは,契約条項全般を対象にして直接的にそれを規制する法規定は存在しないが,契約の一般法や判例,労働法の諸規定などにより,労働者の義務を設定する条項や契約内容を一方的に変動させうる条項などは一定の制約を受けている。

可変性条項に対する制限については,たとえば,フルタイムからパートタイムへの変更や賃金形態の変更などを予定する条項の有効性が判例によって否定されている。ここで司法的規制が働く根拠について当初は明確でなかったが,最近の判例では民法典の「公序」規定が援用されている。もっとも最近注目されているのは,企業内での労働者の権利や自由の過度な侵害にあたることを理由とするケースが増加していることであり,この場合は,労働者の自由や基本権の侵害を制約する労働法典 L. 120-2条がその根拠とされている[12]。

(2) 移動条項 (clause de mobilité)

多様な可変性条項の中で,移動条項については一般に,労働者の同意が確実であればそれ自体効力を否定されるわけではないと解されている。もちろん,権利の濫用や契約の誠実な履行に反する場合には労働者が配置転換を拒否できるが,そうした場合でなければ,移動条項が存在することによって使用者が配置転換を命じることができ,それは労働契約の変更にはあたらないと考えられている。しかし,最近の動向として注目されるのは,移動条項が適法とされる条件が徐々に厳しくなっている点である。すなわち,移動条項が存在する場合でも労働者に住居の移転を義務づける内容であれば,それは例外的な場合を除いて「企業の正当な利益に不可欠である」とはいえず,また追求する目的に比例しない場合があると判断されている[13]。その場合の根拠は,現在では前述の

---

11) Christophe RADE, La figure du contrat dans le rapport de travail, Dr. soc. 2001, p. 802.
12) C. RADE, op. cit., p. 804.
13) Cass. soc., 12 janvier 1999, Dr. soc. 1999, p. 287. 契約条項と自由・基本権に関する L. 120-2条の「比例性原則」については, F. GAUDU, op. cit., p. 281; Antoine LYON-CAEN et Isabelle VACARIE, Droits fondamentaux et droit du travail, Mélanges en l'honneur de Jean-Maurice Verdier, 2001 Dalloz, p. 444.

L. 120-2条で，住居の選択に関する労働者の自由が問題とされている。

(3) 契約の内容形成に対する制約

契約条項という内的側面における制約は，上記のような柔軟性が問題になる内容変更の場面だけではなく，労働者の義務を設定するような内容形成の場面においてもみられる。ここでは，その代表例である競業避止義務条項 (clause de non-concurence) に対する規制に言及しておこう。

競業避止義務条項について判例は当初，契約の強制力を根拠に，場所的・時間的な制限，当該労働者の雇用の特殊性を考慮するという条件をつけるほかにはほとんど規制を加えていなかった。しかし，とくに1992年の判決[14]を境に「企業の正当な利益の保護に不可欠であるかどうか」という判断基準を入れるようになり，さらにこの問題に関する判例変更とも言われている2002年の判決[15]で，「金銭的な代償を伴うこと」が条件として加えられた。

この判決については，破毀院が条件を付しつつ労働契約の競業避止義務条項の有効性の原則を認めたことに注目する見解がある一方，この条項は適法であるという原則が事実上放棄されたと評する見解もある[16]。

さらに，これらの判決についても，労働の自由という従来からの根拠のみではなく，労働者の自由・基本権からみた目的との比例性というL. 120-2条の規定が新たな根拠になっていることが指摘されている[17]。

3 小　　括

以上のように，労働契約関係の内的側面に関する立法・判例の動向からみると，前述の外的柔軟性の強化に比べて，内的柔軟性には，とくに企業利益との調整から一定の配慮がなされるようになっている。また，企業利益との調整から生じる内的柔軟性の場合には，判例による意思自治の重視に対する立法の対

---

14) Cass. soc., 14 mai 1992, Dr. soc. 1992, p. 967.
15) Cass. soc., 10 juillet 2002, Dr. soc. 2002, p. 954.
16) Jean-Yves KERBOURCH, Clause d'interdiction de concurrence et contrepartie financière, RJS 1/03, p. 3 ; Les arrets marquants 2001-2002 : Droit du travail, Ed. Liaisons, p. 95.
17) J.-Y KERBOURCH, op. cit., pp. 4-5.

シンポジウム I　労働契約法の新潮流

応というかたちで現われているようである。

Ⅳ　フランス労働契約法の傾向と方向性——日本への示唆を含めて

　最後に，以上に検討してきたことを冒頭に述べた視点から整理すると，つぎのようにまとめることができるだろう。まず，フランスの労働契約法制および労働契約法理は，労働者の地位を不安定にさせる有期契約や解雇については，立法による規制を行うことが今日でも１つの特徴になっている。この点では，労働契約関係の外的柔軟性には踏み込んでおらず，むしろ規制が強化されていると評価することができる。

　これに対し，労働契約関係の内的柔軟性については，集団的規範による変動可能性，経済的理由による契約変更に対する黙示の受諾の立法化，契約条項の利用などに見られたように，雇用保障とも相俟って徐々にその余地が認められつつある。しかしながら，これについては，他方でいくつかの重要な制約があることにも留意しなければならない。それは主としてつぎの３点であるが，ここにはとりわけ，日本の労働契約法の諸問題を検討する場合にも重要と思われる内容が含まれている。

　第１に，労働条件変更を容易に認めない「契約の領域」が存在するということである。意思自治原則の再生といわれるこうした判例法理の傾向は，労働契約の拘束力から内的柔軟性の限界を考える際に重要な示唆を与えるものである。

　第２に，集団レベルでの「契約化（contractualisation）」[18]ないし「手続化（procéduralisation）」[19]という点である。たとえば，労働条件変更については，第１の点とも関係して集団的規範の柔軟性が大きな位置を占めている。最近の労働

---

18)　フランス労働法において「契約化（contractualisation）」という表現は多義的に用いられており，立法規制に対する労働協約や労働契約の役割の拡大もこれに含まれる（J. PELISSIER, A. SUPIOT et A. JEAMMAUD, op. cit.,p. 179.）。

19)　J. PELISSIER, A. SUPIOT et A. JEAMMAUD, op. cit., p. 26.「手続化」論について綿密に検討し，その具体的現れの１つとして経済的解雇法制の傾向を指摘するものとして，水町勇一郎『労働社会の変容と再生——フランス労働法制の歴史と理論』（有斐閣，2001年）207〜208頁。

時間短縮立法に見られるように，個別契約化される労働条件内容にも集団的合意を前提とする手法などが取り入れられるなど，労使交渉を重視して，契約レベルでの柔軟化を容易には認めない構造がある。また，手続化についていえば，経済的解雇規制での法定従業員代表の手続的関与に見られるように，このことが外的柔軟性についても機能している[20]。

　さらに，これを労働関係の個別化・多様化という点からみると，一律の固定的な基準の設定が難しくなる場合にそれを手続の中で調整していくことが今後より重要になると考えられる。もっとも，手続重視という傾向が労使への白紙委任ではなく制度化された形で進んでいることにも注目しておきたい。そこでは，法律による一定の基準や条件設定と労使交渉による具体化という図式において，多様化した今日の状況に対応する方向性が見い出されている。

　第3に，労働者の自由・基本権の重視という視点から，契約自由に対する制約を行っている点である。労働契約の内容に柔軟性を持たせるために使用者による一方的な変更可能性を定める契約条項について，あるいは労働者の義務を設定する条項について，近年，労働者の自由・基本権の侵害という点に配慮して企業利益による目的との比例性を検討することが重視されてきている（比例性原則 principe de proportionnalité）。この点は，労働契約における使用者の指揮命令権の限界や労働者の義務の範囲を考えるうえでも注目すべきであろう。

（おくだ　かおこ）

---

[20] 労使関係現代化法の可決された法案には，経済的解雇の理由を限定することによって企業主の判断に直接司法的規制を及ぼそうとする規定（第107条）が存したが，同規定は憲法院による違憲判決（Journal Officiel du 18 janvier 2002）を受けて削除された。ここで企業主の「経営の自由」を直接過度に侵害することが退けられたことと比較しても，手続に関する制度の充実によって経済的解雇をコントロールする傾向がみられる。

〈シンポジウム I〉

ドイツにおける労働契約法制の動向
―― 改正民法典における約款規制に限定して ――

根 本 到
(神戸大学)

I 本稿の目的と対象

　ドイツでは、2002年1月1日に、「債権法の現代化」と称される大改正された民法典が施行された。この改正は、給付障害法の改正および約款法など特別法の民法典への取り込みが中心的なテーマであったが、労働法についても、経営危険論など労働契約に関する新しい規定が設けられた[1]。労働法に特化した新規定は、従来、判例で認められてきた法理を立法化したに過ぎないが、約款規制だけは、従来の判例とは異なる内容も含まれており、労働契約実務への影響が指摘されている。そこで、本稿では、約款規制に限定して、その内容や意義を検討し、日本への示唆を考えてみたい。

　なお、労働法学会第105回大会のミニ・シンポジウムでは、民法改正の全体的な紹介・検討も行った。しかし、本稿では、紙幅の関係上、約款規制の問題に限定せざるをえないことをお断りしておきたい。

II 労働契約における約款の利用

1　約款とは何か

　約款とは[2]、運送約款や保険約款に代表されるように、多くの者に使用されることを予定して、約款利用者によってあらかじめ作成された契約条件をいう。

その意味で，契約の個別条項と重なる例も多いが，当該契約条件の大量性・定型性が存しなければならない。ヨーロッパ諸国のなかには約款ではなく，契約条項の規制を対象としている国もあるが，ドイツでは伝統的に約款に限って規制するという方式が採用されてきた（図1参照）。労働契約への約

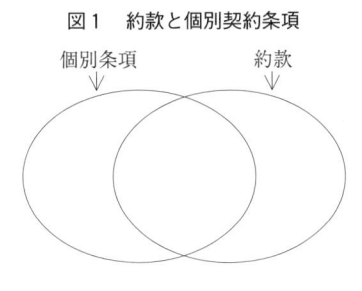

図1　約款と個別契約条項
個別条項　　　約款

款規制においても，後述するように，多数の契約のためにあらかじめ作成された契約条件（普通取引約款）を対象とするという枠組みが維持されている。

　約款は，大量的・定型的な取引にとても有用であるが，その反面，契約の相手方に契約交渉の余地がなく，契約の拘束力を付与してよいかが問題となる。ドイツでは，このような観点から，とくに適用除外がなされていない限りは，契約の種類に関係なく約款を規制するという方式が採られており，他国の契約規制と比べて，必ずしも消費者など特定の保護客体に限定していない点に特徴がある（後掲表1参照）。

2　ドイツにおける労働契約実務の状況——約款の利用状況

　こうした約款規制は，労働法実務ではどのような点で問題となるのか。ドイツの労働契約実務を対象としたある調査によれば[3]，定型的な条項を利用して契

---

1)　今回の民法改正のなかで，約款規制を除いて，労働法に関係する改正点としては，次のようなものがある。第1に，経営危険論の立法化（615条3文）。第2に，労働者が損害賠償責任を負う場合の立証責任が使用者側にあることの確認（619a条）。第3に，時効規定の3年への統一（195条，従来は，労働者側は2年であるのに対し，使用者側の請求権は4年と不均衡であった）。第4に，労働法においては労務拒絶権を意味する履行拒絶権の新設（275条）。第5に，解約告知の場合の是正警告義務（314条2項）や行為基礎の喪失規定（313条）の明示化である。なお，今回の改正に際しては，新たに民法に挿入された「消費者」概念（13条）に労働者が該当するか否かについても議論があったが，否定的な見解が支配的である。こうした改正の動向については，労働法については，拙稿「ドイツ民法典の改正と労働契約法理」労働法律旬報1529号（2002年）12頁以下，民法全体については，岡孝編『契約法における現代化の課題』（法政大学出版会，2002年），半田吉信『ドイツ再無法現代化法概説』（信山社，2003年）を参照。ドイツ語文献としては次のものを参照。Vgl. Wank/Olzen, Die Schuldrechtsreform, 2002.

2)　約款については，大村敦志『消費者法』（有斐閣，1998年）177頁以下を参照。

3)　vgl. Preis, Der Arbeitsvertrag, 2002, S. 53.

約書が作成された労働契約が，全体の約94％にものぼっていたとされているが，主に次の2つの点で約款の利用が指摘されている。

(1) 労働協約などへの指示条項

第1に労働協約などへの指示条項である。ドイツは，比較的高い組織率を維持してきたが，2002年段階で，ドイツ労働組合総同盟（DGB）の構成員は約770万人で，労働者の組織率は約23％しかないと報告されている[4]。もっとも，このように組織率が落ち込んだとしても，協約適用率（表2，表3を参照）は組織率をはるかにこえる割合がある。問題はその理由であるが，一般的拘束力制度の影響が考えられるが，統計上それだけでは説明できない。一般的拘束力を受ける非組合員は約60万人に過ぎないとのデータがあるからである[5]。では，この組織率と協約適用率の差を説明するものは何か。それは，労働協約上の労働条件を指示する条項を労働契約におくという方法が利用されているからである。その方法は，労働協約を包括的に指示する場合もあるが，一部を指示するものが多いとされている（資料1参照）。このようにドイツでは，指示条項（Verweisungsklausel）を通じて労働協約などの労働条件を労働契約に取り入れるという方法が広く普及している（表4，表5を参照）。こうした方法については，正当性のある労働協約上の労働条件のすべてを取入れているのではないので，約款規制の対象となると解されている[6]。

(2) 配転条項などの契約条項

第2に，日本ほどの利用状況ではないが，労働者に何らかの義務づけを課す条項の利用もなされている。配転，競業避止あるいは違約罰に関する条項である（表6，表7を参照）。こうした条項については，個別に交渉して特約したものであれば，必ずしも約款にならないが，集団的規制や一般的労働条件など契約のひな型に事前に定めておいて，それを契約条項とする場合が多いとされて

---

4) Vgl. WSI-Tarifhandbuch 2002, 2002, S. 240. DGBに加盟していない労働組合としては，約120万人の官吏を組織したドイツ官吏同盟（Deutscher Beamtenbund）などがある。DGBについては，ここ10年の間に6％以上も組織率が低下したとされている。

5) Vgl. ebenda, S.73.

6) Vgl, Hanau/Kania, Die Bezugnahme auf Tarifverträge durch Arbeitsvertrag und betriebliche Übung, in FS für Schaub, 1998, S. 239ff.

いる。ドイツではこれが約款規制の対象となると解されている。

Ⅲ 新民法典における約款規制の内容と意義

1 改正以前の契約規制の状況

今回の改正がなされる前から，労働契約実務では，約款が広く利用されてきた。しかし，改正前の普通取引約款法（Gesetz zur Regelung der Allgemeine Geschäftsbedingungen vom 9.12.1976）23条では，労働契約への適用が明示的に否定されていた。[7] 立法趣旨[8]によれば，労働契約については，労働者保護法や労働協約などによる集団的規制が存するため，司法を通じて契約を規制する必要がないからだとされている。ところが，実際には，こうした規制を通じて十分な規制が加えられてきたとは言い難い状況が存したため，連邦労働裁判所は，信義則などを根拠にして，約款法類似の規制を労働契約に加えてきた。[9] ただし，裁判例のなかには，規制の根拠・基準が異なるものがあったうえ，約款規制の適用を否定するものもあるなど，判例の状況は不安定であった。[10]

2 改正の経過と目的

今回のドイツ民法改正は，EU指令の国内法への転化や民法施行以来の判例法・特別法の発展を考慮した，改正前の様々な民法本体の法典編纂作業を実現したものであった。このため，2001年5月に提出された最初の政府法案では，[11] 約款規制において労働契約は依然として適用除外されていたように，労働契約

---

7) ドイツ約款法については，河上正二『約款規制の法理』（1988年，有斐閣）を参照。
8) Vgl. BT-Dr. 7/3919, S. 41. なお，学説の中には，労働契約が適用除外となった事情として，当時，労働契約法の制定が進められていたことを挙げる見解もある。Vgl. Preis, Grundfragen der Vertragsgestaltung im Arbeitsrecht, 1992, S. 250ff.
9) ドイツの内容規制論については，土田道夫『労務指揮権の現代的展開』（1999年，信山社）165頁以下に詳しい紹介と分析がある。
10) 約款法の規制を実質的に援用することを認めた裁判例（vgl. BAG v. 24.11.1993, AP Nr.11 zu §611BGB Mehrarbeitsverguetung.）が多いが，2000年12月13日の連邦労働裁判所判決のように，約款法の実質的な適用を否定する判示を行ったものもあった（vgl.NZA 2001, 723）。こうした最近の判例の不安定性が立法化を促すことになったとも言われている。
11) vgl.BT-Dr. 14/66040, S. 1ff.

を念頭においた規制はほとんどなかった。労働契約に関する論議は，民法改正の労働契約法への影響を懸念した連邦参議院の質問を契機として議論が始まったのである。連邦政府は，約款規制については，「強行法あるいは集団的協定を通じた保護にもかかわらず，労働法においても，使用者が一方的に設定した労働条件については司法的規制をする必要がある」と述べ[13]，法案を変更したのであった。

3 約款規制の適用範囲

約款規制の適用範囲については，多数の契約のためにあらかじめ作成された契約条件である「普通取引約款（Allgemeine Geschäftsbedingungen)」を対象とする（305条。以下条文については資料2を参照）としているが，労働契約についてはさらに次のような規整がなされている。

第1に労働協約や経営協定上の労働条件を除外し，労働契約上の労働条件に限定するということである（310条4項）。ドイツでは，法律，労働協約，経営協定，労働契約に加えて，就業規則や一般的労働条件（統一的労働条件など）といったツールで労働条件が定められている。このうち，約款規制の対象は，契約的効力をもつとされる労働契約や一般的労働条件に限定され，労働協約などは除外されている。立法趣旨[14]によれば，労働協約や経営協定などは規範的効力を有するので，こうした集団的自治制度への侵害を防止するためだとされている。

第2に，個別合意の適用除外である（305b条）。労使間で十分な交渉を通じて合意した個別条項は，契約の拘束力が認められるので，規制の対象外となっている。

第3に，合意解約への適用である。今回は「労働契約」を対象とするので，形式的には，合意解約契約は対象外だという理屈も成り立つ。しかし，多くの学者が合意解約も対象となると解している[15]。

---

12) BT-Dr. 14/6857, S. 11.
13) BT-Dr. 14/6857, S. 17.
14) BT-Dr. 14/6857, S. 54.

第4に，経過規定[16]との関係である。今回の改正民法の対象は，昨年までは，2002年1月1日以降に締結された労働契約に限定されていた。しかし，2003年1月1日からはあらゆる労働契約に適用されている。

4　約款規制の基準と方法
　ドイツの約款規制は，以下のように，契約条件の「取入れ規制」と「内容規制」の2段階で構成されている。
　(1)　取入れ規制
　まず，取入れ規制とは，約款を明示する機会を十分に与えなければ，後述する内容規制によって正当性が認められても，そもそも契約の構成部分とはしないとの規制をいう（305条）。ただし，今回の改正では労働契約については，305条2，3項は適用がない（310条4項）。その理由は，立法趣旨[17]によれば，労働条件の明示を求めた「証明書法（Nachweisgesetz）」による規制で十分であるからだとされている。しかし，学説の中には，証明書法の充足は契約の取入れの有効要件となっているわけではないので，契約の取入れの実質的な規制は求められるのではないかとの意見[18]もある。こうした考え方によれば，労働契約については，民法145条や，契約相手方への不意打ち条項等を規制している305c条等を通じて，取入れ規制がなされるべきだと指摘されている。
　(2)　内容規制
　つぎに，第2段階として，新民法307条の条文に基づいて，「信義則に反して，約款使用者の相手方を不相当に不利益に扱う」約款は無効となる。これは，内容規制と呼ばれており，当事者の意思や真意に拘束される契約の解釈とは異なる規制と位置づけられている。
　内容規制の基準については，307条には抽象的な基準しか規定されていない

---

15)　Vgl. Gotthardt, Arbeitsrecht nach der Schuldrechtsreform, 2. Aufl., 2003, S. 147ff.; Däubler, Die Auswirkungen Schuldrechtsmodernisierung auf das Arbeitsrecht, NZA, 2001, 1329ff.
16)　民法典施行令229条5項に定めがある。
17)　BT-Dr. 14/6857, S. 54.
18)　Vgl. Preis, Arbeitsrecht, 2. Aufl., 2003, S. 268.; Gotthardt, a. a. O., S. 97ff.

が，労働契約においては，不利益性の内容とともに，労働者の地位や契約の種類，当該規定の代償措置の内容，契約形成過程の状況及び解雇の困難性などの諸事情を勘案すると解されている。また，こうした一般的な規制に加えて，308条と309条では，約款規制の対象となりうる契約条項が幾つか列挙されていることにも留意しなければならない。労働契約についていえば，変更権条項（308条4文）や違約罰（309条6文）に関する条項を直接無効とする規制がおかれているからである。しかし，労働契約に限っては「労働法において妥当する特殊性を適正に考慮」（310条4項）しなければならないので，310条4項が優先的に適用されて308条4文などが適用されないことも多くなると解されている[19]。ただし，「労働法的特殊性」の内容は不明であり，その基準は判例に委ねられた状況となっている[20]。

5 約款規制の法的効果

取入れ規制や内容規制を通じて約款が無効となった場合，306条により，それ以外の条項は有効なまま，当該条項のみに効力を及ぼすことが認められている。また，契約条項が無効となった場合には，法規定を考慮して内容を補充することも許されている。しかし，民法改正以前の連邦労働裁判所の判例[21]では，内容規制を加えた法的効果として，一定期間内に退職した場合のクリスマス賞与の返還規定について，完全に無効とするのでなく，期間を縮減するなど，法律に根拠のない契約の改訂を行ってしまう傾向さえあった。改正後は，こうした労働法的に特殊な規制が維持されるかが1つの論点となっているが，労働契約についても今後は法規定の補充しかできないという見解が今のところ有力である[22]。ただし，ここで言う法規定とは，実定法だけでなく，条文にない法原則

---

19) 民法改正後，すでに内容規制を問題とした下級審判断が示されている。契約違反を行った場合には月収額を支払う旨規定した違約罰規定を2002年7月8日ボーフム労働裁判所判決（NZA2002, 978.）は309条6文を根拠に無効としたが，告知期間を遵守せずに退職した場合には2週分の収入の支払いを求めた規定を同年8月14日デュイスブルク労働裁判所判決（NZA2002, 1038.）は，310条4項の労働法的特殊性を考慮して有効としている。

20) Vgl. Henssler, Arbeitsrecht und Schuldrechtsreform, RdA 2002, 135ff.

21) Vgl. BAG v. 10.5.1962, BAGE Bd.13, S. 129.

22) Vgl. Gotthardt, a.a.O., S. 158.

や判例法も含めるべきであるとの指摘もある。[23]

6 約款規制の影響

(1) 実務への影響

前述のように，労働契約の内容規制は判例ですでに認められてきたが，報道によれば，民法改正前後に，司法的規制を受けないよう，契約書や契約のひな形の修正を余儀なくされるだろうと経営側弁護士が考えているということが判明した[24]。このように約款規制が立法上明示されたことは，実務に少なからぬ影響を及ぼしている。

もっとも，理論的に，下級審の判断が少しずつ出始めた段階で[25]，判例の立場は確定していない。ただし，学説の状況をみると，次のような点に影響があるだろうということでは見解の一致がみられる。第1に労働協約や一般的労働条件などから労働契約への労働条件の取入れ実務，第2に労働条件の変更権（配転条項など）や撤回権，第3に違約罰規定，第4に競業避止義務規定，第5に合意解約である。このうち，競業避止義務規定については商法典が改正されて[26]その基準が立法上明確になったが，それ以外の点については学説の間で議論がなされている段階にある。

(2) 従来の判例との相違

内容規制を認めてきた民法改正以前の判例と比べて，新民法典においては規制が変わるのか。学説によれば，大きく変わる点はないと言われているが[27]，次のような点で異なる可能性も指摘されている。

第1に，労働協約への指示条項などにおける取入れ規制の問題である。スト権も保障された労働組合が合意した労働協約には内容的に正当性保障があるとの考え方をドイツの判例は一貫して採っており，労働協約は内容規制を受けな

---

23) Vgl. Preis, a.a.O.（前掲注18）），S. 273.
24) 2001年12月31日南ドイツ新聞（Suddeutschezeitung）。
25) 注19) を参照。
26) 新しく施行された商法典74a条1項で，2年を超える競業避止義務を課してはならないといった規制が明示された。
27) Vgl. Wank, a.a.O., S. 113.

いとされてきた。しかし，指示条項のなかには，労働協約の一部を指示した条項やまだ成立していない協約を指示する条項も多く，こうした場合は労働契約上の効力を改めて審査する必要がある。このため，今回の民法改正によって，305条の一部が適用されないとはいえ，不意打ち条項規制などを通じて取入れ段階での審査がなされると解されている。[28]

第2に，撤回権留保条項などの審査基準への影響である。伝統的に，ドイツでは，撤回権留保条項は次のような2段階で規制されていた。すなわち，第1段階で，賃金などの労働契約の中核領域を侵害する条項は，本来その都度，労働者の同意を得て更改すべきであるので，たとえ労働者が撤回留保条項に事前に同意していても，こうした条項は解雇制限法2条（変更解約告知の規定）の潜脱（脱法）・無効となるとし，そのうえで第2段階で，撤回権の行使が公正であるか審査するというものである。[29]これに対し，今回の民法改正で約款規制が明示化されたことによって，この2段階規制がどのように変化するかが問題となっている。基本的には2段階の規制の間に，内容規制がさらに加えられるのではないかと言われているが，潜脱規制に代えて内容規制がなされる可能性も指摘されている。[30]

Ⅳ 労働契約法における約款規制の意義と日本への示唆

1 約款規制と労働契約法理

ドイツでは，今回の法改正や過去の判例によって，労働契約に約款規制が適用されることが明らかになったわけだが，それは労働契約法理との関係で次のような意義がある。

まず，労働契約法における「私的自治」や「契約の拘束力」とは何か，という点が明確になり，司法的介入の根拠や基準が明確になっていったことである。労働契約に約款規制を認めるうえで大きな役割を果たしたのが，ドイツでは，

---

28) Vgl. Gotthardt, a.a.O., S. 128ff.
29) Vgl. BAG v. 22.5.1985, AP Nr.6 zu §1 TVG Tarifvertraege ; Bundesbahn.
30) Vgl. Reichold, Grundlagen und Grenzen der Flexibilisierung im Arbeitsvertrag, RdA 2002, 321ff.

憲法とくに人権論であったと指摘されている[31]。従来，私法において憲法理論は間接的効力や直接的効力に関する議論などその守備範囲は限定されていた。しかし，90年代以降の連邦憲法裁判所（1990年2月7日の代理商決定など）の判例[32]を契機として，私的自治も，憲法上の人権（とくに基本法12条の職業の自由）に裏打ちされた1つの制度と解されるようになり，一方当事者が一方的に決定できるほど強い立場にある場合には，他方当事者の人権が十分保護されたとは言い難く，第1次的には立法が，第2次的には司法がこの基本権を保護するために契約法を修正する義務を負うと考えられるようになった（基本権保護義務論）。こうした考え方は，契約自由の観点から契約への介入を嫌う傾向の強い民法学にも影響を与え，ドイツの多数説・判例は，両当事者が自己決定に基づいて合意したものにだけ内容的に正義があり，私的自治制度が十分機能していない場合には，「契約の拘束力」を認めるべきではないと考えるようになっていったのである。こうした発想から，労働契約においても使用者が事実上一方的に決定した契約条項は拘束力を限定するという考え方が採られ，司法的規制が許されるようになった。

　つぎに，意思と内容の両面を規制するドイツ的な規制の意義である。契約規制のあり方を比較法的に見てみると，両者を相関的に規制するアメリカの「非良心性法理」や内容1本に限定して規制する傾向の強いフランスの契約規制と比べて[33]，ドイツの約款規制は，取入れ（の意思）と内容の両面を規制するが，前者は緩やかに，後者はやや厳格にみるという特徴がある。約款の拘束力や約款規制の根拠などに関わって，自己決定という主観的意思の契機と私的自治制度の不機能という客観的側面の双方を重視してきたドイツ学説（あるいは学説間の対立）の影響であるが[34]，意思と内容の一方を充足しても，契約の拘束力が認められるとは限らないという考え方は注目に値するだろう。

---

31)　憲法と私法の関係については，山本敬三『公序良俗論の再構成』（2001年，有斐閣）193頁以下，小山剛『基本権保護の法理』（1998年，成文堂）212頁以下，西谷敏「勤労権と立法者の労働条件基準法定義務」ジュリスト1244号122頁以下，山本敬三「憲法による私法制度の保障とその意義」ジュリスト同号138頁以下を参照。
32)　BverfGE, 81, 242.
33)　他国の契約規制の状況については，大村・前掲注2）書186頁参照。
34)　ドイツ学説の状況については，土田・前掲注9）書165頁以下を参照。

2　日本への示唆

さいごに，以上のようなドイツの新しい約款規制が，日本の契約法理にどのような示唆を与えうるか，考えてみたい。

日本でも約款的な条項は，就業規則を中心として広く利用され，その拘束力について，いわゆる「合理性」理論などによる規制も加えられている。しかし，約款の拘束力をどのように限定するかという発想から構築されたドイツの約款規制と比べると，日本の就業規則法理については次のような点に課題があることが浮き彫りとなる。

まず，電電公社帯広局事件[35]で問われたような，義務づけに関するもう1つの「合理性」論のあり方である。従来から学説のなかで指摘されているところで[36]あるが，不利益変更における合理性基準と比べて，このもう1つの合理性論は，当該条項に基づく権限行使の段階で規制がなされるためか，権利発生段階での規制基準が不明確で，必ずしも義務づけ条項を限定づける方向で機能していない。権利行使段階で規制を加える前に，条項の拘束力自体の規制を今後は確立していくべきである。

つぎに，取入れ規制の必要性である。ドイツでは，契約外の労働条件を労働契約に取り入れるときに，内容規制だけでなく，取入れ規制を行っている。これに対し，日本では，高卒・大卒の定期採用に関する限り，契約締結過程において就業規則が提示されない場合も多いが，判例は知・不知を問わず，就業規則の拘束力を認めるという態度をとっているため，こうした契約実務が取入れ規制の観点から問題とされることはほとんどない。しかし，就業規則を契約的あるいは約款的に考えていくのであれば，労働契約への取入れ段階の規制なしに労働契約上の効力を肯定できるかは疑わしい。就業規則の場合，労働組合の関与など，通常の約款と同列に考えられない要素もあるので，日本での就業規

---

35) 最高裁第1小法廷判決（昭61・3・13労働判例470号6頁）
36) たとえば，盛誠吾「労働契約と就業規則――電電公社帯広局事件」『労働判例百選〔第7版〕』（有斐閣，2002年）56頁以下及び浜村彰「労働契約と就業規則――電電公社帯広局事件」『労働判例百選〔第6版〕』（有斐閣，1995年）48頁以下参照。
37) 就業規則法理を取入れ規制の観点から批判したものとして，西谷敏「労働契約論と労働法の再構築」『法律時報』66巻2号2頁以下を参照。

則の形成・変更の実態を把握することがまず求められるが，何らかのかたちで取入れ段階の規制を検討していくことが今後は求められるであろう。[37]

(ねもと　いたる)

表1　契約規制の方法

	約款に限定	約款に限定せず
消費者に限定	EC（EU）	フランス
消費者に限定せず	ドイツ	イギリス

(資料：大村敦志『消費者法』(有斐閣，1998年) 185頁以下)

表2　2000年の協約適用率（従業員数の割合）(単位：％)

産業別協約の適用率		協約不適用率	
旧西独地域	旧東独地域	旧西独地域	旧東独地域
62.8	45.5	29.9	44.6

(資料：IAB-Betriebspanel)

表3　2000年の協約適用率（事業所数の割合）(単位：％)

	産業別協約の適用率		協約不適用率	
旧西独地域	旧東独地域	旧西独地域	旧東独地域
45.4	23.2	51.9	72.5

(資料：IAB-Betriebspanel)

表4　労働協約への指示条項の割合（労働時間，賃金などの労働条件）

	現業労働者（無期契約）	職員	有期契約を締結した労働者	管理職
労働協約への指示条項の割合	89.2%	85.3%	82.9%	35%

(資料：Preis, Der Arbeitsvertrag, 2002)

表5　就業規則や一般的労働条件への指示条項

	現業労働者	職員	管理職
就業規則・一般的労働条件への指示条項を含む割合	75.3%	74%	59.6%

(資料：Preis, Der Arbeitsvertrag, 2002)

シンポジウムI　労働契約法の新潮流

表6　配転条項の頻度

	現業労働者	職員	管理職
事業所内配転に関する条項	12.2%	8.5%	5.3%
企業内の配転に関する条項	6.9%	13.1%	22.2%
勤務地の移動を伴う配転に関する条項	6.9%	13.4%	29.8%
外国への配転に関する条項	0.4%	1.3%	5.3%

(資料：Preis, Der Arbeitsvertrag, 2002)

表7　副業・競業禁止条項

	現業労働者	職員(協約適用内)	職員(協約適用外)	管理職
副業禁止条項	47.0%	58.9%	68.6%	75.4%
秘密保持義務条項	34.9%	57.6%	81.8%	86.0%
労働関係終了後の秘密保持義務条項	17.5%	48.9%	73.6%	86.0%
競業避止義務条項	2.4%	6.5%	19.3%	33.3%

(資料：Preis, Der Arbeitsvertrag, 2002)

資料1　【労働協約への指示条項の例】

- ・「当該労働関係には，この労働契約が更改されない限り，事業所に適用される労働協約が適用される。(現在それはY職種のX協約である)」
- ・当該労働契約は，連邦職員労働協約(BAT)の内容に従う
- ・当事者双方は，報酬の格付けや支払いの点では，ノルトライン・ヴェストファーレン州の金属産業労働協約の規定を適用することで合意している。
- ・Y事業所においては，X労働協約の下記の規定が労働契約に適用される
  - ○条　配置転換
  - ○条　労働関係終了を原因とする休暇請求権の扱い

資料2　改正民法の内容

第2章　普通取引約款による法律行為上の債務関係の形成
第305条　契約への普通取引約款の取入れ
(1) 普通取引約款とは，多数の契約のためにあらかじめ作成された契約条件のすべてであって，契約当事者の一方(約款使用者)が相手方に対して契約締結時に設定するものをいう。
(2) 普通取引約款は，当該約款の使用者が，契約締結時において，次の各号に掲げる要件を満たし，かつ，契約相手方が当該約款の効力を理解したときに限り，契約の構成部分となる。
　1　契約相手方に対して当該約款を明示し，又は契約締結の性質によりこれを行うことが

著しく困難なときは契約締結の場所においてはっきり見える掲示をすることにより当該約款を示すこと
　2　契約相手方に対して，約款使用者にとって認識可能な当該相手方の身体的障害をも適切に考慮にいれたうえでの期待可能なかたちで当該約款の内容を知る機会を作ること
(3)　契約当事者は，前項に掲げる要件に従って，特定の種類の法律行為について，特定の普通取引約款の効力をあらかじめ合意することができる。

第305a条　特別な場合における契約への取入れ
　（省略）

第305b条　個別的取決めの優先
個別の契約上の取決めは，普通取引約款に優先する。

第305c条　不意打ち条項とあいまいな条項
(1)　普通取引約款に含まれる条項であって，事情により，特に契約の外観を基準とするときわめて異例であり，約款使用者の契約相手方が当該条項を考慮に入れる必要がないものは契約の構成要素とならない
(2)　普通取引約款の解釈における疑義は，約款使用者の負担に帰する。

第306条　取り入れられなかった場合及び無効な場合の法律効果
(1)　普通取引約款の全部もしくは一部が契約の構成部分とならず，又は無効となったときは，残りの契約の部分は依然として有効である。
(2)　条項が契約の構成部分とならず，又は無効な限りにおいて，当該契約の内容は，法律の規定を基準として定まる。
(2)　前項により定められた変更を考慮に入れても，当該契約を維持することが契約当事者の一方にとって期待できないほど過酷となるときは，当該契約は無効とする。

第306a条　潜脱禁止
この章の規定は，その規定を他の形式によって潜脱するときにも適用する。

第307条　内容規制
(1)　普通取引約款に含まれる条項は，当該条項が信義則に反して約款使用者の相手方を不相当に不利益に扱うときは，無効とする。不相当な不利益は，条項が明確でなく，又は平易でないことからも生じる。
(2)　ある条項が次の各号のいずれかに該当する場合であっても，疑いのあるときは，不相当に不利益な取り扱いと推定する。
　　1　法律の規定における本質的基本思想から逸脱し，合意すべきでないとき
　　2　契約の性質から生じる本質的な権利又は義務を著しく制限し，契約目的の達成を危険にさらすとき
(3)　（省略）

第308条　評価の余地を伴う条項の禁止
普通取引約款において，次の各号に掲げるものは，特別な場合には無効とする。
　（1～3　省略）
　　4　（変更権の留保）
約款使用者の利益を考慮し，給付の変更又は異なる給付の合意が契約相手方にとって期待可能でない場合において，約款使用者が，合意された給付を変更し，又はこれと異なる給付をする権利の合意
　（5～8　省略）

第309条　評価の余地のない条項の禁止

法律の規定と異なることが認められる場合であっても，普通取引約款において，次の各号に掲げるものは無効とする．

　（1～5　省略）

　6　（違約罰）

給付の不受領もしくは受領遅滞，もしくは支払遅延の場合，または契約相手方が契約を解消する場合において，約款使用者に対して違約罰を支払うよう約束する条項

　（7～13　省略）

第310条　適用範囲

　((1)～(3)は省略)

(4)　この章の規定は，相続法，家族法，および会社法の領域における契約並びに労働協約，経営協定，服務に関する協定については適用がない．労働契約への適用にあたっては，労働法において妥当する特殊性を適正に考慮しなければならない．ただし，305条2項および3項は適用しない．労働協約，経営協定，服務に関する協定は，307条3項の法律の規定と同様とする．

〈シンポジウム I〉

独仏の新潮流と日本法への示唆
――労働契約法理の再構成に向けて――

野　川　　　忍
(東京学芸大学)

I　基本的視点

　グローバリゼーションの進展を背景とした経済の国際競争力強化の必要性は，雇用における規制改革の流れにも強く反映しており，労働基準法や派遣法等をめぐっていっそうの規制緩和が叫ばれてきた。しかし実際には，雇用をめぐる実態は，これまでの画一的・集団的規制がなじまない方向にすでに大きく移行している。言うまでもなく，労働関係の個別契約化への変容である。その原因についても共通の理解が定着しており，労働組合の衰退による労働協約規範の労働契約コントロール機能の低下，いわゆる能力主義・成果主義への人事制度の移行による処遇の個別化，パートタイムや有期雇用の労働者の増加による雇用形態の多様化等，いずれも国際的に普遍性を有する実態の変化が底流に控えているのである。
　独仏の法改正は，まさにこのような実態を前にして労働契約の法的コントロールのシステムを改めて整備しようとする試みの一環であって，従来からの労働契約への法規制のありかたを，経済構造の変化への対応や国際競争力強化という課題に応じて再編成するための不可欠の措置であると言えよう。

シンポジウム I　労働契約法の新潮流

II　日本の労働契約法理をめぐる現状

1　実定法の不在

　他方，日本の労働契約をめぐる法的コントロールシステムは，独仏を始めとする他の先進諸国とは若干異なる状況が見られ，その結果現在の雇用形態の大きな変容に充分に対応できる体制にはない。日本にはもともと，個別労働関係を対象とした実定法としては行政取締法規（労基法，安衛法等）が主であって労働契約に関する一般法は存在せず，採用内定などの契約締結過程に生じる諸問題をはじめ，試用期間，期間の定めある契約の更新と期間満了による終了，配転，出向，転籍，教育訓練，休職，懲戒，安全配慮義務や忠実義務などのいわゆる附随義務，さらには退職，解雇，労働契約終了後の権利義務関係といった，労働契約の成立～展開～終了をめぐる基本的な局面については，ようやく出向に関して民法625条が一定の機能を果たしているだけで，それを除けばほとんど実定法の規制がなされないままであった。

2　規範序列の逆転

　このような状況は，個別労働関係を規制する法的規範の序列と，実際の訴訟において機能しているそれとの乖離によく表されている。すなわち，労基法等の強行法規が直律的効力を労働契約に及ぼし，つぎに労働協約が規範的効力で労働契約内容をコントロールし，さらに就業規則が労基法93条によるコントロールを及ぼし，これらが存在しない労働契約関係でも，民法には雇傭に関する規定に加えて債権総論や契約総論の各領域の諸規定があり，最後に信義則や権利濫用などの一般条項が，個別事案ごとの特徴に応じて援用されるという体系が実定法規範の序列であるが，このように序列化された実定法上の労働契約コントロールシステムの機能は，序列の上位の規範ほど弱まっているのが実情である。周知のように，現在，労働契約をめぐる訴訟において，労基法13条の適用により労働契約上の権利義務を確定する，という判決は，先頃出された芝信用金庫事件（東京高判平12・12・22労判796-6）など男女差別賃金に関する一連の

判決を除けばごく稀であるし、労働協約の規範的効力により労働契約上の請求が認められたという事例も今やきわめて少ないと言ってよい。また民法の雇傭の部分についても、625条を除けば、訴訟の場においてそれらの条文の適用により労働契約関係をめぐる事案が処理されるという状況にはない。さらに労働協約と就業規則についても、それぞれ困難な法的課題が山積していることは言うまでもないが、労組法16条や労基法93条の適用によって労働契約をめぐる争訟が解決されるという事態が非常に少なくなっていることも事実である。要するに、現在の法の体系は、労働契約をコントロールする機能を十全に果たしうる構造になっていないと言わざるを得ない。

3 判例労働契約法とその問題点

それでは、日本には労働契約法は存在しなかったのであろうか。それどころか、日本の労働法のテキストには精緻な労働契約法理が展開されており、それらは日本型の労働契約法の存在を前提としている。言うまでもなくそれは、広範な判例法理による「判例労働契約法」である。

周知のように、実際には日本の労働契約法理は、裁判所によって、民法の信義則、権利濫用、公序良俗という、いわゆる3大一般条項と、「合理性」という独特の基準とによって構築されているのであり、それは労働契約の締結過程から終了後までの全範囲をカバーする壮大な体系である。仮にこれら判例による労働契約法理を法文の形態にまとめたならば、先般制定された消費者契約法よりもはるかに精度の高い労働契約法を作成することができるであろう。

しかし、このような状況は、判例法理があくまでも具体的な個別の事案を解決する基準として用いられるものであって、必ずしも法理としての明確性や安定性が優先されないためず、労働契約当事者にとって行為規範としての意義が希薄となることや、裁判官が信義則等の一般条項を用いる折には、対象となっている労働契約関係に適用すべき規範が現在の労働契約関係をめぐる社会的実態と整合的であることに留意するため、規範が実態をリードするような傾向を持ち得ず、結果として現状の合理化や追認につながりやすいといった問題を生じせしめている。何より深刻であったのは、判例が一応の体系的で説得力を有

する労働契約法理を形成したことが，国際的動向を視野に入れ，最新の契約法の成果をも取り入れた労働契約法理の構築や，実定法としての労働契約法の形成を遅らせたという点であろう。確かに，労基法には，さまざまな労使協定，労使委員会制度が導入されて，基本的規制を当事者の合意により一定の範囲で免れる定めを置く傾向が拡大し，他方では36条4項や136条，あるいは新設が予定されている18条の2（解雇権濫用規定）のようにむしろ労働契約法に該当する条文が設けられるといった流れもある。しかしこれらは，そもそも行政取り締り法規としての労基法の体系にはなじまないものであり，むしろこれらの傾向こそが，日本にも実定法規としての労働契約法が必要であることを側面から如実に示していると見ることができよう。

III 独仏の新潮流と日本への示唆

以上のような日本の現状を踏まえれば，独仏の労働契約法の分野における新潮流は，新しい事態における積極的な対応の先例として貴重な意味を有するように思われる。

すなわちまずドイツでも，労働協約の労働契約に対するカバリッジが非常に低くなってきていることはつとに指摘されており，個別事業所における事業所協定に労働条件の形成をゆだねる開放条項が増大していることや，労働協約から離脱する事業主が増えていることなど，まさに集団的規制が弱まる傾向が目立っていたが，今回の民法債務法改正は，こうした事態への立法による対応であるという側面を有する。また，解釈論の分野でも，基本権保護法理の進展により，契約上の合意をコントロールする規範として基本法上の諸規定が機能するメカニズムが解明されつつあることは，いまだに憲法の基本権規定について直接適用か間接適用かといった議論から抜け切れない日本の状況には重要な示唆をもたらすと言えよう。

これに対してフランスの状況については，経済悪化に伴う経済的解雇の増加に直面して，解雇規制を弱める方向ではなく，解雇保護の手続面での強化規定を整備する形で対応している点は，適切な解雇ルールの構築に苦慮する日本に

おいても学ぶべき具体的内容が豊富であると言えようし，労働契約の内的コントロールについては，一般契約法における合意のリジッドな構成を労働契約について立法措置により緩和しつつ，集団的規範の機能を労働関係の柔軟化に活用するという工夫を，日本の規制緩和論議に即して検討する意義があると言えるであろう。

そうして独仏の新潮流が示唆する最大のポイントは，グローバリゼーションの嵐の中で，両国とも新しい労働契約法理の構築に多大な努力が傾注されているという事実であり，そのこと自体が，両国と比べた日本の現状に対する厳しい批判となっているように思われるという点である。

Ⅳ 労働契約法理の再構成に向けて

1 序

前述のように，日本の労働契約については，裁判例の蓄積が判例労働契約法とでも称すべき体系を形成していながら，これを法的に明示する労働契約法の制定は今だ実現していない。現時点で検討されるべきは，労働契約に対していかなるコントロールシステムが設定されるべきかにつき，契約規範のあり方をその根幹に遡ってさぐることであろう。この点に関しては，上述の独仏の状況に加え，民法学における契約法学の新しい動向が有益な示唆を与えてくれている。現在日本の契約法学の最前線では，当初の合意が契約関係の規律を決するという近代契約法の基本原則に大きなゆらぎが生じているとともに，まさに独仏でも重要な論点となっている基本件保護法理の導入の如何など，新たな契約法理の構築に向けて精力的な研究が展開されているのである。[1]

---

1) 契約法に関する叙述については，次の文献を参照。
 ・大村敦志『公序良俗と契約正義』（有斐閣，1995年）
 ・大村敦志『契約法から消費者法へ』（東京大学出版会，1999年）
 ・山本敬三『公序良俗論の再検討』（有斐閣，2000年）
 ・内田貴『契約の再生』（弘文堂，1989年）
 ・内田貴『契約の時代』（岩波書店，2000年）

2 内田教授の関係契約説

民法の契約法理再構成の動きについては，90年代初頭からの内田貴教授による関係契約説の提唱を端緒とみなすことができよう。周知のように内田教授は，信義則が本来の機能を大幅に拡大して，契約の解釈基準や権利義務の設定までをもカバーするようになった日本の実態と，同様の傾向がヨーロッパのみならずアメリカにおいても見られることに着目して，古典的な合意がすべてを決定するという契約像ではなく，関係による規範の構造下にある契約像を呈示してきた。そしてそのような「関係」による規範は，共同体の「納得」を得ることを内容としており，このための契約規範の構造を明らかにすることが，信義則で処理されてきた契約争訟の処理基準をより明確化するのに役立つと主張する。内田教授はこうした関係的契約の最も典型的実例として労働契約を想定し，とりわけ就業規則の改訂による労働条件の不利益変更に関する議論に対して関係契約の考え方が有効であることを指摘している。

3 大村教授の契約正義論

また90年代半ばより公序良俗の検討から，いくつかの新しい契約法理構成の試みが生まれている。一つは，大村敦志教授による契約正義の規範的構成の探究である。大村教授は，フランスやドイツなど先進各国の契約法理を通覧した上で，全体として各国の状況においては，契約の核心的内容である給付の合意について，「給付の均衡」法理等により司法の介入が前提とされているのが通常であり，「契約法の原理を検討するに際しては，契約自由の原則はその最も重要な領域においても貫徹しなかったという事実を考慮に入れるべき」であるとの指摘をされている。また，契約における合意を構造的に捕らえることを主張し，古典的契約法理では契約を成立させるのは瞬間的＝独立的＝均一的合意，すなわち抽象的合意とされてきたが，今日では過程的＝連合的＝分節的な合意への移行が見られることを指摘するのである。そしてこのような状況の下で，契約を規律するメタ価値としての信義則を個別化する作業の必要性に説き及んでいる。

4 合意をめぐる論点

このように，大村教授も内田教授と同様に，古典的な契約原理がすでにその機能を十全には果たし得ないことを前提として，契約に対する法的コントロールの基準を構築しようとするものであるが，両者の違いは，内田教授が関係的契約の概念を用いて合意をもその一要素としてのみ位置付けることによって契約への規範的介入の広範な領域を示唆するのに対し，大村教授は合意を構造化することによって合意という事実自体が意思のみではなく多様な要素によって形成されていることを示し，それらの要素に対する法的コントロールの態様を検討するという点にある。顧みれば，労働契約についても，内田教授の指摘を待つまでもなく，就業規則法理などまさに関係契約的発想が生まれてきているし，他方で，いわゆる自己決定理念の提唱などに見られるように労働契約における合意の実質化を重視する傾向も見られる。そうすると，労働契約法理の再構成を検討するためには，どちらの方向が妥当であるのか，あるいは他に有効な考え方があり得るのかを探る作業が一つの重要な前提となると言えよう。

5 山本教授の公序良俗論

さらに，独仏では基本権保護法理が契約法理に大きな影響を及ぼしているが，日本でも，たとえば山本敬三教授は，公序良俗原理の現代的機能を検討する中で，基本権保護型公序の類型を示し，第三者による侵害から個人の基本権を保護するために国家は積極的な措置を取らねばならないと定式化した上で，その基本構成は，基本権につき過小保護の禁止と過剰介入の禁止という二つの禁止から双方の基本権を衡量して解決を導くということになるとの主張を展開している。ここでも例としてあげられるのは労働契約であり，退職後の競業避止特約などは，契約両当事者の基本権相互の衡平をどうはかるかの典型的事例であるとするのである。さらに山本教授は，公序良俗論の展開過程で，戦後は労働関係を中心に自由や権利を保護するタイプの判例が増えたという事実に注目し，新たな公序良俗原理の展開に労働契約の果たす役割が大きいことを示唆している。おそらく今後は，日本の労働契約法の分野においても，独仏と同様に憲法と契約との関係が重要な論点となるものと思われ，山本教授の御研究はその意

味で非常に注目すべき内容を有していると言えるであろう。

(のがわ　しのぶ)

シンポジウムⅡ
労働条件変更法理の再構成

趣旨と総括 …………………………………………… 盛　誠吾
労働条件変更法理の再構成 …………………………… 川口美貴・古川景一

〈シンポジウムⅡ〉

趣旨と総括

盛　誠　吾
(一橋大学)

Ⅰ　シンポジウムの趣旨

　日本労働法学会が編集・刊行した『講座21世紀の労働法』(有斐閣，2000年)全8巻のうち，第3巻の統一テーマが「労働条件の決定と変更」と題されたことにも象徴されるように，労働条件変更問題は過去および現在の学会における最大の関心事の1つであり，重要な論争点でもある。とりわけ就業規則を通じた労働条件の変更に関しては，文献や判例はすでにおびただしい数にのぼるが，近年，最高裁が自らこれまでの就業規則変更の合理性評価基準に関する判断を総括し(第四銀行事件・最2小判平9・2・28労判710号12頁)，その後さらに新たな判断を示したこともあって(みちのく銀行事件・最1小判平12・9・7労判787号6頁，羽後銀行事件・最3小判平12・9・12労判788号23頁，函館信用金庫事件・最2小判平12・9・22労判788号17頁)，論争状況は再び活性化するに至っている。
　しかし，本シンポジウムの目的は，このような現在の学説・判例の状況を分析し，検討することにあるのではない。むしろそのような状況とはあえて一線を画し，これまでの労働条件法理の根本的な問題点を明らかにしたうえ，従来の議論にはない新たな視点に立った包括的な労働条件変更法理を構築すること，そしてそれを学会の場において提示することにより，学会会員諸氏からの忌憚のない批判や意見を仰ぐことが，本シンポジウムの目的であり，趣旨でもある。
　そのため，本シンポジウムの報告者2名は事前に周到な議論と調整を重ね，

シンポジウムⅡ　労働条件変更法理の再構成

細部にまでわたる統一的な見解を取りまとめたうえで報告を行うこととした。したがって，学会当日のシンポジウム報告は，前半を川口，後半を古川が担当したが，報告としてはあくまで一体のものである。このように，報告者が意図的に統一的な見解を形成したうえで報告を行うことは，これまでの学会シンポジウムには見られなかった新たな試みである。

Ⅱ　報告の要旨

本シンポジウムの具体的な報告内容は，後掲の報告論文に譲ることにして，ここでは本報告が提示した新たな労働条件変更法理の特徴を指摘しておく。

第1に，労働条件の意味を広義にとらえたうえ，就業規則変更理論にとどまらず，配転，出向，時間外労働，降格人事など，これまでは指揮命令権や業務命令権の問題として個別に論じられてきた労働条件変更手段を含め，使用者による一方的労働条件変更に関する網羅的で体系的な法理の構築を目指したことである。そのため，使用者による一方的労働条件変更は，①就業規則に基づく場合とそれ以外の場合に区別され，②就業規則に基づく場合は，既存の就業規則による場合と就業規則規定の新設・改廃による場合に区別され，③さらに就業規則規定の新設・改廃による場合は，そのことによる具体的労働条件の変更と具体的労働条件変更権の創設・変更が区別され，それぞれについての有効性要件が統一的に論じられる。

第2に，労働者の事前同意に基づく使用者による一方的労働条件変更権を承認したうえ，そのことによって崩れる労使対等関係を回復するため，その発生および行使について配慮義務に基づく諸要件を抽出したことである。そこでは，使用者が負担する一般的な労働条件保障義務に基づき，変更権発生段階における変更権限定義務とその範囲の明示義務，行使段階における不利益緩和義務や説明・協議義務，労働条件変更理由が消滅した場合の回復義務などが導かれる。そしてそのことから，一方的労働条件変更の要件に関する証明責任は，すべて使用者が負担することになると主張する。

第3に，労働条件変更法理と解雇法理との対比を通じた，一方的労働条件変

更をめぐる配慮義務の内容と証明責任の分配についての主張である。解雇は一方的労働条件変更の究極にあるものとして位置づけられ，両法理の共通性が強調されるとともに，その間の相違点が論じられる。

Ⅲ 討論の内容

　討論における主要な議論としては，次のようなものがあった。

　第1の論点は，一方的労働条件変更権の性格と根拠の問題である。労働条件変更権は形成権か，労働者からの変更請求権はありうるのか（宮島尚史会員）との質問のほか，労働者による事前同意の存在の証明はどのようになされるのか（井上幸夫会員），就業規則・労働条件変更権の根拠に関して，事前同意の前提としてその旨の範囲の明示を求めることは実態に合わないのではないか（安西愈会員）との指摘があり，報告者からは，裁判例を引用しつつ事前同意の認定はケース・バイ・ケースであるとの回答があった。また，特に集団的労働条件変更に関連して，配慮義務に基づく説明・協議にとどまらず，あくまで合意を問題とすべき場合があるのではないかとの指摘もあった（熊谷謙一会員）。

　第2の論点は，配慮義務の内容や根拠に関するものである。この点については，なぜ従来のような労使間の合意の範囲と権利濫用による構成ではなく配慮義務でなければならないのか，配慮義務は労使間に明確な合意がある場合にも一律に課されるのかとの基本的な質問や（荒木尚志会員），報告にいう配慮義務とは，一方的労働条件決定権を制約するための説明概念として理解してよいのか，それは，解雇における再雇用義務と同様に，変更された労働条件の事情変更による回復義務をも内容とするのかとの質問があった（山川隆一会員）。また，配慮義務の根拠は何か，「天から降ってきた配慮義務」ではないか，権利濫用の場合とで証明責任はどう変わるのかとの質問（渡辺章会員）に対しては，信義則上の配慮義務である以上，使用者が証明責任を負うとの回答がなされた。労働条件変更権の規制法理の構成は配慮義務によるべきか，権利濫用によるべきかという問題に関しては，土田道夫会員から，それは労働契約ないし雇用関係をどのようなものとしてとらえるかによるとの指摘があり，組織的決定性・

他人決定性というその内在的性質からして企業側の裁量権を認めざるをえないとすれば、権利発生段階での内容規制と、行使段階での権利濫用によってそれをチェックするとの自説が述べられた。

第3の論点は、労働条件変更法理と解雇法理の関係である。この点に関しては、労働者が使用者による経営上の理由による労働条件変更の申込みを拒否したときは、使用者は柔軟に解雇できることになるのかどうか（荒木会員）、報告の趣旨は、解雇を広く認めたうえでなおかつ相応の配慮を求めるナショナル・ウエストミンスター銀行事件・東京地裁決定（平12・1・21労判782号23頁）の発想と同じではないかとの指摘（木下潮音会員）があった。さらに、宮里邦雄会員からは、労働条件変更と解雇とは全く異質のものであり、労働条件変更は定量的な処理が可能であるのに対し、解雇の問題についてはあくまで定性的な面を重視すべきであるとして、両者を同列に論ずることに対する強い疑念が示された。

総じて、従来とは異なる視点からの詳細な報告と資料を前に、シンポジウムに参加した会員はまずその内容の把握と理解に追われたためか、必ずしも噛み合った議論とはならなかった面もあるが、労働条件変更法理の根本的な問題にまで立ち入った有意義な議論ができたものと思われる。

Ⅳ 今後の課題

本シンポジウムの報告と討論を通じて、今後の労働条件変更法理におけるいくつかの課題も明らかになった。

第1に、今後の労働条件変更法理のあり方として、広い意味での労働条件変更に関する包括的法理の形成を目指すのか、それとも、あくまで労働条件変更の方法ごとの理論の精緻化を目指すのかである。本報告は、まさにそのうちの前者を志向したものであるが、使用者による一方的労働条件変更の方法を類型化し、それぞれの有効性要件を統一的に把握しようとした点で、重要な問題提起となるものである。ただし、従来別々に論じられてきた問題をあえて統一的に論じようとすれば、一面では概念の希薄化を招き、統一のための新たな理論

的操作も必要となる。また，本報告は労働条件変更の方法（就業規則か，それ以外かなど）に着目した類型化と法理の統一化を試みているが，理論的には労働条件の性格や変更の態様に応じた統一化も可能であろう。

　第2に，使用者による一方的労働条件変更の有効性の判断要素には，その意味，内容ともに多様なものがあるが，それらをすべて，従来の法理のように就業規則変更の「合理性」や権利濫用論に押し込めることが妥当なのかという問題である。本報告は，使用者の配慮義務という視点から，それらの諸要素を分類・整理し直したものとして理解することができるが，個別の判断要素の意味や相互の関連性についてはさらに立ち入った検討を加える必要があろう。

　第3に，使用者の一方的労働条件変更権限の発生根拠の問題である。就業規則を通じた労働条件変更にせよ，使用者による一方的労働条件変更権を承認するにせよ，そもそも使用者が一方的に労働条件を決定・変更できることの根拠と，そのことに伴う労働条件変更の内在的限界性が問題とされないかぎり，労働条件変更法理は結果的な説明のための法理にすぎないものとなろう。おそらくはこのことが，今後の労働条件変更法理が直面する重要な課題の1つではないかと思われる。

（もり　せいご）

〈シンポジウムⅡ〉

労働条件変更法理の再構成

川 口 美 貴
(静岡大学)

古 川 景 一
(弁護士)

　　　　　　　　　はじめに

　使用者が，労働条件変更時点でこれに同意しない労働者の労働条件を一方的に変更することができるか否かは，実務的にも理論的にも重要な論点である。
　しかしながら，従来の判例・学説については，第一に，体系的な労働条件変更法理自体が存在せず，その有効性要件と証明責任の分配が不明確かつ妥当性を欠いていること，第二に，同じく使用者の一方的行為である解雇に関する法理との異同が明確でないことを問題点として指摘しうる。
　そこで本稿では，第一に，使用者による一方的労働条件変更法理の方向性（Ⅰ），第二に，使用者による一方的労働条件変更法理の再構成（Ⅱ），第三に，一方的労働条件変更法理と解雇法理の比較検討と異同の明確化（Ⅲ）を課題とする。[1]

---

1) 紙幅の都合上，学説・判例批判と筆者らの理論の提示は簡潔に留めざるをえない。詳細は別稿にて展開する。なお，本論文は，土田道夫『労務指揮権の現代的展開』信山社（1999年），渡辺章「労働給付義務と形成権の理論」有泉亨先生古稀記念『労働法の解釈理論』有斐閣（1976年）所収（59-83頁）をはじめとする多くの先行研究から示唆を得た。

1 定義
　(1)　「労働条件」
　本稿では,「労働条件」を,「個別労働契約における,労務の提供とその対価および契約の終了に関する権利義務関係」,すなわち,①労務の質(職種,職務内容,労務提供方法,服装等),②労務の量(総労働時間,出来高等),③労務の配分方法(始業終業時刻,休憩,休日,休暇等),④労務提供場所(勤務場所),⑤労務提供の相手方,⑥労働環境(施設設備,安全衛生,人格権保障等),⑦労務提供の対価(賃金,退職金,福利厚生等),⑧契約終了要件(定年,退職,解雇要件),⑨①～⑧の決定方法・決定基準(たとえば職能給という賃金額の決定方法)に関する権利義務関係として定義する。

　本稿にいう「労働条件」は,二種類に大別される。第一は,労務の提供とその対価および契約終了要件の具体的内容である。本稿では,これを「具体的労働条件」と定義する。第二は,将来,具体的労働条件が変更される可能性の有無とその内容(変更要件と変更範囲)である。これは,「抽象的労働条件」とも定義しうる。

　(2)　「労働条件変更」
　本稿では,「労働条件変更」を,「同一契約当事者間における,労務の提供とその対価および契約の終了に関わる権利義務関係の変更(具体的労務提供方法・内容等の変更も含む)[2]」として定義する。

　「労働条件変更」は,労働契約の存続を前提とする権利義務関係の変更のみならず,労働契約の終了(定年,退職,解雇等)をも含む概念と解することができる。なぜなら,労働契約の終了は,恒久的に労務の量をゼロ,労務提供の対価たる賃金をゼロとする究極の労働条件変更と位置づけることができるからである。したがって,「労働条件変更」は,労働契約が存続しているか終了するかにより,(1)「労働契約の存続を前提とする権利義務関係の変更」と,(2)「労働契約の終了」の2つに大別することができる。(1)が「狭義の労働条件変更」であり,(1)と(2)を併せて「広義の労働条件変更」と定義する。ただし,特に断

---

2)　筆者らは,具体的労務提供方法・内容等の変更も,請求権に基づく履行催告,労務給付請求,弁済受領ではなく,権利義務関係の変更と把握するべきであると考える。

りのない限り，「労働条件変更」とは，狭義の労働条件変更を意味する。

(1)の「狭義の労働条件変更」は，変更対象となる労働条件により，①「具体的労働条件それ自体の変更」，および，②「使用者または労働者が将来労働条件を変更する権利の創設・変更」(将来，具体的労働条件が変更される可能性の発生・変更)に区別される。

2 本稿の検討対象

(1) 「使用者による一方的労働条件変更」

本稿は，①「期間の定めのない労働契約」における，②「使用者」による，③「一方的な」(労働条件変更時に労働者の個別同意のない)[3]，④「労働条件変更」を対象とする。

したがって，第一に，期間の定めのある労働契約の期間途中と契約更新時の労働条件変更，第二に，①労働者のイニシアチブによる労働条件変更(育児休業の取得等)と，②労働協約の規定の新設・改廃に基づく労働条件変更，第三に，使用者と労働者が変更時に同意した労働条件変更は除外する。また，懲戒処分による労働条件変更[4]は対象とはしない。

「労働条件変更」は，その原因により，①労働能力，勤務態度，非行等，労働者の「人的理由」による労働条件変更と，②経営状況，経営政策等，企業の「経営上の理由」による労働条件変更に大別され，本稿ではいずれも検討対象とする。

(2) 「一方的労働条件変更」の諸類型

本稿の検討対象とする「使用者による一方的労働条件変更」は，その変更方法により五つの類型に区分しうる(別表1・92-93頁上段「使用者による一方的労働条件変更の類型」欄参照)。

---

3) 問題は，変更時点で労働者の同意のない労働条件変更の有効性であるので(同意していれば変更される)，本稿では，労働条件「不利益」変更という概念を用いない。なお，就業規則の規定の新設・改廃による明らかに有利な労働条件変更に労働者が同意しない場合は，就業規則の規範的効力(労基法93条)に基づき労働条件が変更される。

4) 減給，降格，停職等の懲戒処分は，一方的労働条件変更の一カテゴリーであるが，その有効性は，別稿にて検討する。

第一に,「使用者による一方的労働条件変更」は,(1)「就業規則の規定に基づかない具体的労働条件変更」(類型A)と,(2)「就業規則の規定に基づく労働条件変更」(類型B～E)の二つに大別しうる。第二に,(2)「就業規則の規定に基づく労働条件変更」は,(a)「既存の(労働契約締結時から存在する)就業規則の規定に基づく具体的労働条件変更」(類型B)と,(b)「就業規則の規定の新設・改廃による労働条件変更」(類型C～E)に区分される。第三に,(b)「就業規則の規定の新設・改廃による労働条件変更」は,(i)「就業規則の具体的労働条件を定める規定の新設・改廃による具体的労働条件の変更」(類型C)と,(ii)「就業規則の規定の新設・改正による使用者の具体的労働条件変更権の創設・変更」(類型D・E)に区別される。第四に,(ii)「就業規則の規定の新設・改正による使用者の具体的労働条件変更権の創設・変更」は,単に規定が設けられ,将来,具体的労働条件が変更される可能性が発生しているにすぎない場合(類型D)[5]と,さらにこの規定に基づき使用者が変更権を行使し,具体的労働条件が変更された場合(類型E)[6]に区分される。

　類型A・B・Eは,いわゆる労働条件の個別的な変更であり,その理由は人的理由と経営上の理由の双方を想定しうるが,類型C・Dは,就業規則の規定の新設・改廃による労働条件の集合的な変更であり,したがって,経営上の理由による労働条件変更のみである。

I　一方的労働条件変更法理の方向性

1　一方的労働条件変更法理の理論構成

(1)　アプローチ

　一方的労働条件変更法理は,①全部または一部の労働条件について,常に変更時の労働者の個別同意を要求するアプローチと,②全ての労働条件につき使用者の一方的労働条件変更の可能性を認め,その上で有効性要件を設定するア

---

[5]　従来,類型Dはあまり意識されず,たとえば,時間外労働規定が導入された時点で時間外労働応諾義務がないことの確認訴訟ができるのか否かはほとんど議論されていない。

[6]　類型Eは,二段階にわたって労働条件が変更され,類型Bとは異なる。

プローチの二つに大別される。

(a) 常に個別同意を要求するアプローチ

全部または一部の労働条件につき常に変更時の労働者の個別同意を要求するアプローチとしては以下のような理論構成がありうるが，いずれも支持することはできない。

第一に，どのような場合でも変更時の労働者の個別同意を必要とし，同意なき一方的労働条件変更を一切認めないというアプローチも，理論上は可能である[7]。しかしながら，労働契約の性質からいっても結果の妥当性からいっても相当とは言えない。

第二に，労働条件変更時点での労働者の同意を要求しつつ，一定の場合，労働者の労働条件変更への不同意を権利濫用とするアプローチもありうる[8]。しかしながら，労働者の不同意が権利濫用であるとしても，そのことから同意のない労働条件変更の有効性を導くことは理論上できない。

第三に，時間外労働，休日労働，配転等，一定の労働条件変更については，変更時の個別同意を要求する学説も存在する[9]。しかしながら，なぜ，当該労働条件の変更だけが変更時の個別同意を必要とするのか，その根拠は明確ではない。また，他の労働条件の一方的変更の有効性判断との整合性は十分に説明されていない。

第四に，労働条件を，労働契約の本質的内容とそれ以外とに区別し，変更時点での労働者の同意は，前者の変更には必要であるが，後者の変更には必要としないとする理論構成もありうる。この理論構成をとると，一方的労働条件変更の効力は，変更の対象となる労働条件の法的性質により決定されるが，変更

---

7) 「配転等による労働内容の変更」について，その都度の同意を必要とするものとして，吾妻光俊「労働者の権利・義務」石井・有泉編『労働法体系5巻』有斐閣（1963年）47頁。

8) 毛塚勝利「就業規則理論再構成へのひとつの試み（2・完）」労働判例430号（1984年）10頁等。

9) 時間外労働に関して，山本吉人『労働時間の実務と法理』総合労働研究所（1982年）102-104頁。休日労働に関して，小西國友・渡辺章・中嶋士元也『労働関係法（第3版）』272-273頁（渡辺）。配転に関して，渡辺章「配置転換と労働契約」藤田他編労働問題研究第4集『続新左翼の労働問題』亜紀書房（1971年）83頁。なお，渡辺説では，同意しない労働者との労働契約関係を維持するか否かは普通解雇法理の問題とされる。

時の同意なく変更しうる労働条件か否かを、全ての労働契約に共通のものとして性質決定することは不可能である。

(b) 一方的労働条件変更の可能性を認めるアプローチ

それでは、全ての労働条件に一方的労働条件変更の可能性を認めるとすると、どのような理論構成をすべきであろうか。従来の理論構成は、本稿でいうところの類型D・Eが明確に意識されてこなかったことの他、①その有効性要件の設定と、②証明責任の分配において問題を有し支持することができない。

従来の判例・学説の多くは、一方的労働条件変更を、①労働条件の個別的な変更（本稿にいう類型A・B）と、②就業規則の規定の新設・改廃による労働条件の集合的な変更（本稿にいう類型C）に区分して議論を展開してきたので、以下これにしたがって検討する。

(i) 労働条件の個別的な変更

1）**判例法理**　判例は、労働条件の個別的な変更については、(1)有効性要件を、①使用者が当該労働条件の変更権を有し、かつ、②当該変更命令が権利濫用でないこととし、(2)①前者の証明責任は使用者、②後者につき権利濫用であることの証明責任は労働者に負担させている[10]。しかしながら、(1)有効性要件に関しては、①就業規則の規定の存在や労働者の事前の形式的な同意により、使用者の変更権が広範に認められ、②権利濫用の判断基準が曖昧で、裁判官の総合的価値判断に委ねられること、また、(2)権利濫用の証明責任を労働者が負担することを問題点として指摘しうる。

2）**権利発生要件の個別的な規制**　これに対して、判例の基本的枠組みを維持しつつ、出向や降格・降給等一定の労働条件変更については、就業規則の明確な規定や一定の規定内容を命令権の発生要件として付加する見解もある[11]。この見解は、命令権の発生レベルでこれを限定し、妥当な結果を導く点で評価しうるが、なぜ当該発生要件が必要か、その法的根拠が明らかではない。

3）**三段階規制**　土田道夫会員は、労務指揮権と出向・時間外命令権等の

10）東亜ペイント事件・最二小判昭和61・7・14判時1198号149頁等。
11）例えば、菅野和夫『労働法（第6版）』弘文堂（2003年）429-431頁（出向）、同422-423頁（職能資格・等級の引き下げ）。

行使の有効性判断枠組みとして,①当事者の主観的意思の探求による命令権の存否と内容の画定,②当該権利の内容規制,③当該権利の行使規制,という,三段階説を主張する[12]。同学説は,権利発生レベルでその内容を合理的なものに規制しようとする点で重要な意義を有する。

しかしながら,上記の②の第二段階の内容規制については,第一に,「労使が対等な立場で交渉したならばそれぞれ主張したであろう利益の均衡点を契約内容として確定するもの」であり,「労使双方が有する平均的・一般的利益を基礎とする客観的な比較衡量」とされているが[13],総合判断的で全ての労働条件変更に共通の一般的な基準は抽出されておらず,配転,出向等の個別事案毎の内容規制[14]も判断要素の提示にとどまり,裁判規範となりうる普遍的な有効性「要件」の抽出にまではいたっていない。第二に,労働者の「仮定的自由意思」(対等交渉を前提とする意思)を保障するという意味で,「労務指揮権の内容規制は,広義における労働契約の解釈に属する」[15]とされているため,結局,命令権の有無と内容は事実認定の問題として裁判官の判断に委ねられる。そして,上記の③の第三段階の行使規制については,信義則上の配慮義務を怠った権利行使を「権利濫用」としているため,当該権利行使の濫用性の証明責任を労働者が負担するという問題点を指摘しうる。また,就業規則の規定の新設・改廃による労働条件の集合的な変更は検討対象とされていないので,その法理との整合性が明らかではない。

(ii) 労働条件の集合的な変更

1) 判例法理 就業規則の規定の新設・改廃による労働条件の集合的な変更について,判例は,(1)有効性要件を,就業規則の不利益変更の「合理性」とし,(2)「合理性」の証明責任を使用者に課している[16]。しかしながら,当該規則条項に合理性があれば,同意のない労働者の労働条件を変更できる根拠につい

---

12) 土田・前掲注1)著書389-454頁。
13) 土田・前掲注1)著書422頁。
14) 土田・前掲注1)著書537-621頁。
15) 土田・前掲注1)著書423-424頁。
16) 秋北バス事件・最大判昭和43・12・25民集22巻13号3459頁等。判例法理の詳細については,古川景一「就業規則不利益変更―要件事実・証明責任論の視点からの判例法理の検討」季刊労働法202号(2003年)103-124頁参照。

て十分な説明がなく，合理性の有無の判断が総合的で，予測が困難であるという問題点を指摘しうる[17]。

2） **合理性判断枠組みの修正**　これに対して，判例法理の枠組みを維持しつつ，多数組合との合意がある場合，合理性の範囲を拡大・推定する[18]という説が荒木尚志会員から，または，多数組合との交渉が真剣かつ公正に行われていれば合理性に関する裁判所の内容審査を不要とする[19]という説が菅野和夫会員から提唱されている。しかしながら，第一に，労働条件変更の効力の有無は，権利紛争であって利益紛争ではないので，多数組合の合意や交渉の経緯を，有効性判断の手続的要件の中で考慮することはともかくとして，客観的に判断されるべき合理性の範囲の拡大または推定の根拠とすることは妥当ではない。第二に，判例法理では，労働者と使用者の有する経営・人事管理情報等の著しい格差をも勘案して，使用者に合理性の証明責任を負わせてきたのであり，多数組合の同意は合理性の存在を補強する判断要素の一つにすぎない位置づけであったにもかかわらず，敢えてこれを修正し，多数組合の同意だけで使用者の「合理性」に関する証明責任を軽減ないし免除することは，証明責任分配の実質的公平という観点からも問題がある。

3） **契約説による構成**　下井隆史会員は，労働契約においては一般に，就業規則の改定により労働契約の内容を一定の合理的範囲内で，かつ合理的方法で変更することにつき，労働者はあらかじめ使用者に黙示の承諾を与えている[20]との見解を提示し，契約説の立場から，変更時に同意のない労働条件変更をなしうることを理論的に説明する。しかしながら，①合理性の有無と範囲が労働者の意思により決まるとすると，労働者が労働条件変更を合理的範囲内に限定する意思を有していない場合は，合理性の有無の審査そのものができなくなり，②労働者の意思に関係なく合理性の有無が客観的に決まるとすると，その根拠

17） 荒木尚志会員は，判例の合理性判断枠組みは変更の必要性と変更内容の「相補的判断」であると整理されている（荒木尚志『雇用システムと労働条件変更法理』有斐閣（2001年）263-265頁）が，明確な判断基準は依然抽出されていない。
18） 荒木・前掲注17)著書265-269頁。
19） 菅野和夫「就業規則変更と労使交渉―判例法理の発展のために」労働判例718号（1997年）9頁。
20） 下井隆史『労働基準法［第3版］』有斐閣（2001年）309頁。

と基準は何に求めることになるのか明らかではないという問題点を有する。

4) **集団的変更解約告知論** 大内伸哉会員は，就業規則の規定の新設・改廃による労働条件変更の効力を，①従業員の過半数の同意と，②個別労働者の変更時の同意（当該変更が指揮命令権または留保変更権の範囲内でないとき）がある場合に限り認め，①の要件が充足されていれば，労働条件変更に同意しない労働者に対しては十分な説得交渉の末変更解約告知し，変更を拒否する労働者は解雇できるとする[21]。しかしながら，第一に，過半数従業員の同意を労働条件変更の有効性要件とする根拠は不明確で，なぜ3分の2や4分の3ではないのかという疑問が生じ，第二に，過半数の従業員の同意を労働条件変更に同意しない労働者の解雇の有効性要件とする点は，①筆者らの提示する解雇の有効性要件（後述Ⅲ1）に照らし支持することができず，また，②100人の従業員のうち51人が労働条件変更に同意していればあとの49人を解雇することができ，結果の妥当性を欠く。

(2) **再構成の基本的枠組み**

以上の検討をふまえて，筆者らは，第一に，①全ての労働条件変更につき一方的労働条件変更の可能性を認め，その上で有効性要件を設定するアプローチを採用し，かつ，②全ての一方的労働条件変更に適用しうる共通の有効性要件を設定する。

第二に，労働条件の個別的な変更については，土田説に倣い，①使用者の労働条件変更権発生レベルと行使レベルで規制し，②変更権の発生要件として労働者の事前の同意以外の客観的要件を課す判断枠組みを採用する。しかしながら，土田説とは異なり，①使用者の配慮義務から全ての労働条件変更に共通かつ普遍的な変更権の発生要件を抽出し，②権利濫用論ではなく，配慮義務から明確な行使要件を抽出する。その結果として証明責任は使用者が負担する。

第三に，就業規則の規定の新設・改廃による労働条件の集合的な変更については，契約説の立場から再構成する。すなわち，①使用者が就業規則を変更し労働条件を変更する権利の発生要件として，当該労働者の事前の同意と，配慮義務から抽出される要件を設定し，②就業規則変更権の行使要件として配慮義

---

21) 大内伸哉『労働条件変更法理の再構成』有斐閣（1999年）248-287頁。

務から明確な要件を抽出する。その結果として、発生要件と行使要件が充足されていることの証明責任は使用者が負担する。

そして、以上により、従来、対象が部分的で、かつ、①労働条件の個別的な変更法理と、②就業規則の規定の新設・改廃による労働条件の集合的な変更法理として二分されてきた労働条件変更法理を、「一方的労働条件変更法理」として整合的に再構成する（Ⅱ）。

2 解雇法理との整合性
(1) 一方的労働条件変更と解雇

一方的労働条件変更と解雇を比較すると、(1)法的効果については、①一方的労働条件変更は労働契約の存続を前提とする権利義務関係の変更、②解雇は労働契約の終了という相違が存在する。しかしながら、前述（はじめに1(2)）のように、労働契約の終了は、広義の労働条件変更の一形態と位置づけられるから、解雇は、広義の一方的労働条件変更の一形態である。したがって、(2)一方的労働条件変更も解雇も、どちらも労働関係上の権利義務関係を変更する使用者の一方的行為であるという点では共通している。

一方的労働条件変更と解雇の類似性と連続性は、経営上の理由による一方的労働条件変更と解雇、人的理由による一方的労働条件変更と解雇を比較すると、より明確になる。経営上の理由、たとえば、賃金総額の20％カットを目的とする、全労働者の賃金の一律20％カット、20％の労働者の解雇、賃金カットと解雇の組み合わせは、使用者の選択肢であり、経営上の理由による使用者の一方的行為という点で共通する。また、人的理由、たとえば、疾病の後遺症により職務遂行能力の低下した労働者を降格・配転するか解雇するかも、使用者の選択肢であり、人的理由による使用者の一方的行為という点で共通する。

(2) 一方的労働条件変更法理と解雇法理

したがって、一方的労働条件変更法理と解雇法理は、①労働関係上の権利義務関係を変更する使用者の一方的行為を限界づける法理としての共通点を有しつつも、②労働契約の存続を前提とする権利義務関係の変更を限界づける法理と、労働契約の終了を限界づける法理という相違点を有し、これらの共通点と

相違点が，理論構成や有効性要件・証明責任の分配に反映されるはずである。そこで筆者らは，一方的労働条件変更法理と解雇法理を比較検討し，両者の異同を明らかにする（Ⅲ）。

Ⅱ 一方的労働条件変更法理の再構成

1 規制根拠と理論構成

使用者による一方的労働条件変更法理は，当該労働条件変更が，法所定の要件を充足し[22]，強行規定，公序，労働協約，就業規則に抵触しないことを前提とすれば，①使用者が当該労働条件を変更する権利を有することについての労働者の事前同意と，②労働条件変更を行う過程における，使用者の信義則上の配慮義務を規制根拠として理論構成される。

(1) 労働者の事前同意

(a) 事前同意の必要性

契約法の原則では，権利義務関係の変更は，両当事者の合意または法令上の根拠に基づき行われる。よって，使用者による一方的な労働条件変更が有効であるためには，使用者が当該労働条件を変更する権利を有することへの労働者の事前同意が必要である[23]。

すなわち，第一に，就業規則の規定に基づかずに具体的労働条件を変更する場合（類型A），使用者が，当該具体的労働条件を変更する権利を有することに，労働者が事前に同意していることが必要である。第二に，就業規則の規定に基づき労働条件を変更する場合，(1)就業規則の既存の規定に基づき具体的労働条件を変更するとき（類型B）は，使用者が当該具体的労働条件を変更する権利を有することに，労働者が契約締結時に同意していること，(2)就業規則の規定の新設・改廃により，具体的労働条件を変更（類型C），または，具体的労働条件を変更する権利を創設・変更するとき（類型D・E）は，使用者が将来就業

---

22) 就業規則の規定の新設・改廃による労働条件変更であれば，労基法89条から92条と106条の手続・要件を充足していることが前提となる。
23) たとえ具体的な労務提供方法・内容の変更であっても，使用者がどの範囲でこれを命じうるかはアプリオリに定まるものではなく，当事者の合意により確定される。

規則の規定を新設・改廃することにより当該労働条件を変更する権利を有することに，労働者が事前に同意していることが必要である（説明図1・91頁参照）。

(b) 使用者の労働条件変更権

本稿においては，①使用者が，将来，就業規則の規定を新設・改廃することにより，当該労働者の労働条件を変更する権利を「就業規則変更権」，②使用者が就業規則の規定または労働者との個別合意に基づき当該労働者の具体的労働条件を変更する権利を「具体的労働条件変更権」と定義し，併せて「労働条件変更権」とよぶ（説明図1・91頁参照）[24]。

労働条件変更権は，「労務の提供とその対価および契約終了に関わる権利義務関係」を変更する権利であり，したがって，形成権である[25]。

なお，一方的労働条件変更の有効性を判断するにあたり，問題は，労働条件変更権の発生要件・行使要件とその効果であり，これを論じる際に，「労務指揮権」または「指揮命令権」という概念は不要である。

(2) 使用者の配慮義務

(a) 配慮義務の必要性

労働者が事前に，使用者が当該労働条件変更権を有することに同意していても，直ちにその効果を認めることは適切ではない。

なぜなら，第一に，一方的労働条件変更は，当該労働者に様々な不利益を生じさせるものであり[26]，かつ，事前同意時点で，将来の労働条件変更時に生じる不利益を労働者が全て予測することは困難だからである。第二に，労働者は，いつの時点であれ，実質上使用者と対等に労働条件を決定することが困難な立場にある。このため，不利益を認識していても使用者の提示する労働条件変更権に同意せざるをえず，包括的で使用者に有利な労働条件変更権が創設・変更される危険性があるからである。また，第三に，労働条件対等決定原則（労基

---

[24] 「労働条件変更権」は，変更対象となる労働条件により，①具体的労働条件を変更する権利と，②労働条件変更権を創設・変更する権利に区分することも可能である。

[25] 請求権とすると，労働者の同意と権利濫用以外にこれを規制するのは困難であるので，形成権とした上で，その権利発生と行使を規制する方が妥当な理論構成であると考える。

[26] 使用者による一方的労働条件変更に伴う労働者の不利益についての詳細は，川口美貴「労働条件変更と使用者の配慮義務」季刊労働法202号（2003年）128-131頁。

法2条）に照らせば，労働条件の変更は変更時の契約当事者の合意に基づき行われるのが原則であり，使用者の労働条件変更権の創設・変更とその行使（形成権の創設・変更とその行使）は，合理的な範囲に限定されるべきだからである。

(b) **配慮義務の内容**

したがって，使用者は，一方的労働条件変更に伴う労働者の不利益をできるだけ回避・緩和し，労働条件対等決定の原則を実質化するために，以下の信義則上の配慮義務を負う。

第一に，労働条件変更権を創設・変更する段階で，①労働条件変更権の創設・変更に伴う労働者の不利益に配慮してこれを必要かつ合理的な範囲に限定し，かつ，②労働者が将来ありうる労働条件変更の範囲を認識しうるよう，これを労働者に明示する[27]。

第二に，労働条件変更権の行使により一方的労働条件変更を行う場合（具体的には，就業規則変更権の行使による一方的労働条件変更〔類型C・D・E〕，または，具体的労働条件変更権の行使による一方的労働条件変更〔類型A・B・E〕）は，①それに伴う労働者の不利益に配慮してこれを必要かつ合理的な範囲に限定するとともに，②当該労働条件変更に伴う労働者の不利益をできるだけ緩和し[28]，また，③当該労働条件変更を決定する以前に，対象労働者と労働組合・労働者集団に対する説明・協議を行う[29]。

第三に，労働条件を変更する理由が消滅した場合（たとえば，経営悪化のため賃金カットを行っていたが経営状態が回復したような場合），可能かつ妥当であれば，以前と同じまたはできるだけ同水準の労働条件を回復する（「労働条件回復義務」）。

---

[27] 労働者は，将来ありうる変更の範囲を正確に把握していれば，転職の機会があったときに適切に判断しうる。また，労働者の退職を回避するために，使用者が変更の範囲を限定する動機づけにもなる。

[28] 人的理由による一方的労働条件変更の場合，労働者の非行等やむを得ない事情があり，不利益緩和措置を講じない相当な理由があるとき，使用者は不利益緩和措置の履行を免れる。相当な理由の存在の証明責任は使用者が負担する。

[29] 経営上の理由による場合は，不特定多数の労働者が労働条件変更の対象となりうるから，使用者は，労働組合・労働者集団に対する説明・協議をする義務を負う。これに対して，人的理由による場合は，他の労働者に直接影響を与えるわけではないが，先例となり，他の労働者の将来の労働条件変更に影響を与える場合もあるから，要請があった場合には，労働組合・労働者集団に説明・協議する義務を負う。

本稿では，これらの信義則上の配慮義務を「労働条件保障義務」と定義する[30]。特に，労使協定により強行規定が解除された条件への変更（時間外労働命令権の創設と具体的命令，変形労働時間制・裁量労働制の導入等）については，高度の配慮義務が課せられる。

2 有効性要件と証明責任

(1) 共通の有効性要件と証明責任

一方的労働条件変更に共通の有効性要件と証明責任は，当該労働条件変更が，強行規定，公序，労働協約，または，就業規則に反しないことを前提とし，前述の使用者の配慮義務を具体化して整理すると，以下のようになる（別表2・94-95頁左欄参照）。

(a) 有効性要件

(i) 人的理由による一方的労働条件変更

人的理由による一方的労働条件変更の場合，第一に，労働条件変更権の発生要件は，(1)変更権創設に伴う配慮義務の履行，具体的には，①当該変更権を創設する必要性の存在と，②将来労働条件が変更される要件と範囲が限定されかつ明示されていること，および，(2)使用者が当該労働条件変更権を有することへの労働者の事前同意である。

第二に，労働条件変更権の行使要件は，変更権行使に伴う配慮義務の履行である。すなわち，(1)当該労働条件変更の必要性，具体的には，①従前の労働条件を維持することができない，労働能力低下，勤務態度，非行等の人的理由の存在と，②変更後の労働条件の妥当性[31]，(2)一方的労働条件変更に伴う不利益緩和措置（労働者の非行等，場合によっては不必要となる），(3)説明・協議，具体的には，①当該労働者に対する個別的説明・協議と，②労働組合・労働者集団への説明・協議（要請があった場合[32]）を内容とする。

労働条件変更権の行使要件における手続的要件（説明・協議）は，実体的要

---

[30] 労働条件保障義務の内容・効果の詳細は，川口美貴・前掲注26)論文133-150頁。
[31] 降格・配転後の職務の妥当性を否定したものとして，バンク・オブ・アメリカ・イリノイ事件・東京地判平7・12・4労判685号17頁。
[32] 要請があった場合で足りる理由は，注29)参照。

件（当該労働条件変更の必要性と一方的労働条件変更に伴う不利益緩和措置）を現実に充足するために不可欠であるが，手続が尽くされたからといって実体的要件が充足されているとは限らない。したがって，実体的要件と手続的要件の双方の充足が必要である。

(ⅱ) 経営上の理由による一方的労働条件変更

経営上の理由による労働条件変更の場合，第一に，労働条件変更権の発生要件は，人的理由による場合と同様，(1)変更権創設に伴う配慮義務の履行（①当該変更権を創設する必要性[33]と②変更要件・範囲の限定・明示[34]），および，(2)使用者が当該変更権を有することへの労働者の事前の同意である。

これに対して，第二に，労働条件変更権の行使要件は，人的理由による場合と同様，変更権行使に伴う配慮義務の履行，すなわち，(1)当該労働条件変更の必要性，(2)一方的労働条件変更に伴う不利益緩和措置，(3)説明・協議[35]，であるが，以下の点で人的理由による場合と異なる。まず，(1)当該労働条件変更の必要性は，具体的には，①従前の労働条件を変更する必要性（就業規則変更権の行使の場合は事業場レベルで判断[36]，具体的労働条件変更権行使の場合は個別労働者レベルで判断），②変更対象労働者の合理性[37]，および，③変更後の労働条件の妥当性（就業規則変更権の行使の場合は事業場レベルで判断，具体的労働条件変更権行使の場合は個別労働者レベルで判断）の三つの要件によって構成され，「②変更対象労働者の合理性」という要件が付加される。経営上の理由による労働条件変更の場合は，誰の労働条件を変更するかが問題となるからである。また，(3)説明・協議については，①対象労働者に対する個別的説明・協議のみならず，②労働組合・労働者集団への事前説明・協議も常に必要である[38]。経営上の理由による場

---

33) 降格・減給規定の新設につき高度の必要性に基づく合理性を否定したものとして，アーク証券（第2次仮処分）事件・東京地決平10・7・17労判749号49頁，出向規定新設それ自体の合理性を否定したものとして，ゴールド・マリタイム事件・大阪地判昭63・11・16労判532号69頁。
34) 出向につき，学校法人塩野学院事件・大阪地決平11・1・25労判759号41頁，職能資格や等級引下につき，アーク証券（第2次仮処分）事件・東京地決平10・7・17労判749号49頁。
35) 年金制度廃止につき，名古屋学院事件・名古屋地判平3・5・31労判592号46頁。
36) ただし，対象労働者の合理性や不利益緩和措置等で個別労働者の事情は考慮される。また，それでも社会的相当性を欠く場合は権利濫用となる。
37) 定年制新設につき，ヤマゲンパッケージ事件・大阪地決平9・11・4労判738号55頁。

合は，不特定多数の労働者が労働条件変更の対象となりうるからである。
　経営上の理由による場合も，人的理由による場合と同様，実体的要件と手続的要件の双方の充足が必要である。

　　(b)　証明責任の分配
　一方的労働条件変更の場合，その効力を争う労働者の請求原因（労働者に証明責任）は，従前の労働契約の存在と内容，および，紛争の存在（確認請求の場合）である。これに対して，使用者の抗弁（使用者に証明責任）は，労働条件変更権の発生要件と行使要件の充足，および，労働条件変更の意思表示（類型A，B，Eの場合）である。これが肯定される場合，労働者の再抗弁（労働者に証明責任）は，①当該労働条件変更が権利濫用であること，または，②事情変更による労働条件変更理由の消滅である。後者が認められたときの使用者の再々抗弁（使用者に証明責任）は，事情変更後の労働条件の合理性・妥当性（労働条件回復義務の履行）である。

　このように，一方的労働条件変更の有効性要件である労働条件変更権の発生要件と行使要件が充足されていることの証明責任は，全て使用者が負担する結果となる。

　(2)　各類型の有効性要件と証明責任
　　(a)　有効性要件と証明責任
　一方的労働条件変更の有効性要件は労働条件変更権の発生要件と行使要件の二つに大別され，また，労働条件変更権は就業規則変更権と具体的労働条件変更権に区分される。したがって，一方的労働条件変更権の有効性要件は，①就業規則変更権の発生要件，②就業規則変更権の行使要件，③具体的労働条件変更権の発生要件，および，④具体的労働条件変更権の行使要件の四種類となる。
　一方的労働条件変更の各類型（類型A～E）の有効性要件は，その内容として，これら①ないし④の四種類のどれを充足すべきかを異にする。**別表1・92-93頁の中の＊印は，各類型毎に必要な有効性要件を示したものである。**類

---

38)　転勤命令の有効性要件と判示した例として，濱田重工事件・熊本地決平11・12・28労判781号55頁，反対組合との交渉の不適切さ等を理由に反対組合員への効力を否定した例として，徳島南海タクシー（未払賃金）事件・徳島地判平12・3・24労判784号30頁。

型D・Eの場合，就業規則変更権を行使することにより具体的労働条件変更権が創設・変更されるので，就業規則変更権の行使要件は，同時に，具体的労働条件変更権の発生要件でもあることに注意されたい。これを図示したものが**説明図1**・91頁である。

一方的労働条件変更の各類型の有効性要件と証明責任の分配の詳細は，**別表1**・92-93頁のとおりである。さらに，各類型毎に典型例を挙げ，その有効性要件と証明責任の分配を整理したのが，**説明図2**・96-98頁「類型別典型例における要件と証明責任分配」である。

(b) 論点
(i) 有効性判断の対象となる労働条件変更の範囲

同時に複数の労働条件が変更対象となり，労働者が変更に同意する労働条件と同意しない労働条件がある場合（たとえば，労働者が週休二日制の導入には同意しつつ，同時に実施される一日の所定労働時間の延長には同意しない場合），労働者が同意した部分はその同意に基づき変更されるので，労働者の同意のない労働条件部分の変更が使用者による一方的労働条件変更であり，有効性判断の対象となる（労働者が同意している部分も含めて同時に変更された複数の労働条件変更全体を，有効性判断の対象とする訳ではない）。ただし，労働者が同意している変更部分は，労働者が同意していない部分の労働条件を変更する必要性や不利益緩和義務の履行の有無の判断材料として考慮されうる。

(ii) 変更の効力が否定された場合の就業規則の法的効果

就業規則の規定の新設・改廃による労働条件変更において，同意しない労働者に対する一方的労働条件変更の効力（拘束力）が否定された場合，当然のことながら，同意していない労働者に対しては労働条件変更の効果は生じない。これに対して，同意している他の労働者に対しては，その同意に基づき労働条件変更の効果が発生する。

しかしながら，就業規則の規範的効力と法的拘束力は別の問題であるから，当該事業場の労働条件の最低基準は，新設・改廃された条項が労基法所定の要件を充足している限り，労働条件変更に同意しない労働者も含めて，新設・改

---

39) 詳細は，古川・前掲注16)論文112-113頁。

廃された条項により規制される。[39]

III 一方的労働条件変更法理と解雇法理

1 解雇法理の再構成
(1) 配慮義務論に基づく解雇法理
　解雇法理は，当該解雇が，強行規定，公序，労働協約，就業規則に反していないことを前提とすれば，解雇権行使に関する使用者の信義則上の配慮義務[40]（雇用保障義務）[41]を規制根拠として理論構成される。配慮義務の機能と内容，解雇の有効性要件と証明責任の分配は，別表2・94-95頁の「配慮義務論に基づく解雇法理」欄記載のとおりである。[42][43]

(2) 労基法18条の2（2003年6月新設）との関係
　筆者らの提示する解雇法理は，信義則上の配慮義務（雇用保障義務）の履行を解雇の行使要件とし，その証明責任を使用者に負担させるものであるが，労基法18条の2（解雇が「客観的に合理的な理由を欠き，社会通念上相当であると認められない場合」には権利濫用で無効）との関係は以下のとおりである。
　すなわち，解雇権の行使要件（(1)当該雇用の必要性，(2)解雇に伴う不利益緩和措置，(3)対象労働者と労働組合・労働者集団に対する説明・協議）が充足された場合であっても，解雇権濫用の有無は判断され，結局，解雇は，①信義則上の配慮義

---

40) 筆者らは，就業規則の解雇規定の効力については，限定列挙説を採用する。
41) 「雇用保障義務」についての詳細は，川口美貴「雇用構造の変容と雇用保障義務」講座21世紀の労働法第4巻『労働契約』有斐閣（2000年）232頁。
42) 雇用保障義務を規制根拠とする経営上の理由による解雇法理の詳細は，川口美貴「経営上の理由による解雇規制法理の再構成」日本労働法学会誌98号（2001年）29頁。
　なお，別表2右欄C-2記載のとおり，筆者らは，いわゆる変更解約告知（使用者が労働条件変更権を有さない場合で，使用者の当該労働条件変更の申し込みに対して労働者の承諾がないことを理由とする解雇）は，経営上の理由による解雇の一形態としてその規制法理に基づき処理されると考える。詳細は，川口・前掲論文35-36頁。
43) 本来なら当該解雇が強行規定，公序，労働協約，または，就業規則に抵触することについての証明責任の分配の検討が必要であるが，本稿においては省略する。詳細は，①古川景一「解雇権濫用法理と要件事実・証明責任，及び，解雇に関する正当事由必要説の再構成試論」季刊労働法194号（2000年）77-91頁，②同「解雇制限と証明責任・証拠提出責任—解雇を巡る判例法理の意義」季刊労働者の権利237号（2001年）70-80頁。

シンポジウムⅡ　労働条件変更法理の再構成

務の履行（民法1条2項）と，②解雇権濫用でないこと（労基法18条の2）の二つの法理により規制される。

2　一方的労働条件変更法理と解雇法理の比較検討

配慮義務論に基づく一方的労働条件変更法理（前述Ⅱ）と解雇法理（前述Ⅲ1）を，A契約法上の基本原理との関係，B規制根拠と配慮義務の機能・内容，C有効性要件，D証明責任の分配という観点から比較検討した結果は，**別表2・94-95頁記載のとおりである。**

(1)　発生要件レベルでの相違点

労働条件変更権と解雇権は，ともに形成権である。ではあるが，期間の定めのない契約は一方当事者の意思表示で解除できるのが原則であるから，使用者はこの一般原則または民法627条1項に基づき解雇権を有する。これに対して，契約内容の変更には当事者の合意または法令上の根拠が必要であるから，使用者は労働条件変更権を当然には有さず，その発生根拠が必要である。

したがって，一方的労働条件変更の場合，有効性要件として労働条件変更権の発生要件の充足が必要であるが，解雇の場合，解雇権発生要件は不要である。

(2)　行使要件レベルでの共通点と相違点

(a)　枠組みの共通点

一方的労働条件変更権と解雇は，人的理由または経営上の理由による使用者の一方的行為（形成権の行使）であり，労働者に不利益を生じさせるがゆえに，使用者は労働条件変更権または解雇権の行使に伴う配慮義務を負担する。

したがって，①人的理由による労働条件変更と解雇，②経営上の理由による労働条件変更と解雇を比較対照すると，その行使要件の枠組みは共通となる。具体的には，(1)当該変更または解雇の必要性，(2)当該変更または解雇に伴う不利益緩和措置，(3)労働者と労働組合・労働者集団への説明・協議がその行使要件となる。

(b)　具体的要件の相違点

(i)　人的理由による一方的労働条件変更と解雇：量的相違

人的理由による一方的労働条件変更と解雇につき，(1)「当該労働条件変更の

必要性」と「当該解雇の必要性」の具体的要件を比較すると，①「従前の労働条件を維持することのできない，労働能力低下，勤務態度，非行等の人的理由の存在」という要件は同じであるが，②「変更後の労働条件の妥当性」と「解雇という結果の妥当性」という要件は異なる。すなわち，人的理由による場合は，一方的労働条件変更も解雇も，従前の労働条件を維持できない人的理由の存在がその理由となりうる点は共通しているが，その結果が，労働条件変更にとどまるか，それとも解雇を必要とするかという点で相違を生じる。換言すると，「理由の重大性の量的相違」に起因して，具体的要件が相違する。

(ⅱ) 経営上の理由による労働条件変更と解雇：質的相違と量的相違

これに対して，経営上の理由による一方的労働条件変更と解雇につき，(1)「当該労働条件変更の必要性」と「当該解雇の必要性」の具体的要件を比較すると，まず，①「従前の労働条件を変更する必要性」と「余剰人員の発生（雇用の廃止・削減，職務内容の変更への労働者の不適応，または，使用者が労働条件変更権を有さない場合で当該労働条件変更の申込に対して労働者の承諾がないこと）を理由とする解雇であり，かつ，当該雇用の廃止・削減，職務内容の変更，または，労働条件変更の必要性があること」という要件が異なる。なぜなら，一方的労働条件変更の場合，その理由は多様で限定されないのに対し，解雇の場合には，その理由自体が余剰人員の発生に限定され，一方的労働条件変更の理由となりうるもの全てが解雇の理由となりうるわけではないからである。また，人的理由による場合と同様，③「変更後の労働条件の妥当性」と「解雇という結果の妥当性」という要件は異なる。経営上の理由が，労働条件変更を必要とするにとどまるか，解雇を必要とするかという点で相違するからである。したがって，「理由自体の質的相違」と「理由の重大性の量的相違」に起因して，具体的要件が相違することになる。

---

44) 古川・前掲注43)論文①では，解雇に関する配慮義務の具体的内容を明確にできなかったため，これを特定し主張する責任を労働者に負担させていたが，これを改説する。

45) 川口・前掲注41)論文，42)論文では，配慮義務を履行しない解雇を「権利濫用」と評価していたが，配慮義務の履行を解雇権の行使要件とする理論構成に改説する。

シンポジウムⅡ　労働条件変更法理の再構成

総　　括

1　本稿の意義

　本稿の意義を要約するならば，第一に，使用者による一方的労働条件変更の全てを網羅して適用しうる法理を提示し，労働者の事前の同意と使用者の配慮義務を規制根拠とする配慮義務論から明確な有効性要件を抽出し，その結果として証明責任は使用者が負担することを明らかにした点にある。第二に，一方的労働条件変更法理と解雇法理につき，一方的労働条件変更と解雇は，契約内容の変更と契約の終了という相違点を有するがゆえに，権利発生要件の有無という点で異なるが，いずれも経営上の理由または人的理由による使用者の一方的行為（形成権の行使）であるという共通点を有するがゆえに，その行使要件において類似することを指摘した点に意義を有するといえよう。[44)45)]

2　本稿の提示する有効性要件の有用性

　また，本稿の提示する有効性要件は，仮に本稿のような配慮義務論を採用しなくても，従前の判例法理を前提として利用することが可能である。すなわち，第一に，本稿の提示する一方的労働条件変更の有効性要件は，(1)労働条件の個別的な変更においては，①変更権の有無の判断基準，および，②変更権行使が「権利濫用」か否の具体的判断基準として採用できる。ただし，権利濫用の証明責任を労働者が負担する問題は残る。また，(2)就業規則の規定の新設・改廃による労働条件の集合的な変更については，「就業規則の不利益変更」の「合理性」の判断基準として利用することができる。

　第二に，本稿の提示する解雇の有効性要件は，①就業規則所定の解雇事由の解釈基準として，また，②「解雇権濫用」（労基法18条の2）該当性の判断における「客観的に合理的な理由」と「社会的相当性」の有無の判断基準として採用することができる。

　　　　　　　　　　　　　　　　　　　　　　　　（かわぐち　みき）

　　　　　　　　　　　　　　　　　　　　　　　　（ふるかわ　けいいち）

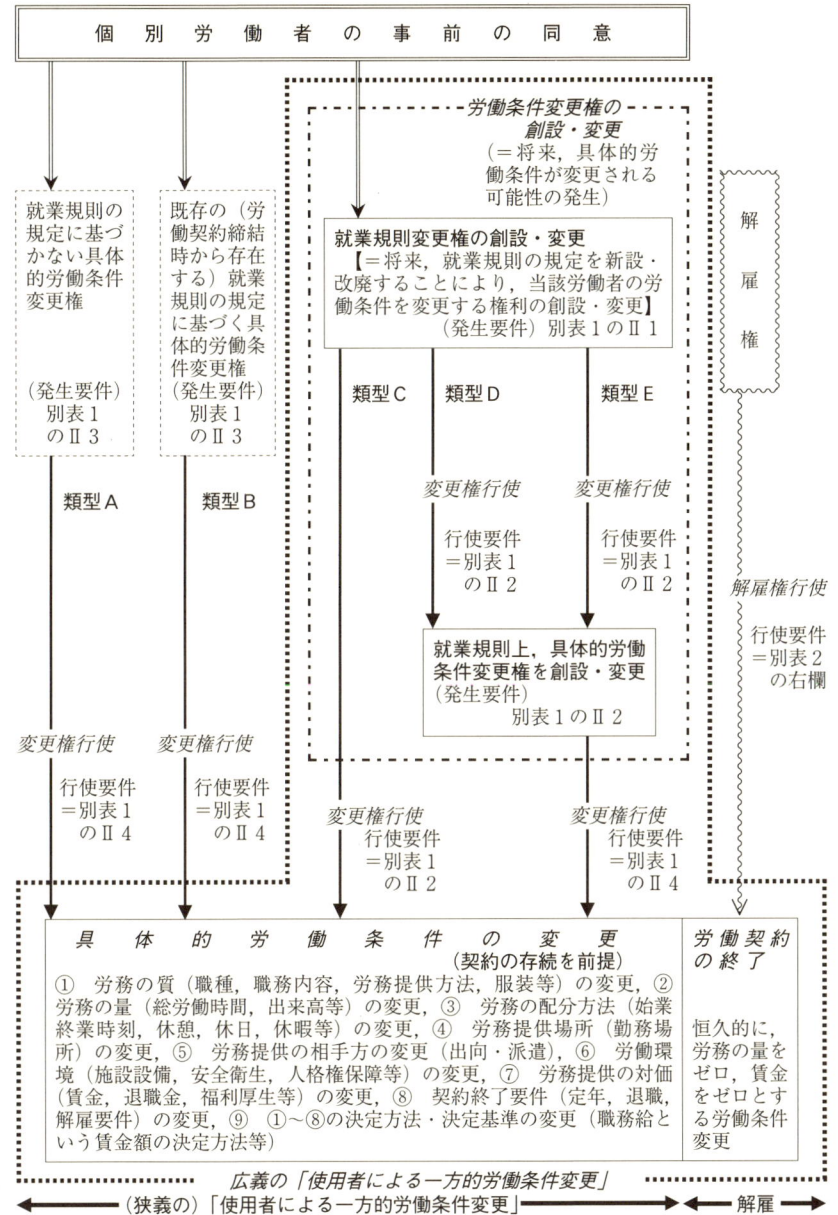

説明図1　用語の定義，類型，発生要件と行使要件の関係

```
┌─────────────────────────────────────────────────────────────┐
│　　　　　個　別　労　働　者　の　事　前　の　同　意　　　　　　　│
└─────────────────────────────────────────────────────────────┘
   │         │         ┊ ‥‥‥‥‥‥労働条件変更権の‥‥‥‥‥     ┊
   ▼         ▼         ┊                創設・変更              ┊
┌──────┐ ┌──────┐ ┊            (＝将来，具体的労            ┊   ┌──┐
│就業規則│ │既存の│ ┊             働条件が変更される        ┊   │解│
│の規定に│ │(労働 │ ┊             可能性の発生)             ┊   │  │
│基づかな│ │契約締│ ┊  ┌─────────────────────┐           ┊   │雇│
│い具体的│ │結時か│ ┊  │就業規則変更権の創設・変更│           ┊   │  │
│労働条件│ │ら存在│ ┊  │【＝将来，就業規則の規定を新設・│      ┊   │権│
│変更権  │ │する) │ ┊  │改廃することにより，当該労働者の│      ┊   │  │
│        │ │就業規│ ┊  │労働条件を変更する権利の創設・変更】│   ┊   │  │
│        │ │則の規│ ┊  │  (発生要件) 別表1のⅡ1         │      ┊   │  │
│        │ │定に基│ ┊  └─────────────────────┘           ┊   │  │
│        │ │づく具│ ┊   類型C     類型D       類型E             ┊   │  │
│        │ │体的労│ ┊             │           │                ┊   │  │
│(発生要件)│ │働条件│ ┊          変更権行使  変更権行使          ┊   │  │
│別表1   │ │変更権│ ┊             │           │                ┊   │  │
│のⅡ3   │ │(発生 │ ┊          行使要件    行使要件             ┊   │  │
│        │ │要件) │ ┊          ＝別表1    ＝別表1              ┊   │  │
│        │ │別表1 │ ┊          のⅡ2      のⅡ2                ┊   │  │
│        │ │のⅡ3 │ ┊             ▼                            ┊   │  │
└──────┘ └──────┘ ┊   ┌─────────────────────┐           ┊   │  │
  類型A    類型B      ┊   │就業規則上，具体的労働      │           ┊   │  │
   │         │        ┊   │条件変更権を創設・変更      │           ┊   │  │
 変更権行使 変更権行使 ┊   │(発生要件) 別表1のⅡ2      │           ┊   │  │
   │         │        ┊   └─────────────────────┘           ┊   │  │
 行使要件  行使要件    ┊                                             ┊   │解│
 ＝別表1   ＝別表1     ┊          変更権行使  変更権行使              ┊   │雇│
 のⅡ4    のⅡ4       ┊          行使要件    行使要件               ┊   │権│
                       ┊          ＝別表1    ＝別表1                 ┊   │行│
                       ┊          のⅡ2      のⅡ4                  ┊   │使│
   ▼         ▼            ▼         ▼          ▼                      │  │
┌─────────────────────────────────────────┐ ┌──────┐
│      具　体　的　労　働　条　件　の　変　更                      │ │労働契│
│                (契約の存続を前提)                                │ │約の終│
│①　労務の質(職種，職務内容，労務提供方法，服装等)の変更，②      │ │了    │
│労務の量(総労働時間，出来高等)の変更，③　労務の配分方法(始業    │ │      │
│終業時刻，休憩，休日，休暇等)の変更，④　労務提供場所(勤務場     │ │行使要件│
│所)の変更，⑤　労務提供の相手方の変更(出向・派遣)，⑥　労働環   │ │＝別表2│
│境(施設設備，安全衛生，人格権保障等)の変更，⑦　労務提供の対価   │ │の右欄 │
│(賃金，退職金，福利厚生等)の変更，⑧　契約終了要件(定年，退職，  │ │      │
│解雇要件)の変更，⑨　①～⑧の決定方法・決定基準の変更(職務給と   │ │恒久的に，│
│いう賃金額の決定方法等)                                          │ │労務の量│
│                                                                 │ │をゼロ，│
│                                                                 │ │賃金を │
│                                                                 │ │ゼロとす│
│                                                                 │ │る労働条│
│                                                                 │ │件変更  │
└─────────────────────────────────────────┘ └──────┘
         広義の「使用者による一方的労働条件変更」
◀────── (狭義の)「使用者による一方的労働条件変更」──────▶ ◀─ 解雇 ─▶
```

シンポジウムⅡ　労働条件変更法理の再構成

別表1　使用者による一方的労働条件変更／類型別／要件と証明責任

使用者による一方的労働条件変更に関する要件と証明責任の分配 \ 使用者による一方的労働条件変更の類型	(1) 就業規則の規定に基づかない具体的労働条件変更 《類型A》	
	人的理由	経営上の理由
Ⅰ　労働者が証明責任を負う事実（請求原因）		
従前の労働契約内容＋（地位確認の場合／紛争の存在）	○	○
Ⅱ　Ⅰの事実が認められる場合に使用者が証明責任を負う事実（抗弁）		
1　就業規則変更権（将来、就業規則の規定の新設・改廃により労働条件を変更する権利）の発生要件		
(1)　就業規則変更権創設に関する配慮義務の履行		
①　当該就業規則変更権創設の必要性	―	―
②　変更要件・変更範囲の限定・明示	―	―
(2)　使用者が当該就業規則変更権を有することへの労働者の事前同意	―	―
2　就業規則変更権の行使要件／具体的労働条件変更権（将来具体的労働条件を変更する権利）の発生要件		
(1)　就業規則上に規定を新設・改廃	―	―
(2)　変更要件・変更範囲の限定・明示	―	―
(3)　当該規定が労基法所定の要件を充足（90条／意見聴取、106条／周知、92条／法令・労働協約不抵触、89条／届出）	―	―
(4)　変更権行使に関する配慮義務の履行		
①　当該労働条件変更の必要性		
a　従前の労働条件を変更する必要性（事業所レベルで判断）	―	―
b　変更対象労働者の合理性	―	―
c　変更後の労働条件の妥当性	―	―
②　一方的労働条件変更に伴う不利益緩和措置	―	―
③　対象労働者と労働組合・労働者集団への説明協議	―	―
3　具体的労働条件変更権（将来具体的労働条件を変更する権利）の発生要件	＊	＊
(1)　就業規則上の具体的労働条件変更規定の存在	―	―
(2)　当該規定が労基法所定の要件を充足（90条／意見聴取、106条／周知、92条／法令・労働協約不抵触、89条／届出）	―	―
(3)　具体的労働条件変更権創設に関する配慮義務の履行		
①　当該具体的労働条件変更権創設の必要性	○	○
②　変更要件・変更範囲の限定・明示	○	○
(4)　使用者が当該具体的労働条件変更権を有することに労働者が事前同意	○	○
4　具体的労働条件変更権の行使要件／変更権行使に関する配慮義務の履行	＊	＊
①　当該労働条件変更の必要性		
a　従前の労働条件を変更する必要性（個別労働者レベルで判断）	○	○
b　変更対象労働者の合理性	×	○
c　変更後の労働条件の妥当性	○	○
②　一方的労働条件変更に伴う不利益緩和措置	△（注1）	○
③　当該労働者と労働組合・労働者集団への説明協議	△（注2）	○
5　具体的労働条件変更権の行使の意思表示	○	○
Ⅲ　Ⅱの事実が認められる場合に労働者が証明責任を負う事実（再抗弁）		
1　強行法規違反、就業規則違反、労働協約違反	○	○
2　公序良俗	○	○
3　権利濫用	○	○
4　労働条件変更の理由の消滅（＝事情変更）	○	○
Ⅳ　Ⅲ4の事実が認められる場合に使用者が証明責任を負う事実（再々抗弁）		
事情変更後の労働条件の合理性・妥当性	○	○

注1　やむを得ない事情のある場合には免責
注2　労働組合・労働者集団との説明協議は、これらから求めがあるとき

(2) 就業規則の規定に基づく労働条件変更							
(a)既存の（労働契約締結時から存在する）就業規則の規定に基づく具体的労働条件変更		(b)就業規則の規定の新設・改廃による労働条件変更					
		(i)就業規則の具体的労働条件を定める規定の新設・改廃による具体的労働条件の変更		(ii)就業規則の規定の新設・改正による使用者の具体的労働条件変更権の創設・変更			
				規定が設けられるだけにとどまる		使用者が変更権を行使	
《類型B》		《類型C》		《類型D》		《類型E》	
人的理由	経営上の理由	人的理由（注3）	経営上の理由	人的理由（注3）	経営上の理由	人的理由	経営上の理由
○	○		○		○	○	○
			*		*	*	*
—	—		○		○	○	○
—	—		○		○	○	○
—	—		○		○	○	○
			*		*	*	*
					*	*	*
			○		○	○	○
			—		○	○	○
			○		○	○	○
—	—		○		○	○	○
—	—		○		○	○	○
—	—		○		○	○	○
—	—		○		○	○	○
*	*		—		—	—	—
○	○		—		—	—	—
○	○		—		—	—	—
○	○		—		—	—	—
*	*		—		—	*	
○	○		—		—	○	○
×	○		—		—	×	○
△(注1)	○		—		—	△(注1)	○
△(注2)	○		—		—	△(注2)	○
○	○		—		—	○	○
○	—		—		—	○	—
○	○		○		○	○	○
○	○		○		○	○	○
○	○		○		○	○	○

注3 類型C及び類型Dの場合，「経営上の理由」による場合のみが存在し，「人的理由」による場合は存在しない．

別表2 「配慮義務論に基づく一方的労働条件変更法理」と
「配慮義務論に基づく解雇法理」との対比一覧表

	配慮義務論に基づく 一方的労働条件変更法理	配慮義務論に基づく 解雇法理
A 契約法上の基本原理との関係	契約内容変更は，当事者の合意又は法令上の根拠が必要	期間の定めのない契約は，一方の意思表示で終了可能
B-1 規制根拠	当該労働者の事前の同意 信義則上の配慮義務	—— 信義則上の配慮義務
B-2 配慮義務の機能	変更権の発生要件 変更権の行使要件 事情変更後の労働条件回復に関する配慮	—— 解雇権の行使要件 事情変更後の再雇用に関する配慮
B-3 配慮義務の内容	〈労働条件変更権を創設・変更する段階〉 　必要かつ合理的な範囲に限定・明示する義務 〈労働条件変更権を行使する段階〉 ① 必要かつ合理的な範囲に限定する義務 ② 一方的労働条件変更に伴う労働者の不利益を緩和する義務（注1） ③ 対象労働者と労働組合・労働者集団に対する説明・協議を行う義務（注2） 〈労働条件変更の理由が消滅した場合〉 可能かつ妥当であれば以前の労働条件を回復するよう配慮する義務	〈解雇権発生段階〉 なし 〈解雇権行使段階〉 ① 正当事由（客観的に合理的な理由と社会的相当性）が認められる場合を除き，雇用関係を維持し，一方的にその雇用関係を終了させない義務 ② 解雇により労働者が蒙る不利益を緩和する義務（注1） ③ 対象労働者と労働組合・労働者集団に対する説明・協議を行う義務（注2） 〈解雇理由が消滅した場合〉 可能かつ妥当であれば以前の雇用を回復するよう配慮する義務
C-1 人的理由による場合の有効性要件	〈労働条件変更権の発生要件〉 (1)変更権創設に伴う配慮義務の履行 ① 当該変更権を創設する必要性 ② 将来労働条件が変更される要件と範囲が限定され，明示されていること (2)使用者が当該労働条件変更権を有することについての労働者の事前同意 〈労働条件変更権の行使要件〉 （変更権行使に伴う配慮義務の履行） (1)当該労働条件変更の必要性 ① 従前の労働条件を維持することのできない，労働能力低下，勤務態度，非行等の人的理由の存在 ② 変更後の労働条件の妥当性 (2)一方的労働条件変更に伴う不利益緩和措置 　やむを得ない場合には免責（注1） (3)当該労働者と労働組合・労働者集団に対する説明・協議（要請があった場合）	〈解雇権の発生要件〉 なし 〈解雇権の行使要件〉 （解雇権行使に伴う配慮義務の履行） (1)当該解雇の必要性 ① 従前の労働条件を維持することのできない，労働能力低下，勤務態度，非行等の人的理由の存在 ② 解雇という結果の妥当性 　　（解雇回避義務の履行） (2)解雇に伴う不利益緩和措置 　やむを得ない場合には免責（注1） (3)当該労働者と労働組合・労働者集団に対する説明・協議（要請があった場合）

	配慮義務論に基づく 一方的労働条件変更法理	配慮義務論に基づく 解雇法理
C-2 経営上の理由による場合の有効性要件	〈労働条件変更権の発生要件〉 (1)変更権創設に伴う配慮義務の履行 　①　当該変更権を創設する必要性 　②　将来労働条件が変更される要件と範囲が限定され，明示されていること (2)使用者が当該労働条件変更権を有することについての労働者の事前同意 〈労働条件変更権の行使要件〉 　(変更権行使に伴う配慮義務の履行) (1)当該労働条件変更の必要性 　①　従前の労働条件を変更する必要性 　（就業規則変更権行使の場合 　／事業所レベルで判断） 　（具体的労働条件変更権行使の場合 　／個別労働者レベルで判断） 　②　変更対象労働者の合理性 　③　変更後の労働条件の妥当性 (2)一方的労働条件変更に伴う不利益緩和措置 (3)対象労働者と労働組合・労働者集団に対する説明・協議	〈解雇権の発生要件〉 なし 〈解雇権の行使要件〉 　(解雇権行使に伴う配慮義務の履行) (1)当該解雇の必要性 　①　余剰人員の発生（雇用の廃止・削減，職務内容の変更に労働者が適応できないこと，または，使用者が労働条件変更権を有さない場合で当該労働条件変更の申込に対して労働者の承諾がない場合）を理由とする解雇であり，当該雇用の廃止・削減，職務内容の変更，または，労働条件変更の必要性があること 　②　解雇対象労働者の合理性 　③　解雇という結果の妥当性 　　　（解雇回避義務の履行） (2)解雇に伴う不利益緩和措置 (3)対象労働者と労働組合・労働者集団に対する説明・協議
D 証明責任の分配	①就業規則変更権の発生要件 　就業規則変更権の行使要件 　具体的労働条件変更権の発生要件 　具体的労働条件変更権の行使要件 　＝使用者に証明責任（抗弁） ②労働条件回復義務の履行 　＝使用者に証明責任（再々抗弁）	①解雇権の行使要件 　＝使用者に証明責任（抗弁） ②再雇用義務の履行 　＝使用者に証明責任（再々抗弁）

【参考】判例法理の要件と証明責任分配	【判例法理 ／A・B類型 ／個別的な労働条件の変更】	【判例法理 ／C類型 ／就業規則の不利益変更】	【判例法理 ／就業規則による規制】	【判例法理 ／解雇権濫用法理】
	労働契約又は就業規則の変更権規定により変更権肯定 ＝使用者に証明責任（抗弁） 変更権行使の規制：権利濫用論 ＝労働者に証明責任（再抗弁）	新条項の不利益性 ＝労働者に証明責任 （請求原因） 新条項の合理性 ＝使用者に証明責任（抗弁）	就業規則の解雇事由に該当する事実 ＝使用者に証明責任（抗弁） 解雇権行使の妥当性・相当性の欠如：権利濫用 ＝労働者に証明責任（再抗弁）	客観的に合理的な理由がなく，社会的相当性がないこと ＝法形式上／労働者に証明責任 実質的／使用者に証明責任 （証拠提出責任）

注1　人的理由による場合，労働者の非行等のやむを得ない事情があり，不利益緩和措置を講じない相当な理由があると認められるとき，使用者は不利益緩和措置の履行を免れる。
注2　人的理由による場合，労働組合・労働者集団に対する説明・協議は，要請がなければ，必要ない。

シンポジウムⅡ　労働条件変更法理の再構成

説明図2　類型別典型例における要件と証明責任分配

類型A　就業規則のない中小企業において，一方的に賃金切下げ
　　　　　　　　　　　　　　　　　（労働者が従前の賃金の支払を請求）
Ⅰ　請求原因（労働者に証明責任）
　　従前の契約内容（従前の賃金額）〈別表1のⅠ〉

Ⅱ　抗弁（Ⅰが肯定される場合，使用者に証明責任）
　1　賃金額変更権が賃金切下げ決定前に発生
　　(1)　賃金額変更権の創設に関する配慮義務の履行〈別表1のⅡ3(3)〉
　　　　①　賃金変更権の創設の必要性
　　　　②　変更要件・変更範囲の限定・明示
　　(2)　使用者が賃金額変更権を有することに関する当該労働者の事前同意〈同(4)〉
　2　賃金額変更権の行使に関する配慮義務の履行〈別表1のⅡ4〉
　　　①　当該賃金減額の必要性
　　　　　a　従前の賃金額を減額する必要性
　　　　　b　賃金減額の対象労働者の合理性（経営上の理由による場合）
　　　　　c　減額後の賃金の妥当性
　　　②　賃金減額に伴う不利益緩和措置の履行(注1)
　　　③　対象労働者と労働組合・労働者集団に対する説明協議(注2)
　3　賃金変更の意思表示

Ⅲ　再抗弁（Ⅱが肯定される場合，労働者に証明責任）

| 当該賃金減額が強行法規，就業規則又は，労働協約に違反〈別表1のⅢ1〉 | 公序良俗違反〈同2〉 | 権利濫用〈同3〉 | 賃金減額理由の消滅（事情変更）〈同4〉 |

Ⅳ　再々抗弁（Ⅲが肯定される場合，使用者に証明責任）
　　事情変更後の労働条件の合理性・妥当性〈別表1のⅣ〉

類型B　労働契約締結時から存在する就業規則の降格・降給規定に基づく降格・降給
　　　　　　　　　　　　　　　　　（労働者が，従前の地位の確認と差額賃金の支払を請求）
Ⅰ　請求原因（労働者に証明責任）
　1　従前の契約内容（従前の地位と賃金）
　2　地位を巡る紛争の存在　　〈別表1のⅠ〉

Ⅱ　抗弁（Ⅰが肯定される場合，使用者に証明責任）
　1　降格・降給権の発生〈別表1のⅡ3〉
　　(1)　就業規則に降格・降給権の規定が存在
　　(2)　当該規定が労基法所定の要件をすべて充足
　　(3)　降格・降給権の創設に関する配慮義務の履行
　　　　①　降格・降給権の創設の必要性
　　　　②　変更要件・変更範囲の限定・明示
　　(4)　使用者が降格・降給権を有することに関する当該労働者の事前同意
　2　降格・降給権の行使に関する配慮義務の履行〈別表1のⅡ4〉
　　　①　当該降格・降給の必要性
　　　　　a　降格・降給の必要性
　　　　　b　降格・降給の対象労働者の合理性（経営上の理由による場合）
　　　　　c　降格・降給後の地位と賃金の妥当性
　　　②　降格・降給に伴う不利益緩和措置の履行(注1)
　　　③　対象労働者と労働組合・労働者集団に対する説明協議(注2)
　3　降格・降給の意思表示

Ⅲ　再抗弁（Ⅱが肯定される場合，労働者に証明責任）

| 公序良俗違反〈別表1のⅢ2〉 | 権利濫用〈同3〉 | 賃金減額理由の消滅（事情変更）〈同4〉 |

Ⅳ　再々抗弁（Ⅲが肯定される場合，使用者に証明責任）
　　事情変更後の労働条件の合理性・妥当性〈別表1のⅣ〉

類型C　就業規則に定年制の規定が新設（労働者が，従業員たる地位の確認を請求）
Ⅰ　請求原因（労働者に証明責任）
　1　従前の契約内容（定年制の不存在）
　2　定年制を巡る紛争の存在　　　　　　　　　〈別表1のⅠ〉
Ⅱ　抗弁（Ⅰが肯定される場合，使用者に証明責任）
　1　就業規則変更権の発生〈別表1のⅡ1〉
　　(1)　就業規則変更権の創設に関する配慮義務の履行
　　　①　就業規則変更権の創設の必要性
　　　②　変更要件・変更範囲の限定・明示
　　(2)　使用者が就業規則変更権を有することへの当該労働者の事前同意
　2　就業規則変更権の行使（＝定年制の新設）に関する配慮義務の履行
　　　　　　　　　　　　　　　　　　〈別表1のⅡ2，但し(2)を除く〉
　　(1)　就業規則上に定年制の規定を新設
　　(2)　当該規定が労基法所定の要件を充足
　　(3)　定年制の新設に関する配慮義務の履行
　　　①　当該定年制新設の必要性
　　　　a　定年制度を設ける必要性
　　　　b　定年制の適用対象労働者の合理性
　　　　c　新設される定年制度の妥当性
　　　②　定年制新設に伴う不利益緩和措置の履行
　　　③　対象労働者と労働組合・労働者集団に対する説明協議
Ⅲ　再抗弁（Ⅱが肯定される場合，労働者に証明責任）
　　　　　　　　　　　　　公序良俗違反　　権利濫用　　賃金減額理由の消滅
　　　　　　　　　　　　　〈別表1のⅢ2〉　〈同3〉　　（事情変更）〈同4〉
Ⅳ　再々抗弁（Ⅲが肯定される場合，使用者に証明責任）
　　　　　　　　　　　　　事情変更後の労働条件の合理性・妥当性〈別表1のⅣ〉

類型D　就業規則上に，時間外労働の規定が新設・変更
　　　　　　　　（時間外労働応諾義務の不存在確認を，労働者が請求）
Ⅰ　請求原因（労働者に証明責任）
　1　従前の契約内容（時間外労働応諾義務の存否，ある場合は従前の義務の具体的内容）
　2　時間外労働応諾義務の存否を巡る紛争の存在　　　　　〈別表1のⅠ〉
Ⅱ　抗弁（Ⅰが肯定される場合，使用者に証明責任）
　1　就業規則変更権の発生〈別表1のⅡ1〉
　　(1)　就業規則変更権の創設に関する配慮義務の履行
　　　①　就業規則変更権の創設の必要性
　　　②　変更要件・変更範囲の限定・明示
　　(2)　使用者が就業規則変更権を有することへの当該労働者の事前同意
　2　就業規則変更権の行使（＝時間外労働命令権の創設・変更）に関する配慮義務の履行
　　　　　　　　　　　　　　　　　　　　　　　　〈別表1のⅡ2〉
　　(1)　時間外労働命令権を創設・変更する規定が就業規則上に新設・変更
　　(2)　時間外労働命令権の行使要件・行使範囲が明示・限定
　　(3)　当該規定が労基法所定の要件を充足
　　(4)　時間外労働命令権の創設・変更に関する配慮義務の履行
　　　①　当該時間外労働命令権の創設・変更の必要性
　　　　a　時間外労働制度の創設・変更する必要性
　　　　b　時間外労働命令権の適用対象労働者の合理性
　　　　c　創設・変更される時間外労働命令権の妥当性
　　　②　時間外労働命令権の創設・変更に伴う不利益緩和措置の履行
　　　③　対象労働者と労働組合・労働者集団に対する説明協議
Ⅲ　再抗弁（Ⅱが肯定される場合，労働者に証明責任）
　　　　　　　　　　　　　公序良俗違反　　権利濫用　　賃金減額理由の消滅
　　　　　　　　　　　　　〈別表1のⅢ2〉　〈同3〉　　（事情変更）〈同4〉
Ⅳ　再々抗弁（Ⅲが肯定される場合，使用者に証明責任）
　　　　　　　　　　　　　事情変更後の労働条件の合理性・妥当性〈別表1のⅣ〉

シンポジウムⅡ　労働条件変更法理の再構成

類型 E　就業規則上に在籍出向の規定が新設・変更され，
　　　　　これに基づき使用者が出向を命じた場合
　　　　（従前の労務提供先で就労する契約上の地位確認を請求）

Ⅰ　請求原因（労働者に証明責任）
　1　従前の契約内容（出向命令権の存否，ある場合は従前の出向命令権の具体的内容）
　2　出向命令を巡る紛争の存在　　　　　　　　　　　　　　　　〈別表1のⅠ〉

Ⅱ　抗弁（Ⅰが肯定される場合，使用者に証明責任）
　1　就業規則変更権の発生　〈別表1のⅡ1〉
　　(1)　就業規則変更権の創設に関する配慮義務の履行
　　　①　就業規則変更権の創設の必要性
　　　②　変更要件・変更範囲の限定・明示
　　(2)　使用者が就業規則変更権を有することへの当該労働者の事前同意
　2　就業規則変更権の行使（＝出向命令権の創設・変更）に関する配慮義務の履行
　　　　　　　　　　　　　　　　　　　　　　　　　〈別表1のⅡ2〉
　　(1)　出向命令権を創設・変更する規定が就業規則上に新設・変更
　　(2)　出向命令権の行使要件・行使範囲が明示・限定
　　(3)　当該規定が労基法所定の要件を充足
　　(4)　出向命令権の創設・変更に関する配慮義務の履行
　　　①　当該出向命令権の創設・変更の必要性
　　　　a　出向制度を創設・変更する必要性
　　　　b　出向命令権の適用対象労働者の合理性
　　　　c　創設・変更される出向命令権の妥当性
　　　②　出向命令権の創設・変更に伴う不利益緩和措置の履行
　　　③　対象労働者と労働組合・労働者集団に対する説明協議
　3　出向命令権の行使に関する配慮義務の履行　〈別表1のⅡ4〉
　　　①　当該出向の必要性
　　　　a　労務の提供先を変更する必要性
　　　　b　出向の対象労働者の合理性（経営上の理由による場合）
　　　　c　出向後の労働条件の妥当性
　　　②　出向に伴う不利益緩和措置の履行（注1）
　　　③　対象労働者と労働組合・労働者集団に対する説明協議（注2）
　4　出向命令の存在

Ⅲ　再抗弁（Ⅱが肯定される場合，労働者に証明責任）
　　　　　公序良俗違反　　　　権利濫用　　　賃金減額理由の消滅
　　　　　〈別表1のⅢ2〉　　　〈同3〉　　　（事情変更）〈同4〉

Ⅳ　再々抗弁（Ⅲが肯定される場合，使用者に証明責任）
　　　　　事情変更後の労働条件の合理性・妥当性　〈別表1のⅣ〉

　　（注1）　経営上の理由ではなく，人的理由によるものであって，やむを得ない事情のある場合には，免責。
　　（注2）　経営上の理由ではなく，人的理由によるものである場合には，労働組合・労働者集団との説明協議は，これらから求めがあるときに行う義務が発生する。

シンポジウムⅢ
契約労働をめぐる法的諸問題

趣旨と総括 ……………………………………………… 毛塚勝利
契約労働者保護の立法的課題 …………………………… 永野秀雄
仲介型委託就業を中心とする契約労働者保護の課題 ……… 小俣勝治
契約労働の概念と法的課題 ……………………………… 鎌田耕一

〈シンポジウムⅢ〉

趣旨と総括

毛 塚 勝 利

(専修大学)

Ⅰ 本シンポジウムの意図

　経済のグローバル化と情報技術の発展に伴う労働市場と企業組織の変容は，労働契約（雇用契約）の形式をとらずに労働力を利用する形態を拡大させることで，労働法的保護の対象と範囲をめぐり大きな問題をもたらしている。そのなかでも，請負契約や業務委託契約で労務提供を行う個人自営業者に対する法的保護の問題については，97年に ILO が「契約労働」(contract labour) の問題として議論を開始して以来，国際的に共通する課題となった。[1] もちろん，請負や委任等の契約で働く労働者の問題は，古くから，「特殊雇用」問題として位置づけられ，使用従属性を中心にした労働者概念を用いることで，これらの労働者を労働法的保護の対象に組み入れてきた。しかし，「契約労働」で捉えられる労働者は，「特殊雇用」の労働者と異なり，使用従属性が希薄化し，より独立事業主に近づく形で労務提供する人たちである。それゆえ，傭車契約で労務提供を行っている労働者の労災保険法の適用が否定された横浜南労基署長事件に代表されるように，これらの労働者の保護をどのような仕組みのなかで図るかは優れて今日的な立法政策的課題でもある。かかる問題は，一般には，人

---

1) 全建総連 ILO 調査団報告書（1998年），鎌田耕一編『契約労働の研究』（多賀出版，2001年），島田陽一「雇用類似の労務供給契約と労働法に関する覚書」下井隆史先生古稀記念『新時代の労働契約法理論』（信山社，2003年）所収等を参照。

格的従属性を基軸にして構成してきた労働者概念の再検討という文脈のなかで理解されているが，それが，情報技術の発展に伴い労働力利用の編成の仕方を変えている企業組織の変容に起因しているとすれば，これは同時に，企業の責任を従来の使用者の概念で捕捉することが可能かという問題でもある。したがって，契約労働の問題に，労働者概念の問題にとどまらない視野を持たせたのが，今回のミニ・シンポの特徴であり，意図であったといえる。

II 各報告の概要

鎌田報告は，まず，契約労働者には，企業専属型，フランチャイズ型，自営業者型，専門家・専門技術者型，フリーエージェント型があること，また，委託の契約形式には，直接型，仲介型，下請型の三形態があることを指摘したうえで，これら他者の労務提供をうけるユーザーの責任を考えるに際して，「ユーザーが契約労働者を用いて労働法の適用を回避する意図を有すると客観的に評価できる場合」と「こうした意図はないがユーザーとの間の従属関係の有無がはっきりしない場合」とを分けて，前者の場合は，「労働契約以外の形式を選択したことについて合理性がない場合には，当該契約を労働契約として性質決定すべき」とし，後者の経済的従属労働者については，安全衛生，災害補償，報酬支払確保，男女差別といった制度の適用にあたっては，ある特定の働き方を選択することで有利不利が生じることに合理性がないから，「保護に要する社会的コスト」は，「他人の労働を利用するユーザーが負担すべき」とする。その結果，鎌田は，「契約労働者を労働者と自営業者との中間に位置する就業者」として位置付けてこれに適合した立法的保護を図るべきとする。

永野報告は，契約労働者の立法的保護を議論の対象としているが，その前提として，労働者概念について極めて興味深い見解を展開する。使用従属性の判断基準の法的根拠を民法715条の不法行為の使用者責任規定に求めるとともに，第三者損害を使用者が負担するか請負人が負担するかは，「加害者からサービスを受けている者が，加害者に対して管理権を保持しているか否か」であるとして，「管理権保持基準」を妥当とするが，その具体的基準は従来の使用従属

性の判断基準と異ならないとする。この永野の議論は，不法行為の使用者責任を基礎にして労働者ないし使用者の概念を設定しようとするものといってよいであろう。これをもとに，労働法的保護の対象となる「契約労働者」は，「管理権保持基準」に照らし労基法上の労働者となる者及びこれには該当しないが労組法上の経済実態基準のもとでは労働者となる「独立請負人」として理解する。

立法政策的提言としては，労働市場法の労働者概念を「経済実態基準に切り替え，労組法との連続性を確保すること」，雇用関係法では，労働者性判断基準を変える方法，家内労働法の拡張適用，特定分野の法律を改正する方法が考えられるが，労災と社会保険を考えた場合，灰色領域の労働者には「労働者性を推定する特別規定」を設けることで対応するのが現実的であり，その場合，契約労働者にも「相応の負担」を求めるとしている。このほか，差別規制，契約保護，知的財産の帰属の法政策に言及している。そのなかで，注目される提言は，「下請業者との取引における優越的地位の濫用行為を簡易・迅速に規制するための特別立法として制定された」下請法を，経済法的位置づけから外して，一般的な下請規制法として，契約労働者の保護法としての位置づけ，紛争処理機関も整備をはかることを求めていることや，所得税法上の「給与所得概念」が労働法上の「管理権保持基準」（使用従属性）によって労働者か否かを判断していることに鑑み，所得税法上，労働者と認定された場合には，労働法・社会保障法上の労働者として取り扱うよう税務署と労基署の連携をはかるべきとする点であろうか。

小俣報告は，三者関係のなかで問題となる契約労働の問題を扱ったものである。日本の裁判所の基本的立場は，介在する第三者が独自の事業者となれば，介在者と契約労働者の二者関係に，介在する第三者が職業紹介業者と評価される場合には，ユーザー企業と契約労働者との二者関係に収斂していることを指摘する。また，ユーザー企業の使用者責任は，黙示の労働契約の成立と法人格否認の法理で対応してきたが，黙示の労働契約論は，介在者が企業実態をもっ

---

2) 永野報告の基本的立場は，「使用従属関係論の法的根拠」金子征史編『労働条件をめぐる現代的課題』（法政大学出版会，1997年）所収で詳論されている。

ている場合には，仮に違法な労務提供行為であっても，ユーザー企業との契約関係の創設を認めない，また，法人格否認法理の適用範囲も，黙示の契約が成立する範囲と変わらないという。このような日本の状況に対して，ドイツ法のもとでは，ユーザーが下請業者に機械・器具を供与し，その労働者を自己の事業活動に組み込んでいる場合には，違法派遣とし，派遣先と派遣労働者との間での労働契約の存在を擬制する点を参考にすべきとしている。

Ⅲ　討　　論

　時間が限られたため，検討の基本的な枠組みや報告の趣旨に関する質疑が中心とならざるを得なかった（以下，発言者の敬称略）。

　鎌田報告の「偽装された労働関係」に関しては，簡便な労働者判断基準として，推定規定をおく場合の具体的方法（脇田），「契約形式の強制」といわれる場合の具体的判断基準と従来の使用従属性判断との相違（水野勝）について質問がだされた。後者については，鎌田からは，「労働契約を締結することができたにもかかわらず，労働契約の締結を認めてくれないという事実を，労働者性判断に入れる」との回答があったが，「契約形式選択の自由は，経済実態基準のひとつとして理解した方がいいのではないか」という意見（永野）もだされた。

　また，「あいまいな雇用関係」にある契約労働者を，「第3のカテゴリー」として議論することに関しては，個別立法趣旨に応じて労働者概念を相対的に理解する考えとの違いをただす質問（島田）がだされた。その際，「ユーザー責任」論で保護を構成しようとすることに対しては，「ユーザー責任という責任の発生の根拠を他の労務を利用するところに求める一方，保護の対象を組織的経済的従属性によって限定するのはなぜか」という理論の根幹にかかわる疑問（石田）が提起された。また，ユーザー責任論は政策的観点であっても「条文上の根拠がない」と批判する見解（永野）も示された。これに対して，鎌田からは今後の課題としつつも「条文上の根拠はなく，政策的な基礎付けで，社会的コストの負担をもとめる無過失責任に近い」ものとして理解しているとの見

解が示された。

　永野報告に対しては，家内労働法の適用対象が狭いのは現行法2条に問題があるのであって，ILO条約に合致するように改訂するのが筋であって，現行法を前提にして契約労働者への適用可能性を閉じるのは問題ではないか（神尾）との疑問がだされた。契約労働者に対する保護の立法政策としては家内労働法での改正では，対応には限界があると答えた。

　小俣報告に関しては，三者関係や下請労働者をなぜ契約労働の対象に入れて議論するのかとの疑問（萬井）がだされた。これに対して，第三者が介在する場合であっても，介在業者と契約労働者との間に雇用関係ができるわけではないこと，また，雇用関係ができる場合であっても，ユーザー企業の責任を独自に考える必要はないのかという趣旨が込められているとの回答が報告者側からなされた。

Ⅳ　成果と課題

　「偽装された労働関係」や「仮装自営業者」には推定規定をおく等で労働者として扱うことについては大方の一致がみられたが，「あいまいな労働関係」ないし「経済的従属的契約労働者」に関しては，それをどう把握しどの程度の保護を及ぼすかについては，議論の詰めがなされなかった。ただ，今回，「ユーザー責任」を視野に入れて契約労働の問題が設定されたことで，別な視座も開かれたのではないかと思われる。従来のように，労働者概念の問題として契約労働者に接近した場合には，労働者性判断基準に議論が収斂することになりかねないし，第三者関係における契約労働の問題は独自の課題として意識されることもない。したがって，ILOにおける議論を基礎に鎌田が提起したユーザー責任論は，使用者責任論からの接近として，その意義は大きかったといえる。しかし，それが法理的に詰められていないことは，石田や永野が指摘し，鎌田自らが認める通りである。

　他方，「ユーザー責任」なる概念を否定する永野は，不法行為の使用者責任を確定する作業で定立した「管理権保持基準」なる新たな概念で使用従属性の

定義を与えた。使用従属性は，これまで，他の労務提供契約と労働契約の区別基準，したがって，労働契約当事者としての労働者性（使用者の契約責任を追及しうる主体）の判断基準として議論されてきたものであるから，民法715条を基礎にしてだけ労働者判断基準を設定することには違和感は残る。また，「事業の執行」につき「被用者」が加えた損害に対する同条の使用者責任については，民法学においても，契約形式を問わず，また，直傭でなくても，広くそれを認める傾向にあるとすれば，不法行為の使用者責任を認める基準とされる「管理権保持」をもって労働者性判断基準である「使用従属」と理解することは，両法制の趣旨の違いを無視することにもなりかねない。

とはいえ，ユーザー責任なり使用者責任を考えていく上では，使用者の不法行為責任を手がかりにした永野の議論は，有用な示唆を与えているといえないか。すなわち，鎌田のユーザー責任は，それを「社会的コストを負担すべき無過失責任に近い」というのであるから，契約責任というより，使用者の不法行為責任に親和性をもっている。これは，1つ視点を変えれば，両者は焦点が結びあうということである。つまり，鎌田のいうユーザーと永野のとらえる使用者をそれぞれ事業主（または事業者。以下同）に置き換えてみれば，鎌田の求めたユーザー責任とは事業主の責任であり，永野の議論はその事業主としての使用者の責任を民法715条で基礎付ける可能性を示した（永野のいう「管理権保持基準」を「使用従属性」と同視しないのが前提）ともみることができるからである。使用者の責任に，労働契約当事者としての責任だけでなく，事業主としての責任を含むものとして，膨らみを与えることができれば，労働契約の当事者性が否定される「契約労働」であったとしても，それが，事業主の業務の一環として遂行される限り，事業主としての使用者責任を負うことになる。とすれば，鎌田の第3のカテゴリーとしての契約労働者とは，労働契約当事者としての使用者責任によっては保護されなくても，事業主としての使用者責任によっては保護される労働者群のことに他ならないことになる。

発生する事業の遂行過程で不法行為責任も視野に入れながら使用者概念を編み出す視点，つまり，他者の労働を編成配置して事業を営む使用者責任が，労働契約当事者の使用者責任に限定されないという視点は，小俣が指摘する三者

関係における判例法理の問題点に対しても一定の回答を与える。三者関係を二者関係に分解するまでもなく,「事業の執行」に関与させる企業の実態に応じて使用者責任を配分し,また,共同して負担させることも可能となるからである。

　考えてみれば,すでに多くの法律において事業主や事業者の概念が用いられ,契約形式に左右されることなく,実態に即してその責任を課そうとしてきた。にもかかわらず,事業主としての責任の性質と内容が,労働契約当事者としての使用者責任と対比してどう異なるかは,個別法規の解釈を越えて一般的に議論されてこなかった。おそらく,安全衛生,労災保険,職場環境保持,平等処遇等,生活空間を支配する者に求められる義務や責任は,事業主たる使用者に負わされてしかるべきであろうし,これらの義務が不法行為責任の付随義務化によって形成・承認されてきたことを考えれば,労働契約関係にない従業者に対してであれその義務を肯定していくことにさしたる困難もないであろう。とはいえ,事業主としての使用者責任は,労働者と従業者との間でどう異なるのか,また,三者関係にあっては事業主相互間でそれをどう配分するかも明らかにされる必要があろう。その明確化はすべて今後の課題である。

　　　　　　　　　　　　　　　　　　　　　　　（けづか　かつとし）

〈シンポジウムⅢ〉

「契約労働者」保護の立法的課題

永 野 秀 雄
(法政大学)

Ⅰ　はじめに

　本稿は，「契約労働者」に対して，いかなる労働法上の保護が必要となるかについて，その立法的課題を検討するものである。
　なお，紙面の制約上，本稿の検討対象は，「契約労働者」が，そのユーザーと直接の契約関係にある場合の立法的課題に限定する。「契約労働者」に対する法的保護の必要性については，本ミニシンポの鎌田論文を，仲介型や下請型の委託就業における「契約労働者」の保護の課題については小俣論文を参照されたい。

Ⅱ　「契約労働者」の定義

　「契約労働者」に対する労働法上の立法政策を論じる場合，まず，「契約労働者」の範囲を法的に画定する必要がある。「契約労働者」の範囲を定義する上で問題となるのは，これが労働者および事業者と，どのように法的に区別されるかという点である。
　筆者は，労働法における「労働者」概念を，「使用従属関係」概念に基づきながら，労基法と労組法とでは異なる労働者性判断基準を定立し，これ以外の諸立法については，個別立法の規定文言からいずれかの労働者性判断基準を適

用するかを決めた上で，当該立法の法目的や個別要件を反映させて決定するという通説的な立場にたつ。ただし，この理論に対しては，労組法上の労働者性判断について「使用従属関係」の有無という判断枠組みを持ち込むべきではないといった批判も存在する[1]。このため，筆者は，かつて，このような批判に答え，かつ，通説的見解を補強する目的で，「使用従属関係」の有無を判断するための制定法上の根拠条文を示した試論を提示した[2]。ここでは，この自説を要約した後，これに基づいて「契約労働者」と労働者および事業者との法理論的な区別を論じる。

まず，「使用従属関係」論に実体法上の根拠を与える条文は，民法715条（使用者責任）と同716条（注文者の責任）であると考える。なぜならば，第三者損害が起きた場合に，両条のいずれを適用すべきかを判断する最初の段階においては，そこに使用者と被用者との関係（使用従属関係）が存在するのか，それとも注文者と「請負人」（独立の請負人）との関係が存在するのか，という使用従属関係の有無が問われているためである。そして，加害者が被用者か「請負人」（独立の請負人）かという区別は，両条の適用関係を判断した判例法理において，加害者からサービスの提供を受けている者が，加害者に対して管理する権利を保持しているか否かを判断する基準（管理権保持基準）により決定されている。なお，サービスを提供した加害者が法人である場合には，そもそも法人は被用者とはなりえず，かつ，サービスの提供を受ける者の管理権は，原則的にはサービスを提供する法人の内部意思決定には及ばないことから，個人が設定した法人格が法的に否定されるような例外的な場合を除けば，確定的に716条が適用されることになる。

次に，民法715条が適用される場合の判断基準となる管理権保持基準と，労基法・労組法における使用従属性の判断基準との関係について述べる。まず，民法715条が適用される場合を決定する管理権保持基準では，判例法上，賃金

---

1) たとえば，菅野和夫『労働法（第6版）』（弘文堂，2003年）486頁。
2) 拙稿「『使用従属関係論』の法的根拠―民法715条・716条における被用者概念と『請負人』概念の日米比較法的検討」金子征史編著『労働条件をめぐる現代的課題』（法政大学出版局，1997年）159頁以下。本稿では，この論文の要約しか提示し得ないので，その論旨に疑義のある場合には，直接にこの拙稿を参照していただきたい。

の要素が必要とされていない。このため，労基法上の使用従属関係の有無を決定する管理権保持基準としては，賃金の要素を付加する必要がある。この調整を加えると，労基法上の管理権保持基準は，労基研報告における多要素に基づく総合的判断とほぼ同一になる。この労基法上の管理権保持基準により，独立の請負人（「契約労働者」に等しい。以下，単に契約労働者という）の労働者性は否定されることになる。

また，労組法についても，基本的にはこの判断枠組みが維持されるものの，同法の立法趣旨から，経済的従属性に重点を置いた経済実態基準が適用されていると考えられる。筆者は，契約労働者たる地位は，経済的従属性が肯定される場合に限って認められるとの立場をとることから，契約労働者には労組法の保護が及ぶことになる。その一方で，この経済実態基準だけでは，契約労働者と一人事業者とを明確に区別しえない。この点については，独占禁止法上，契約労働者は労組法上の労働者として団結権・団体交渉権が認められ，独禁法上の適用除外となるのに対して[3]，一人事業者による事業者団体にはその適用があることから[4]，同法における市場における公平な競争を確保するという法目的に

---

3) わが国の独禁法には，労働組合に対する適用除外を直接的に規定した条文はない。これは，占領下において米国の反トラスト法を参考に作られた原始独占禁止法案では，労働組合に対する適用除外が規定されていたのに対して，日本側が，労働組合については，労働者が事業者の定義から外れることから当然に適用されないと主張して当該規定の導入を拒否したことによるものである。堀越芳昭「独占禁止法適用除外制度の成立過程：その見直しの最新動向を踏まえて」経営情報学論集 5 号 183 頁以下。このため，わが国の労働組合に対する独禁法の適用除外は，労働者が独禁法 2 条の「事業者」に該当しないという論理から導出されることになる。江口公典「独占禁止法の基礎概念」日本経済法学会編『独占禁止法の理論と展開(1)』（2002年，三省堂）22頁以下。

4) わが国の独占禁止法における契約労働者（または一人事業者）およびその事業者団体に対する適用の可否については，医師，弁護士等の国家資格に基づく者と，芸術家，俳優，プロスポーツ選手等の専門職業（自由業）への適用問題として議論され，審決・判例も蓄積されてきた。谷原修身『現代独占禁止法要論（6訂版）』（2003年，中央経済社）特に86頁以下。

5) 日本の独禁法学説では，この両者の区別を明らかにした判断基準が確立しているとは言えないことから，ここでは，米国の独禁法判例に基づいた自説における要件を示した。米国の独占禁止法上における労働例外の中でも限界事例にあたる芸能実演家の労働団体に対する適用法理については，拙稿「アメリカにおける芸能実演家に関する労働法と制度—特に被用者性，労働団体活動，著作権関係，代理業務について」労働法律旬報1362号11頁，特に18頁以下を参照のこと。

着目して,「原則として,他の労働者と同一の労働市場で競争的関係にたつ」か否かを関連する諸要素を総合的に判断することで,契約労働者と一人事業者とを区別することができると考える。[5]

このように考えてくると,労働法学上,従来は労働者と事業者という2つの対立類型として捉えられていた対象が,労基法と労組法の2つの異なる労働者性判断基準により,3類型に再区分されるべきことがわかる。その第1の類型は,労基法上の限定的な管理権保持基準によっても,労働者性を肯定される労働者である。このような本来は労働者である者が使用者により契約労働者とされている場合が,ドイツ法学のいう狭義の「仮装自営業者」にあたる。第2の類型は,管理権保持基準を用いる労基法等のもとでは労働者性が否定されるが,労組法上の経済実態基準と,独占禁止法上の労働組合に対する適用除外を認める判断基準から,労働者性が肯定されることになる契約労働者である。第3の類型は,第2の類型における判断基準においても,労働者性が否定される一人事業者である。[6] 以下では,契約労働者には労組法上の保護が認められることから,労使関係法においては新たな立法政策は不要であるとの前提にたち,それ以外の分野における契約労働者または「仮装自営業者」に対する立法政策上の保護を検討する。

III 労働市場法

職業安定法と能力開発法では,労働者性が管理権保持基準により判断される一方で,求職者への適用が認められている。雇用保険法では,行政解釈から管理権保持基準の適用が示唆されているが,求職者には自営業者や内職者は含まれないとされてきた。さらに,雇用対策法では,全般に「労働者」の文言が用いられており,また,特別雇用保障法の分野でも,管理権保持基準が用いられている。このように,これらの労働市場法においては管理権保持基準が労働者性の基本的な判断基準とされているため,契約労働者は,その保護対象となっ

---

6) 拙稿「縁辺労働者の雇用政策」日本労働法学会編『講座21世紀の労働法第2巻 労働市場の機構とルール』(有斐閣,2000年) 196頁以下。

ていない。
　しかしながら，労働市場法の分野における求職活動，能力開発，雇用保険の適用といった労働者の保護は，生存権と経済的依存性に立脚したものであることから，労働市場法における使用従属関係の判断基準を，経済実態基準に切り替え，契約労働者にもその保護を及ぼすべきであると考える。

Ⅳ　雇用関係法

　雇用関係法においては，契約労働者という働き方を選択した個人に対して，労基法などを全面的に適用することは適切ではない。このため，契約労働者に対する立法政策上の保護は，生存権に密着した諸法の適用に限定されるべきであると考える。その一方で，使用者により「仮装自営業者」とされている本来の労働者に対しては，労働者性の判断基準を拡張するなどの立法政策が必要となる。
　まず，雇用関係法において，契約労働者に必要な立法政策上の保護を，生存権に密着した諸法の適用に限定したとしても，どの立法が適用されるべきかについては，論者により相当の差異があるものと考えられる。ここでは，これまでの労働運動の中で，特に契約労働者への保護が要請されてきた労災保険の適用だけを検討の対象とする。
　この労災の適用に関しては，既存の法制度を利用する方策も考えられる。すなわち，契約労働者が，労災保険法上の特別加入制度における第２種特別加入者（一人親方等）として労災保険に加入する方法である。しかし，現行の制度の下では，①保険料が自己負担となることから，収入が少ない契約労働者にとっては，加入することが現実的に困難であり，②この制度の適用を受けるためには，第２種特別加入者が組織する団体が必要となるが，その設立自体が困難である等，多くの問題が存在する。このため，この方策では，現行制度を利用できるメリットがある半面で，一定の法改正により実施した場合においても，多くの契約労働者を救済することはできないと思われる。よって，契約労働者に対しては，特別法を制定することで，労災保険の適用をはかるべきであると

考える。ただし，その場合には，費用を使用者の全額負担とするのではなく，契約労働者の相応の負担（最大負担率は5割）とすべきであろう。[7]

次に，「仮装自営業者」に対する立法政策による救済方法としては，(a)「仮装自営業者」とされやすいグレー領域の労働者を類型化して，推定規定を設けることで，その労働者性を確保し，雇用関係法全般またはその一部を適用する方策[8]と，(b)労働法・社会保障法・租税法・知的財産法などの分野で，使用従属関係の有無について同一の管理権保持基準を用いている諸立法に関して，使用者による自己利益のための恣意的な労働者性判断の選択を排除して，特定の労務サービスの提供者に対して，労働者か契約労働者かのいずれかの同一の地位の選択を強制する方策が，有効に機能すると考える。

このうち，(a)の推定規定により労働者性の確保を行うことで「仮装自営業者」を保護する立法政策は，従来からの労働者性判断基準を解釈により拡充することによっても実現しうる。しかし，労働者と契約労働者の境界領域に多くみられる「仮装自営業者」の労働者性を，労基研報告に見られるような多要素を総合的に判断する方法に委ねた場合，保険実務などにおける取扱い事務量の多さを鑑みると，相当の困難が予想される。このため，立法により，関連する雇用関係法規に推定規定を導入する方が現実的な施策であると考える。

(b)は，特定の労務サービスの提供者について，同じ管理権保持基準を用いている諸法において，同一人に同一の地位に基づく取扱いを求め，また，使用者・労働者等の双方に公平な義務や租税負担などを課すために必要な施策である。判例法理の形成により，この施策が実現されるのを待つよりも，少なくとも行政上の運用指針などが策定されるべきであると考える。

---

7) このような新立法（または改正）による対応を目指す具体例としては，芸団協の運動を紹介した拙稿「芸能実演家の『地位の向上』と特別立法―特にその理論的背景について」労働法律旬報1537号10頁以下を参照のこと。
8) ここでは，フランスにおける労働者性類推規定を想定している。これについては，勝亦啓文「フランスにおける芸能実演家の法的地位」労働法律旬報1537号20頁以下を参照のこと。

シンポジウムⅢ　契約労働をめぐる法的諸問題

Ⅴ　その他の領域

　以下では，上記の領域以外の代表的な問題について検討を行う。なお，公益通報者保護制度については，現時点で契約労働者に対する適用の有無が政府原案として確定していないため，検討の対象から除いた。

1　差別規制法

　個人である契約労働者に対して，差別が許容される理由は全くないため，労働者に対する差別が規制される立法およびその一部は，契約労働者に対しても，同様に適用されるべきである。この点については，憲法規範の要請もあることから，早急に関連諸法の改正が必要となろう。

2　契約関係に関する保護

　契約労働者が締結する契約は，労基法が適用される労働契約ではないため，家内労働法が適用される場面をのぞけば，原則的には民法における契約法理の適用による保護がなされるに止まる。しかしながら，現実的には，注文者・発注者と契約労働者との契約交渉力等の差異から，その内容が不当な条件になることもまれではない。このため，契約労働者が締結する契約の内容が適正なものとなるようにする立法政策が必要となる。

　この問題に対応しうる現行法のひとつとして，下請代金支払遅延等防止法（下請法）を挙げることができる。中小企業に対して不当な不利益を与える優越的地位の濫用行為は，独占禁止法19条において禁止されている不公正な取引方法の一類型を構成する。下請法は，このような場合のうち，物品の製造又は修理委託に係る下請事業者との取引における優越的地位の濫用行為を簡易・迅速に規制するための特別立法として制定されたものである。公正取引委員会は，親事業者が下請法に違反する行為をおこなった場合，その親事業者に対し，当該行為を取りやめ，下請事業者が被った不利益の原状回復措置等を講じるように勧告することができる。

昨年，公正取引委員会の「企業取引研究会」が，役務の委託取引を下請法の対象とすべきであるとの提言を行ったが[9]，この提案が実現すれば，契約労働者が提供するサービスの相当部分に対して，同法の救済が及ぶことになる。しかし，現行の下請法が独占禁止法の下部法規という位置付けにあることから，同法の適用対象となる親事業者は，資本金1000万円以上の事業者に限定されており，前述の企業取引研究会による提言においても，下請法の対象とならない役務の委託取引については，必要に応じて，独占禁止法2条9項に基づく特殊指定を活用すると提言するに止まっている。

　本来，契約労働者と事業者が締結する契約内容を適正なものにするためには，下請法をこのような経済法的位置付けから外して，一般的な下請契約規制法とすることが望ましい。しかし，その一方で，契約労働者が，継続的契約関係にある親事業者に対して，そのような下請契約規制法に違反したことを理由として，頻繁に訴訟を提起することは困難であると予想される。このような紛争を処理するためには，業界ごとに，発注者側代表・中小企業代表・有識者などにより構成される迅速・安価な紛争処理機関を設置して解決するか，契約労働者については，既存の地労委を利用するなどの解決策が有効であると考える。

3　知的財産権の帰属と契約労働者

　知的財産権関係においては，職務著作および職務発明に関する問題を指摘するにとどめる[10]。

　まず，職務著作の成立については，管理権保持基準により，労働者性が肯定されることが要件となっている。このため，使用者側が職務著作による権利を保持している場合には，当該使用者は，職務著作をおこなった労働者（または「仮装自営業者」）に対して，管理権保持基準に基づく労働法・社会保障法上の

---

9)　「企業取引研究会報告書——役務の委託取引の公正化を目指して」公正取引特報（2002年11月号）230頁以下。
10)　なお，パブリシティ権と労働者性の問題については，拙稿「プロ野球選手のパブリシティ権と著作権法の機能——ゲームソフト訴訟における著作権法理，契約法理，労働団体法理の交錯」浜村彰・長峰登記夫編著『組合機能の多様化と可能性』（法政大学現代法研究所，2003年）211頁以下を参照のこと。

権利を保障する義務を負うことになる。ここで述べた労働者としての地位の統一的な取扱の要請は，仮装自営業者を救済する立法的施策の1つとして，著作権法または労働諸法の一部に規定されるべきであると考える[11]。

次に，特許法35条の職務発明に関する規定において，「従業者等」という要件に契約労働者が入るか否かについては，既に解釈上の争いがある[12]。しかし，もしも契約労働者が「従業者等」に含まれないとの解釈が判例法理として確立された場合であっても，契約労働者は，その労働組合をとおして，労働協約を締結することで予約承継のあり方や相当の対価を規定しうることから，特別な立法がなくとも，自らの権利を確保することができると考える。

4 所得税法上の「給与所得概念」と使用従属性判断基準との関係

以下では，使用者が，本来労働者である個人を「仮装自営業者」として扱うことで，源泉徴収義務などを回避することは認められず，また，労働者の側も，租税回避を目的として，自らを事業者として租税申告することは認められるべきではない点について，その要点を述べることにする。

所得税法における事業所得と給与所得の区別は，それぞれの所得を規定した条文における定義が必ずしも明確でないことから，この区別のための判断基準が争点となってきた。判例法理では，「事業所得とは，自己の計算と危険において独立して営まれ，営利性，有償性を有し，かつ反復継続して遂行する意思と社会的地位とが客観的に認められる業務から生ずる所得をいい，これに対し，給与所得とは雇用契約またはこれに類する原因に基づき使用者の指揮命令に服して提供した労務の対価として使用者から受ける給付」[13]との判断基準により決定されてきた。この判断基準およびその他の関連判例を労働法学の観点からみると，個人の提供した労務サービスの対価が事業所得であるのか給与所得であるかは，管理権保持基準により，契約労働者と労働者とが区別されることで判

---

11) 拙稿「職務著作（法人著作）と使用従属関係論――日米比較法の視点から」日本労働法学会誌90号29頁以下。

12) 毛塚勝利・永野秀雄「特許権の承継と『相当の対価』――日亜化学工業事件・オリンパス光学工業事件を中心に」労働判例836号6頁以下。

13) 最判昭和56年4月24日民集35巻3号672頁。

断されていることがわかる。労働法における区別との主たる差異は，給与所得の中に，役員が受ける報酬が含まれている点である。

このように所得税法における事業所得と給与所得の区別が訴訟で数多く争われてきたのは，所得税法27条において，事業所得者には，実額による必要経費の控除が認められているため，必要経費が給与所得控除を上回るような労務提供が行われた場合には，納税者は事業所得として申告したがり，その一方で必要経費がほとんど生じないような労務提供が行われた場合には給与所得として申告したいと考えることに主たる原因がある。また，使用者は，本来労働者である者を「仮装自営業者」として扱えば，源泉徴収義務のみならず，労働法・社会保障法上の義務をも回避しうるとの誘惑にかられる。しかしながら，これらのいずれの行為も，一種の租税回避行為であり，租税負担公平の原則から認められるべきではない。

米国では，租税法上の労働者性が管理権保持基準により判断されていることから，税務調査などにより「仮装自営業者」とされていた者が労働者と認定された場合には，同じ管理権保持基準が用いられている雇用関係法上の義務を使用者に課している。[14] わが国においても，本来の給与所得者たる労働者について，使用者が仮装的に事業所得者と申告して否認された場合には，おなじ管理権保持基準を用いている労働法・社会保障法上の義務を強制することで「仮装自営業者」を救済すべきである。たとえば，税務調査により，使用者が，本来は労働者である者を事業者として扱っていたことが判明した場合には，その事実を，当該使用者と労働者本人のみならず，労基署にも通知するシステムを構築するなどの立法的対処がなされるべきである。また，労働者本人が租税回避を目的として，自らを事業者として租税申告を行った場合にも，租税負担公平の原則から，税務署は積極的にその修正を行うべきであると考える。

(ながの　ひでお)

---

14)　拙稿「租税法上の被用者性判断と付加給付請求権」労働法律旬報1419号17頁以下。

〈シンポジウムⅢ〉

仲介型並びに下請型委託就業による契約労働者保護の課題

小 俣 勝 治

(青森中央学院大学)

Ⅰ　はじめに

　契約労働者とは，「労働契約以外の契約（請負または準委任〔業務委託〕契約）の下に自然人または法人（ユーザー）のために自ら役務を提供する者」で，ユーザーとは労働契約関係並びに使用従属関係にはないが，それに類似する事実上の「依存ないし従属」の状態で就労する者である[1]。その典型は，自営業者としてユーザーと直接の契約関係にある二者間の委託就業者（従属的自営業者）[2]である。

　これに対し，三者間の委託就業の1つである仲介型は，仲介人（第三者）がその登録している就業者をユーザーに供給するもので，当該就業者はユーザーと契約関係に立たない点が異なる。もう1つの三者間委託就業である下請型は，下請業者がユーザーとの契約の履行のために「その雇用する労働者」を使用するもので，当該下請労働者はユーザーのためにかつそれへの事実上の依存または従属状態で役務を提供する[3]。

---

1) 鎌田耕一『契約労働の研究』（多賀出版，2001年）37頁。
2) ドイツでは，このような自営業者は「従属的自営業者（Abhängige Selbständige）と呼ばれ，その労働法上の位置付けが問題になっている。Vergl. Petra Frantzioch, Abhängige Selbständigkeit im Arbeitsrecht, Duncker & Humblot, Berlin, 2000, S. 33ff., Frank Maschmann, Arbeitsveräge und Verträge mit Selbständigen, Duncker & Humblot, Berlin, 2001, S. 24ff.
3) 鎌田・前掲注1) 書82頁，160頁。

(狭義の)アウトソーシング(外注化)は，ある企業または個人(受託者)が他の企業(委託者)のために委託者から資源の提供を受けまたはその協力のもとに一定の範囲の業務を遂行することである[4]。この場合就業者は，下請業者と労働契約関係にあってその範囲で労働者としての保護を享受するので，元来の契約労働者の定義には含まれない。依存・従属は，第一次的にはこの下請業者との(使用従属)関係において認められる。しかし，第二次的にせよユーザーとの間にも存在する。すなわち，①ユーザー企業が下請負業者に機械・器具を提供している点，及び②ユーザー企業がこれら就業者をその経営計画に従って用いるすなわち就業者がユーザー企業の事業活動に組み込まれている点，に認められる[5]。

　アウトソーシングの進行する中で，「事業所から従業員を切り離す[6]」傾向は一層強まっている。とくに三者間委託就業関係では，第三者の介在によって，就業者がユーザーと直接の契約関係に立たないが，ユーザーに事実上依存ないし従属して役務を提供している点に特徴があり，しかもそれは派遣関係でもない。ユーザーは就業者に対し雇用関係にない以上，使用者責任を負うことはない。しかし，解釈論的にもまた立法政策的にも，その事実上の依存ないし従属の状態での役務の提供という関係に基づいて，ユーザーに労働法上の責任を，どの程度まで課しうるかは，検討されるべき課題といえよう。

II　わが国の判例法理における問題処理の特徴と問題点

1　仲介者の法的立場

　仲介者は，ユーザー企業と請負(または業務委託)契約を締結し，その一部を就業者に再委託する形式をとる。この場合，就業者は独立の自営業者であって，しかもユーザーとは労務提供先ではあってもなんらの契約関係にない。判例で

---

4) 鎌田・前掲注1)書166頁。なお，アウトソーシングの雇用への影響については，佐藤博樹監修・電機総研編『IT時代の雇用システム』(日本評論社，2001年)参照。
5) 鎌田耕一「契約労働をめぐる法的問題」社会科学研究(釧路公立大学紀要)10号(1998年)72頁以下74頁。
6) Hans-Jörg von Einem, "Abhängige Selbständigkeit", BB 1994, S. 60.

はしかし，コンピュータのシステム開発に従事する就業者について，仲介者と就業者との契約が請負ないし委託（準委任）ではなく雇用（労働）契約と評価された例がある（エクゼ事件・東京地判平6・5・9労判659号64頁，株式会社羽柴事件・大阪地判平9・7・25労判720号18頁）。しかし仲介者自身が賃金支払の前に倒産した場合などには，ユーザーは全くの第三者としてなんの責任も負わない（例えば，大映映像ほか事件・東京高判平5・12・22労判664号81頁）ため，実際の救済策としては限界がある。

これに対し，仲介者が職業紹介業者と評価されると，就業者と仲介者との法的関係は紹介をもって終了し，むしろユーザーとの法的関係が，二者間の関係としてではあるが，問題となる。エキストラと受入会社としての映像会社との関係についての前掲大映映像ほか事件の第1審判決（東京地判平5・5・31労判630号77頁）では，しかし一定の使用従属関係（監督らによる指示に基づく演技）は認められたが雇用関係は否認された。

2 ユーザー企業の使用者性

下請型において受入企業（ユーザー）に使用者責任を負担させるための法的判断枠組には，(1)黙示の労働契約の成立＝派遣関係の形骸化と，(2)法人格否認の法理の適用が考えられる。

(1) 黙示の労働契約の成立

サガテレビ事件第二審（福岡高判昭58・6・7労判410号29頁，判時1084号126頁，判タ497号197頁）は，構内下請労働における下請従業員と受入企業との黙示の労働契約の成立について次の要件を提示する。すなわち，

① 事業場内下請労働者の受入企業との事実上の使用従属関係の存在
② 下請企業がそもそも企業としての独自性を有しないか，（または）企業としての独立性を欠いていて受入企業の労務担当の代行機関と同一視し得るものであるというその存在が形式的・名目的なものに過ぎない場合
③ 受入企業が下請労働者の賃金額その他の労働条件を決定している場合

同判決は，②と③の要件を欠くため，黙示の労働契約の成立を否認している。A（受入会社）-B（下請会社）-C（下請会社従業員）の三者間において，A-C

間に労働契約関係を肯定しようとする場合，もともとそこにはなんらの契約関係も存在しないので，改めて労働契約上の合意を推認する作業が必要となる。そのためには，従来は先ずA・B間の業務委託契約関係の（職安法違反・派遣法違反を根拠に）違法・無効を通じて，A・B並びにB・C間の法律関係の根拠を失わせようとした。ところが，最近の判例は，A・B間の違法・無効は認めてもそれのB・C間の法律関係への影響を否定するため，容易にはA・C間の契約関係の創設を認められない。そこで，A・C間の契約関係を創設するためにはB・C間の労働契約関係の実質が空洞化していて，Bに代わってAが使用者であることが証明されることが必要となるのであろう。[7]

(2) 法人格否認の法理

法人格の形骸化による法人格否認の法理の適用される範囲は，受入企業と下請労働者の使用従属関係を前提としない点を除くと，最近の判例の立場となっている黙示の労働契約の成立する範囲とさほど変わらないとみられる。下請企業の法人格が形骸化している場合（またはそれと同程度に支配されている場合）は，「実質的には二つの法人格は同一であるとみなされる」。[8]

(3) 三者間委託就業者に対する救済の限界

先述のように，下請型の場合就業者の受入企業（ユーザー）に対する事実上の依存・従属は，①機材・器具の提供と②ユーザーの企業活動に組み込まれての就業に認められる。しかしこの事態は，ユーザーに使用者責任を課そうとする場合，安全配慮義務（川崎重工業神戸造船所事件・最1小判平3・4・11判時1391号5頁，ヨウコー事件・前橋地平14・9・7労判838号90頁）を除くと，決定的ではありえない。

黙示の労働契約の成立が認められたセンエイ事件（佐賀地武雄支決平9・3・28・労判719号38頁）でも，「機材，資材など」が下請会社が用意するものでなかった事情は考慮されているが付加的であった。法人格否認法理の適用が問題となった大阪空港事業（関西工業）事件（大阪地判平12・9・20労判792号26頁，大阪

---

7) 三井正信「紹介所派遣の付添婦と病院との間の労働契約の成否——安田病院事件」ジュリ1157号『平成10年度重要判例解説』（1999年）207頁以下209頁。
8) 中川純「専属的下請企業労働者と元請企業との雇用関係の存否」法時74巻2号（2002年）106頁以下109頁，三井・前掲注7）解説・同所。

高判平15・1・30労判845号5頁）では，「機材の大部分」が受入企業の所有であったが，下請企業がそれを借用することで「財産の混同」はないとして，問題とされていない。

さらに，JR西日本（大誠電機工業）事件（大阪地判平13・3・9労判806号86頁）では，その作業が受入企業の作業計画に合わせる必要上「受入企業の指揮監督関係」が認められるとしても，下請企業への労務提供関係は否定され得ないとする。また前掲大阪空港事業事件第二審判決では，「手荷物・航空貨物の搭降載業務等」は一連の流れ作業であって統一的に実施されるため，受入企業が下請企業に業務遂行に必要な情報を随時伝達したり，作業現場で受入企業の担当職員が下請企業の従業員に直接ある程度具体的指示を行うことがあったが，それは「必要不可欠」であり，そのことによって受入企業の指揮命令下に置かれたとはいえないとされた。要するに，受入企業（その職員）による下請従業員にに対する指揮命令関係が全面的ないし圧倒的とならない限り，その使用者性が認められる可能性はないといえよう。

請負形式をとった場合，請負会社への支払は契約内容の出来高を基準にするのが原則だが，事実上は労働時間単位での支払になっている例が多いという（この点に着目して受入企業の使用者性を認めたのが前記センエイ事件である）。それは，生産システム全体の中の一部分のみ請け負うため，出来高を独立して算出し難いためであるといわれる。[9] そうであれば，上記のような指揮命令の複合性はさほど珍しくはないのかもしれない。しかし，指揮監督が二重もしくは重層的となっているのに，責任を負担するのは下請企業のみであるとすることは問題ではなかろうか。また，受入企業の事業活動に組み込まれているかは，独自の指標になっていないが，上記の諸事案では肯定され得るのではないか。

III ドイツにおける三者間契約労働者に対するユーザー責任の捉え方

わが国では，前掲サガテレビ事件第二審判決以降では，職安法44条違反・派遣法4条違反は，公序良俗違反さらには受入企業との契約関係の創設をもたら

9) 佐藤・前掲注4) 書第3章「構内請負活用の実態と分析（中馬宏之担当）」67頁。

すとは考えられていない。これは，労働者派遣法が同法違反に対して派遣業者に対する行政処分および刑罰を課すのみで，その私法的効果についてなんらの定めも置いてないことによるようである[10]。

この点についてドイツの派遣法は，被用者派遣の実体があるのに派遣元が「許可」を有しないときは派遣元と派遣先の，そして派遣元と派遣被用者とのそれぞれの契約が無効になるとしたうえで，派遣先と派遣被用者との間で労働契約が成立していたとみなされる（被用者派遣法9条1項，10条1項参照）。「みなす」とは，要するに契約の前提である合意・意思表示が欠如するので，立法者がその意思を擬制（擬制された労働関係）することにほかならない。

したがって請負契約により投入される外部会社は，委託（注文）を独立してかつ原則的には委託会社の協力を受けずに実施できなければならない[11]。この請負と派遣との区分の基準は，外部会社の従業員が受入会社の従業員と同じようにそこに「編入（Eingliederung）」されているかどうかである[12]。

編入の判定基準には，(1)契約の状況，(2)指示（指揮命令関係），(3)業務の領域が挙げられる。まず，契約上の合意において十分に厳密に記述されかつ区画可能な仕事の作成が独立的に行われる場合には請負契約と判断されるのに対し，契約対象が一般的にのみ確定されるもので，具体的な活動（業務）内容が受入企業の指示によってはじめて確定されるものであるか，または受入企業の従業員による協力を必要とする場合には，派遣とされる[13]。次に，「予定された成果の実現に当っての指図（請負）」に対し「外部従業員の投入の態様，範囲，品質，時間及び場所に関する指揮権（派遣）」が問題となる。そして，外部被用者が自己の所属する事業所の業務に従事しているのか，それとも受入企業の事

---

10) 鎌田耕一「労働者派遣と請負との区分に関する比較法的考察(1)——西ドイツ被用者派遣法を素材として」社会科学研究（釧路公立大学紀要）第2号第1分冊（1989年）49頁以下60頁。なお，わが国でもこのような場合に受入企業との労働契約の成立を認めようとする見解として，脇田滋「個別的労働関係における使用者」『労働判例百選第6版』6頁参照。
11) Hans-Joachim Bauschke, Umfang mit Fremdfirmen, Sauer-Verlag, 2001, S. 34.
12) Peter Hammacher, Der Einsatz von Fremdfirmen, BB 1997, S. 1686ff..
13) Burkhard Bömke, Arbeitnehmerüberlassungsgesetz, 2002, S. 95ff..
14) これに関する判例として，LAG Stuttgart, U. v. 25.1.1991, CR 1991, S. 740ff., BGH, U. v. 25.6.2002, NZA 2002, 1086ff..

業領域内で活動しているかが決定的である[14]。

したがってドイツでは，①ユーザーが下請業者に機械・器具等を供与していること，並びに②ユーザーが下請従業員を自己の事業活動に組み込んでいることという第二次的従属性が認められる下請型委託就業は，許可なき違法派遣を介して，受入企業に全面的な使用者責任を課す方式をとっているといえよう。仲介型の中でも派遣型となれば，同じく許可なき違法派遣としてユーザーに対する使用者責任を招来する場合が多いと思われる。とはいえ，ドイツでも受入企業の職員と下請企業の従業員との交流・接触は業務の性質上やはり不可避な場合が多く，そこには受入企業がリスクを負担せざるを得ないようなグレーゾーンが生まれている。これを回避しようとして，受入企業はその担当者と下請企業の代表者との間にコミュニケーションをとって，下請従業員に対する直接の指示がなされないように配慮されている，といわれる[15]。

わが国では，受入企業による下請従業員への指示の事態だけでは，下請従業員に対する受入企業の労働法上の責任を求めることは難しい。そこで用いられてきたのは黙示の労働契約の成立及び法人格否認の法理でであるが，そこには前述の限界がある。会社法上並びに労働法上ほぼ独立して展開する組織を供えている限り，独立性が肯定される。しかもその際下請企業の法人格全体が評価対象となるため，下請従業員全体の運命が判断されることにもなる[16]。これは，法人格否認の法理の適用範囲の狭さを物語るものである。これに対し，ドイツの「編入」の判定は当該被用者への指示の発信者・当該業務がいずれに属するのか等個別具体的に決定されうる点でも大いに異なる。ここでは当該被用者のみが判断の対象となる。したがってそれほど硬直的・画一的な判断ではなく，具体的・柔軟な運用を可能にするのではないかと考えられる。

---

15) Bauschke, a. a. O. (11)., S. 66ff.
16) このような判断方式に対する批判として，萬井隆令「業務処理請負企業の従業員と元請企業との労働契約関係の存在認定について」龍谷法学第34巻第2号（2001年）276頁以下285〜286頁。

Ⅳ　おわりに――問題解決への示唆

　現行の派遣法改正が派遣対象業務の拡大・期間の長期化の傾向を示すなかで，その利用状況並びに社会的影響の増大が予想される今日，派遣法を「派遣事業法」[17]から「労働者保護法」へと改革していくべき時期にあるとはいえないか。アウトソーシング型の下請では，受入企業を派遣先とみなすいわば「実体に適合した再構成による規制」のみならず，下請企業の従業員を自己の業務に組み込んでいる受入企業に，「雇用関係の成立の擬制」によって使用者責任のすべてを課すというより積極的な規制方式も考えられるのではないか。[18]その場合でも，許可制をとるドイツと異なり届出制をとるわが国では，受入企業が違法派遣の結果を恐れて派遣契約を結んで派遣関係としての規制を選択する可能性は多いと思われる。いずれにしても生ずるグレーゾーンは労働者保護の方向へシフトすることになろう。とはいえ，この極めてドラスティックな結果のために，使用者側の強固な反対・反発も予想されるところである。下請企業の利用は，まさに下請労働者を直接雇用する意思のないことの現れである点を尊重する建前をとる以上，現実性は薄いであろうか。

　他方，アメリカではこのような下請企業の利用においては，単一の雇用関係に割り切るのではなく複合的な法律関係を認める制度が存在しているといわれる。[19]そこには現実の就業における複合的な関係とそれに応じた責任負担制度が成立しているようである。いわば1人の労働者に対する使用者機能の分割あるいは複数の人への分担と受けとめられる。請負と派遣のどちらかによって一方が全責任を負担するのではなく，このような使用者機能の分裂に対応した使用

---

17)　小林良暢「アメリカの最先端事情　アウトソーシングと新しい雇傭形態にみる労使の枠組の構造改革」労働法学研究会報2280号（2002年）2頁以下20頁。

18)　かねてからこのような主張はなされていた。大橋範雄『派遣法の弾力化と派遣労働者の保護』（法律文化社，1999年）「第二章『擬制的労働関係』による派遣労働者の保護」参照。

19)　小林・前掲注17)講演13頁。①給与計算・社会保険・人事評価の記録等，②就業規則やマニュアルに相当する契約，③健康保険などの福祉サービスの提供，④共同雇用の責任（①～③ではクライアント企業・PEO・ワーカーが独自または共同して，④については関係三者が共同して責任負担）。

者責任・法的義務の分割・分担ないし複合的使用者概念の提唱も考慮に値する。

三者間の特に下請型の委託就業においては就業者は第一次的には雇用契約関係にある請負（もしくは下請）会社との関係において従属している。しかし第二次的な従属関係にある受入企業も，この第一次的使用者が本来の使用者責任を全うできない場合には，少なくともその一部について補完的に負担する方式が考えられよう。もとより三者間関係を志向する立法（派遣法改正や複合的使用者制など）がなされるのが最も合目的的である。

しかしそのような制度が成立していなくとも，二者間における（経済的）従属的自営業者に対するドイツのような被用者類似の制度[20]が導入されれば，これを類推適用することが考えられる。この被用者類似の制度はもとより契約労働者に対応して導入されたものではないが，要件を充足する限り，契約労働者にも適用される。さらには従属的自営業者の増大に対応して，被用者類似の者について法の予定する法規以外の労働法規の適用ないし類推適用が検討されている[21]。下請従業員をそのような労働者類似の者と同じように扱うべき根拠は，下請従業員の受入企業に対するいわば組織的従属性である。従属的自営業者の委託者に対する経済的従属性は，「事業者リスク」を負担する「委託者のために」役務を「自身で」提供していること，及び，その報酬の額，活動の種類と期間は委託者によって決められている点に認められる。被用者に比較可能なほどの社会的要保護性は，従属性の程度が取引観念に従って，通常なら労働契約関係においてのみ認められるべき程度に達した場合であって，かつ給付された役務が被用者に典型的なものである場合に認められる。そこでは経済的従属性と人的従属性は表裏の関係になっている。被用者類似の者が債務として負っている

---

20) Hohmeister/Goretzki, Verträge über freie Mitarbeit, 2. Aufl., 2000, S. 59ff. 柳屋孝安「ドイツ・西ドイツにおける被用者類似の者の概念について(1)〜(4)」日本文理大学商経学会誌第6巻1号256頁以下，第6巻2号87頁以下，第7巻1号95頁以下，第7巻2号99頁以下参照。

21) 被用者類似の者に準用される法規は，労働法上は労働協約法，労働裁判所法，連邦休暇法，就業者保護法（職場におけるセクシュアルハラスメントの防止と制裁），BGB 621条（解約告知期間），そして社会保険法上は労災保険である。しかしこれらだけでは不十分として，各種労働法規の適用及び類推適用の是非が議論されている。Nicole Neuvians, Die arbeitnehmerähnliche Person, Duncker & Humblot, 2002, 102ff.

契約対象の本質は、労働契約におけると同様、他人のための給付にある。[22] これに対して、下請型委託就業では、先ず下請企業と受入企業との間には、ある程度の経済的従属性[23]が認められるとしても、労働関係に匹敵するほどではありえない。しかし下請型に関する上記の判例のように、直接の指揮命令を受ける場合もあり、またそこまで至らなくとも下請従業員は下請企業を媒介としながら、受入企業の事業活動に組み込まれているとみることができる場合が多いと思われる。その場合には、人的従属性に類似する要素あるいは人的従属性の一部を認めることができよう。したがって、その類推適用の要件としては、企業間の経済的従属性ではなく、受入企業に当該労働者の業務が組織的に編入されているか否かという方式が妥当であろう。

この場合、受入企業にはこれらの従業員に対して使用者として対向する意思をもっていないことがその妨げとなるかが問題となろう。自己の従業員とする意思は有せずとも、下請会社との委託契約においてこれら従業員を自己の業務に組み込んで活用することは了解しているわけで、受入企業は全くの第三者とはいえないだろう。その担当者を通じてにせよ、下請企業のその従業員に対する賃金不払いなどは知り得べき状況にあるわけであるから、そのような状況下で当該下請企業を活用しているところに責任発生の根拠を見出すことができないか。当該労働者からすれば、他人のために労務提供するとしても、その他人とは最終的には契約上の使用者ではなく、事業組織的に編入された事業所の使用者であることが重要である。

(おまた　かつじ)

---

[22] Hohmeister, a. a. O., S60, Griebeling, Die Merkmale des Arbeitsverhältnisses, NZA 1998, S. 1337ff, 1340.

[23] 委託量や納期、契約内容の変更に至るまで、委託者側のイニシアティブによっている場合が多い。鎌田・前掲注1)書174頁以下。

〈シンポジウムⅢ〉

契約労働者の概念と法的課題

鎌 田 耕 一
(流通経済大学)

Ⅰ 契約労働者の特徴と保護・規制の必要性

1 契約労働者の特徴

請負・委任などの労働契約以外の契約に基づき労務を供給する就業者は古くから存在したが,近年,国際的にその数が増加しているといわれている[1]。

その背景には,様々な要因が指摘されるが,そのひとつとして企業間競争の激化による業務委託(アウトソーシング)の増加がある。

本稿では,労働契約以外の契約に基づいて自ら労務を供給する就業者を契約労働者といい,契約労働者から労務の供給を受ける者をユーザーという。

契約労働者の就業実態は多様だが,以下のように分類できるのではないか[2]。

まず,1つの企業に専属しながら独立して業務を遂行するタイプ(企業専属型)がある。これには,電気・ガスの検針員,大手不動産会社の注文設計建築士,保険の外務員などがある。

次に,委託販売員がフランチャイズの形で就業するタイプがある(委託販売型)。主に既婚女性が空いた時間に,ユーザーの清掃器具をレンタルして手数

---

[1] ILO, Conclusions of the Committee on the employment relationship, 2003, para. 4. 日本には契約労働者の統計が存在しないので不明。
[2] 契約労働者の就業実態については,鎌田編著『契約労働の研究』(2001年)に紹介するケースを参照ねがいたい。この分類は,相互に排他的な関係になく,いくつかの特徴を共有する。

料を得たり飲料の委託販売をするというケースがこれにあたる。

さらに，自営業者型というのがある。これには傭車運転手，大工などの手間請就業者などが該当し，業務に必要な機材器具を自分で有する点に特徴がある。

また，専門家・専門技術者型というのがあり，音楽家，芸能実演家，コンピュータ技術者などがこれにあたる。かれらは業務遂行上，相当程度の裁量を有している。

新しいタイプとしてフリーエージェント型がある。情報機器を用いて組織に縛られないで働くタイプで，コンピュータ技術者や在宅ワーカーの一部がこれにあたる。

最後に，仲介型および下請型の契約労働者がある。この特徴は，ユーザーと契約労働者との間に第三者（仲介者または労務請負企業）が介在し，ユーザー・契約労働者・仲介者（労務請負企業）の三者関係のなかで，ユーザーの指示を受けて業務に従事する。

これら契約労働者の主な特徴としては，①労働契約以外のサービス契約を結んでいること，②ユーザー企業の事業目的を達成するために業務の委託を受けていること，③報酬が出来高で支払われていること，④契約期間が定められていること，⑤時間的場所的拘束性が比較的緩やかであること，⑥業務遂行に当たってある程度の裁量を有していることがあげられる。

この他一部の契約労働者には，⑦自分で事務所・機械器具をもっていること，⑧専属的に働いていること，⑨三者間関係がたびたび伴うことも特徴にあげられる。

2　保護・規制の必要性

契約労働者の契約内容や就業環境は一概にいえないが，ユーザーが自分に有利な契約を結ぶ傾向がある。すなわち，①契約内容が不明確であったり，そもそも契約締結があったのかどうかが分からないというケース，②料金，手数料の単価のダンピング，③契約途中での契約条件の一方的切り下げ（とくに単価の切り下げ），④契約途中での中途解約や更新拒否，⑤業務のやり直しの強要などがある。

シンポジウムⅢ　契約労働をめぐる法的諸問題

契約労働者の多くはその特徴から労働法上の労働者と評価されず，労働者であれば享受できるような保護を受けられないという事例が見られる。トラブルとしては，労働者ではないことを理由に労災保険給付の不支給決定がなされたり，企業による報酬支払時期の一方的延期や報酬支払遅滞，ユーザーの倒産などにおける報酬未払，ユーザーによる一方的解約，安全衛生に関する責任者の不明確や不在などがみられる。

ユーザーは，労働契約以外の契約を用いることによって，使用者であれば負担しなければならないコストを削減することができる。具体的には，社会・労働保険の事業主負担部分の免責や雇用規制の回避などが意識されている。こうした負担を回避する企業は，競争上他社に対して優位な地位に立っている。

就業者の一部は自発的に独立的な就業形態を選択しているが，他の一部は，失業を回避するために，やむを得ずにこうした形態を選択している。契約労働者は自らの法的地位を明確に認識できず，自らの権利を主張することが困難となっている。

Ⅱ　保護されるべき契約労働者の概念

1　契約労働者保護をめぐる国際的動向
(1)　国際労働機関（ILO）

契約労働者に対する保護をめぐる議論は，1997/8年のILOにおける「契約労働」（Contract Labour）条約案の討議で1つのピークを迎えた。結局，条約は採択されなかったが，契約労働者の概念や保護のあり方について国際的な問題提起を行った。

保護のあり方について，ILO文書は，契約労働を「偽装された雇用」と「あいまいな雇用関係」の2つの場合に分けて保護の必要性を論じている。

契約労働条約案の審議は，これまでの被用者・使用者の二分的アプローチに対して，被用者と独立的契約者の中間に「従属的就業者」という「第3のカテゴリ」を設けるという三分的アプローチを提起した点で画期的だったが，保護されるべき契約労働者の概念についてついに政労使間に共通理解が得られなか

った[3]。

(2) 欧州連合（EU）

欧州委員会は2000年7月に,「雇用関係の現代化と改善」をテーマとする「指針文書」を発し,「経済的従属労働者」（economically dependent workers）の問題を労使協議議題とするように提起している。

昨年「生活・労働条件の改善のための欧州財団」はEU加盟国における「経済的従属労働者」の実態と対策に関する比較研究を発表している[4]。

(3) 諸外国

諸外国の動向はさまざまであるが,ここでは,アメリカ[5],イギリス[6],ドイツ[7]について簡単に紹介したい。

アメリカ合衆国では,法律毎に被用者（employee）概念を定義しているという状況のなかで,被用者性の判断テストとしてコントロールテストと経済的実態テストを法律毎に使い分けて契約労働者保護に対処している。

イギリスは雇用契約の当事者を被用者としていて,その点ではアメリカのように法律毎に別々というわけではない。しかし,やはり被用者性の判断には苦労して,最近の法改正で,被用者とは別に「労働者」（worker）および「契約労働者」（contract worker）概念を創設して労働法の適用範囲を拡大している。

さて,ドイツは,労働契約の当事者を被用者としている点でイギリスと同様だが,かなり早くから被用者（Arbeitnehmer）とは別に「被用者類似の者」（Arbeitnehmerähnliche Personen）概念を創設して一部の労働法の適用範囲の拡大をはかってきている。

---

3) 鎌田・前掲注2）第2章参照。
4) 濱口桂一郎「EUテレワーク協約とその経緯」「世界の労働」2002年10月号。
5) 今年のILO「雇用関係の範囲」委員会の討議資料（International Labour Office, Report V, The scope of the employment relationship, 2003）が各国の動向を詳しく報告している。
6) アメリカの独立契約者の実態については,中窪裕也・池添弘邦『アメリカの非典型雇用』（2003年）第1章・第2章（中窪執筆部分）参照。
7) 橋本陽子「ドイツ法における労働契約と労働者概念」学会誌101号（2003年）90頁以下。

2 契約労働者保護をめぐる判例・学説

(1) 裁判所・労働行政における対応

　裁判所・労働行政は，契約労働者について，労働基準法9条に定める労働者に該当するかどうか個別事例毎に判断して対処している。労基法9条に定める労働者の定義が抽象的なために，労働行政は，1985年労基研報告がまとめた労働者性に関する判断基準をもとに労働者性の有無を判断しており[8]，裁判所の多くもこれを参考にしている。

　前記労基研報告によれば，労働者であるか否かは契約形式の如何にかかわらずその実態に着目して「使用従属関係」の存否を基準として判断され，使用従属関係は，指揮監督性と報酬の労務対償性，さらにこれに事業者性を含む諸指標を加え総合的に勘案される。

　これは多重的なチェック項目をあげ，かつ総合判断という点で柔軟な解決を可能とする巧みな方法であるが，裁判所の結論の予測が著しく困難である[9]。また，契約労働者を労働者として保護する方向がはっきりしていないために，労働法の適用対象を狭く解釈する傾向が存在する[10]。

(2) 契約労働者保護に関する学説

　契約労働者保護に関して，労働者の概念を使用従属性において捉えながら労働者概念の拡大によって対処しようとする学説がある。人的従属性よりも経済的従属性や事業組織従属性を重視して労働者概念を広くとらえようとする西谷教授の説[11]や吉田教授の説[12]があり，萬井教授は，補助的な下位概念を用いて基本概念を拡張しなければならないとする[13]。また，賃労働の実態に着目して労働法の保護の拡大を提唱する蓼沼説[14]がある。

---

8) 労働省労働基準局編『労働基準法の問題点と対策』(1986年) 52頁以下。
9) たとえば，横浜南労基署長 (旭紙業) 事件・最高裁平成8・11・28判決と新宿労基署長 (映像カメラマン) 事件・東京高裁平成13・7・11判決を対比されたい。
10) 鎌田「横浜南労基署長 (旭紙業) 事件・最高裁判決の研究」労働法律旬報1422号21頁以下。
11) 西谷敏「労基法上の労働者と使用者」『シンポジウム・労働保護法』(1984年)。
12) 吉田美喜夫「雇用・就業形態の多様化と労働者概念」学会誌68号 (1986年) 46頁以下。
13) 萬井隆令『労働契約締結の法理』(1997年) 59頁。
14) 蓼沼謙一「労働法の対象」『現代労働法講座　労働法の基礎理論』(1981年) 95頁。

次に，労働者概念を相対的に捉える学説がある。この説の代表的な提唱者は下井教授[15]だが，この説によると，使用従属関係の存否を一律に判断することは困難であり，むしろ，当該規範の趣旨・目的に照らして保護されるべき対象を確定すべきであるとする。

これに対して，非典型労働者との関連で労働法体系の再構成を志向する提言がなされている。たとえば，諏訪教授[16]はテレワーカー保護の関連で雇用と請負・委任を従属労働の有無で区分し，雇用労働者だけに労働法を適用することが非現実的になる日が近づいていると指摘している。盛教授[17]は，企業組織の外部化に対処するうえで労働者か否かという処理の仕方ではなく，契約労働者が企業組織に組み入れられている限りそれに伴う危険と責任はユーザーが負担すべきであるとし，また，毛塚教授[18]は同一組織内における就業者間に存在する組織原理としての平等の原則を唱えている。

さらに，最近は，契約労働者あるいは自営業者に照準を合わせて立法的政策課題を掲げる学説がでている。

柳屋教授は，グレーゾーンにある自営業者に対して特定の立法により保護の必要な業務業種に限定して労働者に準じた保護をするという手法を維持しながら，業務・業種の限定を拡大する方向を提唱している。[19]鎌田は契約労働者を「第3のカテゴリ」として位置づけ必要な範囲で保護を提供することを提唱している。[20]島田教授は，雇用類似の労務供給に対する法政策として「さまざまな社会的諸権利を同一のレベルで論じるのではなく，対象としているリスクおよび労働関係における従属の程度に応じて区別する」という法政策を提唱している。[21]さらに，石田教授は，企業組織における労務供給契約の多様化のなかで，

---

15) 下井隆史「雇用・請負・委任と労働契約」『労働契約法の理論』（1985年）56頁。
16) 諏訪康雄「テレワークの実現と労働法の課題」ジュリスト1117号（1997年）85頁。
17) 盛誠吾「企業組織の変容と労働法学の課題」学会誌97号（2001年）128頁。
18) 毛塚勝利「平等原則への接近方法」労働法律旬報1422号（1997年）5頁。
19) 柳屋孝安「非労働者と労働者概念」『講座21世紀の労働法1　21世紀労働法の展望』（2000年）145頁。
20) 鎌田・前掲注2）125頁。
21) 島田陽一「雇用類似の労務供給契約と労働法に関する覚書」『新時代の労働契約法理論』（2003年）61頁以下。

労働契約以外の労務供給契約の労働法的な位置づけが必要だとしている。[22]

一方,馬渡教授はポスト・フォーディズムの時代に労働の新しい形態が発展することを認めながら,これに労働法を適用拡大することには慎重を要するとしている。[23]

3 保護されるべき契約労働者の概念

(1) 学説の評価と示唆

労働者概念の拡大により契約労働者を保護しようとする学説は,典型的な労働者が標準的であった時代に適合していた。しかし,使用従属関係の枠組みを用いて個別事例毎に判断することは,労働者と非労働者との境界線があいまいな現状において,ますます,結果の予測を困難にするおそれがある。また,労組法の適用は別としても,経済的従属性のみを切り離して独立して判断基準とする学説は見あたらないので,その限りで,労働者の概念を狭く捉えることになろう。さらに,グレーゾーンにある就業者が増加するなかで,労働者か非労働者かの二分法は,就業の実態に合わせて必要な範囲で保護を提供するという契約労働者の保護の方向と相容れないように思われる。

これに対して,相対的労働者概念説は契約労働者の実態により適応した枠組みを提供すると思われるが,この説のもとでは労働者概念の統一性が放棄され,労働法の統一的適用を困難にするのみならず,保護されるべき就業者の確定にあたって結論の予測がより一層困難となって法的安定性が損なわれるおそれがある。

使用従属関係にとらわれずに,労務供給契約を全体として対象にとりこみ保護の必要性を考慮しようとする諏訪説,石田説は立論の出発点におかれるべきであろう。その際,保護の原理として平等原則に着目する毛塚説は参考となる。しかしながら,平等原則の及ぶ範囲を毛塚説・盛説のように「組織」によって確定することは範囲を狭くとることになると思われる。

すべての就業者に包括的な保護制度を導入し,リスクと従属性に応じて保護

---

[22] 石田眞「企業組織の変動と雇用形態の多様化」法律時報75巻5号(2003年)9頁以下。
[23] 馬渡淳一郎「非直用労働と法規制」日本労働研究雑誌505号(2002年)18頁以下。

内容に差を設けるという島田教授の主張には傾聴すべき点が多い。しかし、そうはいっても、馬渡教授が指摘するように、自己の危険負担と計算の下に業務に従事する者をここでいう制度に導入することは、民事的関係への不当な介入となろう。

さて、契約労働者の問題に対処する方向としては、現状では、①労働者概念を拡大して適用対象を拡張する方向、②「被用者類似の者」といった第3のカテゴリの導入による保護の拡大の方向、③自営業者を含めた労務供給者すべてにリスクおよび従属性の程度に応じて保護するといった方向があげられるが、私は、柳屋教授の示唆をふまえながら、上記②の方向が適切ではないかと思う。

契約労働者保護にとって重要なことは、それがグレーゾーンにある就業者であることを直視し、その置かれた状況と現行の保護規範の趣旨・目的を相関的に勘案して必要な保護を享受できるようにすることだと考えるからである。

(2) 保護されるべき契約労働者の概念

(a) 保護されるべき契約労働者の2つの状況

ある就業関係が労働契約以外の契約形式を用いて創設されていても、使用従属関係があると評価されれば、労働者性または雇用関係が認められる。問題は、契約労働者とユーザーとの使用従属関係につき、その存在を肯定する要素とこれを否定する要素が共に混在し労働者性判断の決め手に欠ける場合にどうするかである。

さて、契約労働者の保護を考える場合、問題を2つの状況に分けて考えてみる必要がある。すなわち、ユーザーが労働法規の適用を回避する意図をもって契約労働者を用いた場合（これを「偽装された雇用関係」という）と、こうした意図はないがユーザーとの間の従属関係の有無がはっきりしない場合、言い換えれば、使用従属関係があるかどうか客観的にあいまいな場合（「客観的にあいまいな雇用関係」）である。[24]

(b) 「偽装された雇用関係」

ここでは、使用者がその責任を回避するために雇用関係を民事的な関係に偽装することが問題となる。しかし、使用者による偽装の意思の立証を労働者の

---
24) 保護されるべき就業者の2つの状況について、ILO・前掲注5) p.19以下。

側に求めることは妥当ではない。なぜなら，国は，労働者が雇用関係上の権利を迅速・容易に行使できるようにすべきだからである。

そこで，私は，使用従属関係の諸指標に照らしてその存否につき決め手に欠ける場合，当事者が労働契約以外の契約形式を選択したことにつき，労働法の趣旨・目的に照らして合理性が存在しない場合，当該契約を労働契約として推定すべきだと考えている。なぜなら，ユーザーが交渉上の優位性をもつところでは，就業者がサービス契約を選択したことを額面通り評価できないからである。

ここでいう合理性の判断にあたって，ユーザーが労働契約以外の契約を選択した趣旨，就業者側にサービス契約を選択する客観的な理由が存するかなどが問われるべきであろう。

私は雇用関係の立証責任の転換が法解釈的に可能だと考えているが[25]，より明確にするために雇用関係または労働者性の存在について立法的な推定規定を導入することが望ましい。

(c) 客観的にあいまいな雇用関係

ここで保護されるべき契約労働者とは，使用従属性はないが自己の計算と危険負担の下に活動しているともいえない者，言い換えれば，ユーザーに経済的に従属している者（経済的従属就業者）をいう。

「生活・労働条件の改善のための欧州財団」の上記比較報告書[26]を参考にして，試みに定義すると，経済的従属就業者とは，ユーザーと労働契約以外の契約を締結している点で形式的には自営業者だが，①かれらはその収入を主として一人のユーザーに依存しているか，または，②ユーザーの企業組織に組み入れられるか，もしくはユーザーの従業員が行っている業務と同種の業務を行う者をいう。

さて，経済的従属就業者の保護を正当化する法的理由はどこにあるか。

---

[25] 証明責任の転換についての解釈論については，鎌田「新宿労基署長事件東京高裁第21民事部鑑定意見書」労旬1536号（2002）25頁。

[26] Euroean Foundation for Improvement of Living and Working Condition, Economically dependent Worker, Employment law and industrial relation, http://www.eiro.eurofound.ie/print/2002/05/study/

私は経済的従属就業者の保護の理由として，労働者に類似した就業者間の比較均衡の原則と企業間の不公正競争の抑止をあげたい。

　安全衛生，災害補償，報酬支払確保，男女雇用平等といった制度の適用にあたって，ある特定の働き方を選択することにより著しく不利であったり有利であったりするシステムはもはや合理性がない。労働市場において機能的に等価な就業形態の間で保護に格差を設けることは，最も保護の薄い就業形態のリスクを極大化することになるからである。私は，労働者に類似した就業実態にある者を労働者と「機能的に等価にある者」ととらえ，労働法上の保護規範の趣旨・目的に照らして必要な範囲で平等に取り扱われるべきだと考える。[27]

　労災，安全衛生，報酬確保に要するコストは，就業関係に常に伴うコストであるという意味で「社会的コスト」ということができる。このコストは就業形態の如何を問わず生ずるものである限り，これをできるだけ社会に広く分散する方策を政策的にとるべきである。社会的コストを含めて商品の価格が決定されるべきであり，そのためには，その事業目的を達成するために他人の労働を利用するユーザーがこれを負担し，生産物の価格に転嫁したり，あるいは保険制度を利用したりして，社会に分散できるようにすべきである。

III　契約労働者保護の課題——経済的従属就業者を中心にして

1　現行法による対応の評価と限界

　現行の労働法は，原則としてすべての就業者を労働者と非労働者の2カテゴリに分け，労働者には全面的な保護，非労働者には無保護という二分法アプローチに立脚しており，契約労働者保護に転用することには慎重な検討を要する。

　とくに，家内労働法，労災保険の特別加入制度などは契約労働者保護と関連しており，これをどう評価するかが問題となる。

　家内労働法は契約労働者保護法の一部に位置づけられるが，その適用対象を

---

[27] この比較均衡の原則は，機能的に等価な就業形態の間では企業はつねによりコストのかからない形態を選好することに対する社会（システム）からの反作用と捉えることができる。これを私は法社会学者ニクラス・ルーマンの所説から示唆を得た。したがって，これは同一価値労働における均等待遇原則と異なる。鎌田・前掲注2）114頁参照。

物の製造・加工に限定し，家内労働者を裁量的要素の含まないマニュアル労働に従事する就業者として狭く捉えていることから，その適用範囲は限定されている。

特別加入制度は，労働者に類似した就業形態にある者を例外的に加入させるものであるが，その適用範囲は特定の職種に狭く限定されており，また，保険料を就業者が支払う点で検討を要する。

2 立法的課題

以上のような理由で，私は，契約労働者を伝統的な労働者と個人事業主の中間に位置する形態（第3のカテゴリ）として認識し，保護の必要な範囲で労働法上の保護規範の一部を契約労働者に適用する方向を検討すべきであろうと考える。たとえば，労災保険法に「労働者類似の者」または「準労働者」という概念を設け，これにも労災保険法の適用を拡張するなどが検討されるべきであろう。

しかしながら，この第3のカテゴリとしての「準労働者」「労働者類似の者」は個々の保護規範の趣旨・目的に従って具体的に確定されるべきである。したがって，保護されるべき契約労働者の基本概念は上記に述べたところであるが，個別の法律において，その適用対象をどのように具体的に定義・確定するかは，なお，検討を要する課題である。

保護が必要な領域として何をあげるのかがもう1つの問題となる。最低限，労災補償，安全衛生，報酬支払確保，男女差別禁止があげられる。この他，解約規制，団体交渉，社会保険などいくつか検討すべき課題がある。

（かまた　こういち）

［附記］　本研究は，平成15年度科学研究費補助金を受けた研究成果の一部である。

個 別 報 告

中国における雇用の流動化と労働関係の終了 ………………………… 山下　昇
ベトナムの市場経済化と労働組合のドイモイ ……………………… 斉藤善久
ドイツにおける被用者概念と労働契約 ……………………………… 皆川宏之
立法過程から見た労働関係の内閣提出法律案に対する修正 ……… 寺山洋一

中国における雇用の流動化と労働関係の終了

山　下　　　昇

(久留米大学)

I　はじめに

　従来，中華人民共和国（以下，中国という）では，厳格に労働者の雇用を保障する固定工制度が一般労働者に適用されてきた。固定工制度は，長期雇用慣行を中心とした一企業完結的な雇用システムであったが，改革開放後，国有企業改革や経済発展の阻害要因として認識され，その改革が進められてきた。そして，現在，労働契約制度が一般的雇用システムとして定着しつつある。同制度は，労働関係を契約や法規範によって規整し，労働契約所定または法所定の解約事由に該当する場合に，解雇を広く認めるものである。

　こうした労働制度改革は，柔軟で流動性の高い雇用システムへの転換を目的としている。実際に，改革開放後の中国の産業構造は，第1次産業が徐々に縮小し，他方で，第2次産業と第3次産業が大きく成長するという傾向を示し，産業間での雇用の移動が見られる。さらに，都市部就業者に占める国有企業就業者の割合も大きく減少し，国有セクターから非国有セクターへの雇用の流動化も進んでいる（表1⑤⑥⑦⑧⑨）。その中には，国有企業の民営化にともなうものも含まれるが，同時に，国有企業から離職した後に非国有セクターに再就職した者も多く，労働者の移動そのものも実際には相当数に上っている。[1]

---

1)　例えば，1998年において，国有企業からリストラ（後述の下崗）され再就職した者609万9233人のうち，国有企業に再就職した者は166万3197人にとどまる。『中国労働統計年鑑(1999年)』（中国統計出版社，1999年）441頁参照。

個別報告

表1

年	①	②	③	④	⑤	⑥	⑦	⑧	⑨
1978	530.0		5.3%		78.3%	7,451	70.5%	17.3%	12.2%
1980	541.5		4.9%		76.2%	8,019	68.7%	18.2%	13.1%
1985	238.5		1.8%	3.3%	70.2%	8,990	62.4%	20.8%	16.8%
1990	383.2		2.5%	12.1%	62.3%	10,346	60.1%	21.4%	18.5%
1991	352.2		2.3%	13.6%	61.1%	10,664	59.7%	21.4%	18.9%
1992	363.9		2.3%	17.2%	61.0%	10,889	58.5%	21.7%	19.8%
1993	420.1		2.6%	21.0%	59.8%	10,920	56.4%	22.4%	21.2%
1994	476.4		2.8%	25.9%	60.1%	11,214	54.3%	22.7%	23.0%
1995	519.6	563.5	2.9%	40.9%	59.1%	11,261	52.2%	23.0%	24.8%
1996	552.8	814.3	3.0%	51.1%	56.4%	11,244	50.5%	23.5%	26.0%
1997	576.8	995.4	3.1%	52.6%	53.1%	11,044	49.9%	23.7%	26.4%
1998	571.0	871.2	3.1%		41.9%	9,058	49.8%	23.5%	26.7%
1999	575.0	937.2	3.1%		38.2%	8,572	50.1%	23.0%	26.9%
2000	595.0	910.9	3.1%		35.0%	8,102	50.0%	22.5%	27.5%
2001	681.0	741.7	3.6%		31.9%	7,640	50.0%	22.3%	27.7%
2002			4.0%						

①失業者数(万人) ②下崗人員数(万人) ③失業率 ④労働契約制労働者の比率
⑤都市就業者に占める国有企業従業員の割合 ⑥国有企業の従業員数(万人)
⑦就業者に占める第1次産業従事者の比率 ⑧就業者に占める第2次産業従事者の比率
⑨就業者に占める第3次産業従事者の比率
(出所)『中国統計年鑑』各年・『中国労働統計年鑑』各年(中国統計出版社)等より筆者が作成

　そして，市場経済化を鮮明に打出した1993年以降の中国経済は，安定的かつ飛躍的な成長を遂げてきた。他方で，この高度経済成長の10年間の雇用情勢は，失業率の急速な悪化と失業者数の大幅な増加という傾向を示している。また，これに加え，「下崗（xiagang，シアガン）人員」と呼ばれるポスト離脱者が，2001年末の時点で742万人ほど存在している（表1①②③）。下崗人員は，従業員としての身分を保有しているため，形式的に失業者と区別され，公式統計上は就業者とされている。しかし，その実態は，失業者と同様に，労働市場において求職活動を行う無業者であり，都市部の失業率は，実際には8%前後に達しているものとみられる。

このように，改革開放後の中国では，雇用システムの転換と産業・就業構造の大規模な変動にともない，雇用の流動化が大きく進んでいる。同時に，経済成長にともない失業問題が深刻化するという，一見，矛盾するような現象が，現在の中国では観察されるのである。本稿では，かかる雇用の流動化や労働市場・就業構造の変動という観点から，中国における雇用調整のメカニズムを解明し，その特長とそれが示唆するものについて検討する[2]。

II 中国の労働市場

1 中国労働市場の所与条件

雇用の流動化を論じる上で，中国の労働市場の特殊性を2点だけ指摘しておきたい。

第1に，戸籍管理による労働市場の分断である。中国では，従前より厳格な戸籍管理が実施され，農村部から都市部への労働力の移動が厳しく制限されてきたため，戸籍管理によって分断された都市と農村という異なる労働市場が存在していた[3]。そして，失業者数や失業率は都市部に限定された統計であり，農村部の余剰労働力の問題は都市部よりも深刻である。近年，戸籍管理の緩和により，労働者の地域間移動が可能となったが，地方政府によっては外地（省外・市外）からの流入労働者の就労を，建築業や清掃業といったいわゆる3K職種に限定したり，地域内の企業に対して外地労働力の採用を抑制するよう指導したりしているといわれる。そのため，都市労働者と農村労働者の労働力市場は，職種ないし地域的に依然として分断されたままとなっている。そして，外地労働者については，社会保障をはじめとした法的保護の適用が制限され，雇用や生活の保障の程度は都市戸籍の労働者に比べ低い[4]。

---

2) 本稿は既に公表されている研究（山下昇『中国労働契約法の形成』信山社，2003年）のエッセンスを，中国における雇用の流動化や労働市場の変動という観点から要約・再構成し，近年の中国労働法の動向を，より鮮明に描き出すことを目的としている。
3) 都市部人口の全人口に占める比率は，1978年で17.9％，1990年で26.4％，2001年で37.7％である。『中国統計摘要（2002年）』（中国統計出版社，2002年）35頁参照。
4) 中国の社会保障制度は，もっぱら都市戸籍者を対象として地方ごとに整備されており，外地労働者には適用されない。張紀潯『現代中国社会保障論』（創成社，2001年）参照。

個別報告

　第2の特徴として，普通教育の水準の低さがあげられる。全人口に占める大卒・専門学校卒および高卒以上の教育を受けた者の割合がかなり低く[5]，若年における未就学者の割合が高いために，若年の労働力率が高い。そして，十分な教育を受けないまま，多くの若年労働者が労働市場に参入することになる。その結果，求職者が増加し失業率が高まる一方で，高度な技能を有する労働者の争奪が熾烈なものとなっている。

2　労働市場の三重構造

　以上のような状況を受けて，現在の中国の都市部では，労働市場が三重構造を呈していることが指摘されている[6]。

　つまり，大学や専門学校等で高等教育を受けた技術者・管理者については，概して労働市場は開放的である。このような高度な技能を有する一部の労働者は，全国的に見ても人材が乏しく，戸籍や地域による規制が比較的緩やかなために，労働者の移動が盛んである。

　次に，第2階層として，都市戸籍を有する中卒・高卒の一般労働者が多い職種については，外地労働力の流入が厳しく制限され，地域的に閉鎖した労働市場を形成している。なぜなら，この階層の雇用は，従来の国有セクターの企業・事業において，固定工の一般的な職種を中心としていた。そのため，国有企業の改革や雇用システムの転換を受けて，失業者や下崗人員が多く，雇用情勢が非常に深刻になっているからである。

　そして，第3階層とは，先ほど述べた3K職種に就く外地労働力であり，非国有セクターでの臨時的な雇用など，身分保障が薄い形態の就労を中心としている。都市戸籍の下崗人員や失業者は，こうした職種への就労を敬遠する傾向にあり，職種の限定はあるものの，戸籍による地域的制約は緩和されている。そのため，雇用や現金収入を求めて，多くの出稼ぎ労働者が農村から都市に押

---

5)　2001年における全人口に占める各学歴の割合は，大学・専門学校以上4.1％，高校程度11.5％，中卒程度34.4％，小学程度33.8％，非識字9.0％，不明7.2％である。前掲注3)『中国統計摘要（2002年）』34頁参照。
6)　丸山知雄『労働市場の地殻変動』（名古屋大学出版会，2002年）122頁参照。ただし，労働市場は地域によって多様化しており，二重構造の場合やそれ以上の場合もある。

し寄せている。また，経済特区などの発展の著しい地域では，外地労働力に対する規制を大幅に緩和し，一般労働力市場（第2階層）と縁辺労働力市場（第3階層）の垣根が取り払われている。そして，社会保障の適用が制限されている外地労働者を雇うことにより，社会保障費用の負担を大きく削減することができるため，そうした地域の非国有セクターでは，低コストの外地労働者を基幹労働力として積極的に活用している。

　以上のように，中国の労働市場は，大卒労働力市場，一般労働力市場，縁辺労働力市場の三重構造を形成し，それぞれ異なる態様で雇用の流動化が進んでいる。そして，前述の固定工制度から労働契約制度へという雇用システムの転換は，一般労働力市場の雇用に大きな衝撃を与えているのである。もちろん，劣悪な労働条件や不十分な社会保障など，第3階層の労働者をめぐる問題も深刻ではあるが，現下，中国労働法の焦眉の課題は，一般労働市場の労働者に対する雇用および社会保障をめぐる問題にあるといえる。そこで，本稿では，国有企業の従業員を中心とした一般労働力市場の労働者の問題に焦点を絞って考察するものとする。

Ⅲ　市場経済化と雇用政策の展開

1　労働契約制度の拡大と下崗

　雇用システムの転換は1980年代から進められたが，労働契約制度が普及・定着したのは1990年後半であった。1995年1月から施行された「中華人民共和国労働法」（以下，「中国労働法」という）は，労働契約制度の適用のある労働者を前提としていたが，1994年末時点で，労働契約制労働者の割合はわずか25.9%という状況であり（**表1④**），労働契約制度の一般化が急務であった。

　そして，1993年以降，国有企業改革に本腰を入れた政府は，それまで「3人の仕事を5人でやる」と揶揄されていた人員配置の適正化を目的とした，労働組織の最適化政策（「優化労働組合」）を展開した。これは，固定工について，ポストの清算（「清崗」），ポストの再評価（「評崗」）と企業側の選考を経た配置（「上崗」）による労働力の適正配置を行うものであり（「崗」とは「崗位」のことで，

職務上のポストをいう），同時に，「上崗」する際に，職務内容やノルマなどについて労働契約を締結することとされた。これにより，人員配置の適正化と労働契約制度の普及という2つの政策課題が同時に進められていった。

他方で，その結果として，一部の労働者はポストに就く（「上崗」）ことができずに，企業内の余剰労働者になることを余儀なくされた。そして，こうしたポスト離脱者を下崗人員と呼ぶ。つまり，下崗とは，労働組織の最適化と労働契約制度の導入にともない生じた企業内失業という現象を指すものであった。下崗人員は企業内余剰労働力であるものの，本来は固定工であるため，制度上，企業は，定年まで雇用し続けることとされていた。当初，下崗人員に対する処遇や取扱いは各企業でまちまちであったが，労働組織の最適化政策の拡大にともない，多くの下崗人員が発生することになり，下崗人員の生活保障と再就職支援が政府にとって重要な課題となった。

そこで，行政の主導的な関与の下に，下崗人員の再就職や生活保障に対して，「再就業工程」と呼ばれる様々な措置が，雇用調整と再就職促進を連動した制度として徐々に形成されていった。ただし，それらの措置は，あくまでも雇用システム転換期の過渡的な制度として位置付けられ，立法上明文化されることはなかった。

2 下崗の意義

下崗とは，次のようにモデル化することができる。つまり，経営上発生した余剰人員に対して，通常3年間離職させ，賃金支払を停止する。ただし，従業員として企業内福利は保障されるほか，一定の生活手当が支給され，当該期間中に企業の業績が向上すれば職場に復帰し，そうならず期間が満了した場合には，企業を辞めさせる制度である。下崗人員は，企業内余剰人員であるが，別途設置された再就職サービスセンター（「再就業服務中心」，以下，再就職センターという）に組織され，職業訓練や企業外での求職活動を行う。

下崗に関する企業内の手続は次のとおりである。①企業が下崗に関する案を作成し，15日前までに，労働組合ないし従業員代表大会から意見を聴取する。②正式に計画を策定し，人数，実施手順，再就職センターの設置と再就職促進

に関する措置について決定する。③下崗される労働者と「下崗待業協議書」を締結し，下崗期間中の処遇その他について取り決める。④同時に，下崗を計画する企業は，再就職センター（またはそれに代替する機関ないし部局）を設置しなければならない。[7]

　そして，再就職センターについては，大企業であれば，単独で設置することになるが，現実には，当該地域の労働局管轄の労働服務公司と呼ばれる行政機関が設置したり，産業別の労働組合が設置する場合もある。このように，再就職センターは，下崗人員の生活の保障や再就職の促進を目的とした組織として，下崗の実施の際に設置される。そして，企業には，再就職センターを通じた具体的な再就職支援措置の実施が義務付けられている。

　また，再就職センターの運営経費は，当該企業の直接支出と政府からの補助金，失業保険基金からの助成金を中心とした社会的負担によって賄われる。2000年における再就職センターの運営費用の負担割合をみると，政府の財政負担が55.3％で，失業保険からの支出が18.0％を占める。他方で，企業の直接負担は23.8％となっており，かなり軽減されている（1999年では，企業負担割合が28.6％）。ただし，住居などの企業内福利に関しては，従前どおりとされているので，企業は，再就職センターの運営経費以外にも，下崗人員に対する費用をさらに負担することになる。そして，支出についてみると，2000年の再就職センターの支出総額は，同年の失業保険の支出と比べ，およそ2倍となっており，失業対策において再就職センターがいかに大きな役割を果たしているかがうかがえる。[8]

　このように，下崗は，余剰人員に対して，直ちに労働関係を解消せずに，医療や住宅をはじめとした福利や生活手当を保障しつつ，徐々に離職を促進するのである。こうした取扱いを通じて安定的に改革を進めることに，下崗の大きな意義があるといえよう。

---

7) 1998年6月9日中発［1998］10号「中共中央，国務院関於切実做好国有企業下崗職工基本生活保障和再就業工作的通知」参照。
8) 『中国労働統計年鑑（2001年）』（中国統計出版社，2001年）427, 428, 449頁参照。

3 下崗の問題点

　歴史的背景や経済情勢，雇用情勢などを含めた中国の現状を考慮すれば，下崗という雇用調整措置は，労働市場の未形成や社会保障制度の未整備を補完する制度として，ある程度機能している。しかし他方で，いくつかの問題点も看過することはできない。

　第一に，下崗の過渡的制度のとしての性質から，立法上何ら規定されておらず，明文の法規定に基づくことなく，雇用調整という労働者に不利益な措置が広く実施されていることである。そのため，制度の安定性に大きな問題があるだけでなく，地方や企業ごとの格差が大きいという問題がある。これに関連して，第二に，下崗に際して，労働組合や従業員代表大会の意見を聴取するとはいえ，人選や処遇については明確な基準がないことである。個々の事案ごとに人選が行われ，その処遇が決められるが，実際の下崗人員の属性を見てみると，女性や中高年の割合が高い等の問題もある。第三に，生活手当の水準が低く，ほとんどの場合，定額制で，従前の収入よりも大幅に減少することになる。そして，その水準は，失業保険の基本的手当である失業救済金に準じて決定されていることが多く，失業救済金の水準そのものの低さに起因している。[9]

Ⅳ　下崗と雇用の流動化

1　国有セクターの雇用の流動化

　余剰人員問題は1980年代から顕在化していたにもかかわらず，国有企業の従業員数は増加し続けた。そして，これが減じるのは1995年以降であり，都市部就業者に占める国有企業従業員の割合は急速に低下した。他方で，下崗人員の再就職の受け皿として，非国有セクターが大きく成長し，雇用の中心は非国有セクターに移りつつある（表1①③⑤⑥）。しかし，こうした雇用の流動化の結果，雇用や生活は以前より不安定なものとなり，失業者数も大幅に増加した。

　そして，1990年代半ば以降，労働契約制労働者への転換が急速に進められたが，固定工の抵抗を和らげるために，実質的には，固定工としての取扱いを大

---

9) 中国の失業保険制度については，山下・前掲注2) 書273頁参照。

きく変えることなく，形式的に労働契約制労働者に転換したというのが，その実態であった。その結果，雇用調整を比較的容易に実現することを本来の目的とした労働契約制度であったが，その性質を変容させることとなり，実際の運用において，労働契約制労働者にも固定工的な取扱いがなされることとなった。そのため，余剰となった労働契約制労働者であっても，労働契約や法律に基づいて，直ちに解雇することが事実上困難となり，労働契約制労働者に対しても，下崗による緩やかな雇用調整が適用されることとなったのである。

実際に，1997年から1999年の失業者の失業原因をみると，1997年では，①下崗が最も多く（40.9％），次いで②学校を卒業後就職できない者（32.9％），そして，③企業の破産により失業した者（6.8％），さらに，④その他の理由による解雇および辞職・雇止め（5.7％）となっている。1998年では，①が43.8％，②が30.8％，③が6.5％，④が6.3％であり，1999年では，①が43.0％，②が31.6％，③が5.6％，④が6.9％となっている。[10] つまり，1997年以降においては，「中国労働法」により解雇法制が整備され，労働契約制労働者の割合が半数を超えていた。ところが，現実の雇用調整では，「中国労働法」に基づく解雇や雇止めではなく，下崗という非合法な制度が中心的な機能を果たしてきたのである。

要するに，雇用の流動化が進むのは，まさに1995年の「中国労働法」施行後ということになるが，これは，同法施行による解雇法制の整備が契機となったというよりも，国有企業の経営の限界や企業改革の本格化によるものであった。したがって，「中国労働法」制定と時期は重なるものの，雇用の流動化の要因は，労働契約制労働者の解雇や雇止めではなく，下崗による固定工の排出であった。そして，その流動化モデルは，国有企業の固定工が非国有セクターの労働契約制労働者として再就職するというものであった。

2 下崗による雇用の流動化の現実

1990年代末に多数の下崗人員が再就職センターに組織されたが，現実には，

---

10) 『中国労働統計年鑑（1998年）』72頁，『中国労働統計年鑑（1999年）』60頁，『中国労働統計年鑑（2000年）』63頁（中国統計出版社）参照。

期間が満了しても再就職を果たせない者も多い。近年，下崗期間の満了にともなって，下崗人員の失業者化が進んだため，失業率の急速な悪化がみられることも事実である。そして，期間満了後は，労働関係は解消されることとなるが，さらに2年間にわたって失業保険から失業救済金の給付を受けることができ，実質的に，5年間の所得が保障されている。

他方で，実際には，下崗期間を延長する協議を行い，再就職センターに留まっている者も多い（これを「協議保留」という）。つまり，現在の雇用情勢を考えれば，再就職は容易ではないし，もとの所属企業での住宅や医療をはじめとした福利厚生に対する期待も大きい。

また，国有企業に所属し下崗人員のまま，サイドビジネスで十分な収入を得ている者の存在も指摘されている。下崗人員として国有企業の従業員の身分を保有する間は，他の企業での正規従業員にならず，生活手当や福利厚生を享受しつつ，臨時的な就労（例えば，露天商や飲食業などの個人経営の商売）に従事する下崗人員も多い。また，私営企業などでは，そうした下崗人員を臨時的に雇用することにより，福利費用などを負担することなく，低コストの労働力を確保することができる。[11]

このように，住宅や医療・年金制度等の社会保障制度の不備が，再就職や国有企業からの離脱の阻害要因として，労働制度改革の足枷となっているのである。他方で，下崗人員との労働関係を解消するために，企業は，勤続年数に応じた補償金（退職にともなう手当）の支払いや社会保険料等の清算をしなければならないとされている。しかし，経営不振の企業の多くはこうした費用の負担能力がないのが現状である。そこで，企業にも，協議を通じた労働関係の保留に対する動機が生じることになる。ただし，これは問題の先送りに過ぎない。

要するに，下崗が実施された背景には，大量の失業者を社会に排出することを抑制するという目的もあるが，他方で，年金や医療，住宅など，従前は企業

---

[11] こうしたインフォーマルセクターでの就労を「隠性就業」という。海外労働事情286号9頁（1999年），小林謙一編著『中国沿海部の産業発展と雇用問題』（第三文明社，2002年）129頁（井上信宏執筆）参照。また，下崗人員によるベンチャーを「非正規就業労働組織」と呼び，税金を免除するなどの優遇制度を採用する地域がある。下崗人員の就労をめぐる問題および「協議保留」については，山下・前掲注2）書110, 113, 119頁参照。

が丸抱えで保障してきた社会保障に当たるサービスが，現段階で十分には社会化されていないことが原因としてあげられる。つまり，医療・年金・住宅などに対する労働者の不安を軽減するために，企業との関係を直ちに断絶することなく，それらについても一定程度保障しつつ，再就職の支援を図る措置が実施されているのである。

V 結　語

　中国では，長期雇用慣行を中心とした雇用システムから流動性の高い雇用システムへと転換するに当たって，深刻な雇用情勢の中においても大きな混乱をともなうことなく，現在に至っている。また，近年の急速な失業率の高まりからみても，雇用における混乱は最小限に止まっているといえる。その要因の1つは，雇用調整が下崗という柔軟なシステムによって実施されていることにあると考えられる。

　他方で，下崗を通じて労働契約制度が一般的に定着しつつあり，2001年末には，労働契約締結率は95％を超えたといわれている[12]。そして，下崗という雇用調整システムは過渡期の制度として，近い将来その歴史的使命を終えることとされており，今後は，「中国労働法」所定の手続により，雇用調整が行われることとなる。「中国労働法」には，解雇に関する規定が置かれ，一見すると明確なルールを定めているようにみえる[13]。しかし，雇用調整において，現行の解雇法制が必ずしも有効に機能していないことは前述（Ⅳ1）のとおりであり，その結果，解雇法理も十分には形成されていないし，解釈や運用実態も不明な部分が多い。

　そして，Ⅲ3で指摘した下崗の問題点は，そのまま現行の解雇法制や雇用保障制度にも当てはまる。例えば，「中国労働法」27条所定の経済的解雇の必要性に関する「生産経営上重大な困難」の基準は，各地方政府が独自に定めるこ

---

[12] 「国別労働基礎情報・中国」海外労働時報臨時増刊336号20頁（2003年）参照。
[13] 現行解雇法制の内容については，既に日本労働法学会において報告し，公表しているので，ここでは割愛する。山下昇「中国における雇用調整と雇用保障制度」学会誌労働96号47頁（2000年）参照。

ととされ，統一的ではなく，実際には定められていないといわれる。また，下崗と同様に，人選基準等の明確なルールがなく，運用面で公正性を欠くおそれがあるなどの問題点も指摘しうる。

これらを踏まえ，下崗を含めた中国労働法の近年の展開が示唆すると考えられるものについて，若干の点を指摘して，本稿の結語とする。

まず，雇用調整計画の作成に当たって，労働組合や従業員代表大会の意見聴取および行政機関への意見聴取と報告が義務付けられており，手続的規制を通じて，人員削減に対して一定の公正性や正当性を担保するための制度が整えられている。これにより，個々の事案に即した柔軟な雇用調整が実施されうるし，行政による事前的な監督も期待できる。他方で，人選基準や処遇等の規制に対して法律上の定めがないために，解雇対象者に何の制約もなく，特定の者（例えば，女性や中高年）が不当な取扱いを受けるおそれがある。人選基準には明確な規制を設け，その処遇にも一定の最低基準を定めることも必要であろう。

そして，雇用調整に際して，再就職促進措置を連動的に機能させることも重要である。つまり，雇用調整を行う企業に対して，単に雇用調整計画の策定だけでなく，余剰労働者のために，再就職センターを通じた具体的な再就職措置の実施を義務付けている。企業および雇用調整の実施機関の責任を明確にし，具体的に再就職促進措置を実施させる必要がある。さらに，その費用は企業・政府・社会（失業保険）の三者の負担とされ，多くの費用は政府の財政的援助や失業保険の助成金により賄われる。経営が悪化した企業では，生活保障や再就職のための費用を十分に確保できないため，費用の面でも，企業の負担を軽減している。

また，再就職に向けての生活保障期間が，下崗期間と失業保険受給期間を合わせて，実質的に5年間と比較的長期に設定されている。再就職が困難な現状では，長期にわたって一定の生活を保障することが重要であると考えられる。

(やました　のぼる)

ベトナムの市場経済化と労働組合のドイモイ

斉 藤 善 久
(日本学術振興会特別研究員)

I 序　章

　ベトナムにおけるドイモイ（刷新）政策[1]は，本来，政治や文化を含む全面的な改革であるところ，現在は特に経済面におけるそれが優先され，市場経済の導入が奏効して経済成長の著しいことは周知のとおりである。
　この市場経済は，ベトナムにおける社会主義達成への一里塚と位置づけられ[2]かつ方向付けられたやや特殊な「社会主義指向の市場経済[3]」であるとはいえ，その導入はやはり，労働者層と使用者層の再分離や搾取構造の再容認を一定ともなわざるを得ない。

---

1) 社会主義同胞諸国における激動を目の当たりにし，右事態の主因を一党支配体制の崩壊と分析したベトナム共産党は，上からの民主化・自由化によって経済を発展させ，人民の不満を解消することでさらに一党支配体制を強化するような改革が必要との結論に至った。ドイモイ政策は，これを受けて，1986年の第6回党大会でその方向性が示唆され，1991年の第7回党大会で具体化されたものである。白石昌也『東アジアの国家と社会5　ベトナム　革命と建設のはざま』（東京大学出版会，1993年1月）207～208頁参照。
2) 第7回党大会が採択した綱領は，現状を「社会主義への過渡期における最初の段階」と特徴づけた。北原俊文「[ベトナム］ドイモイ推進の意思しめした国会選挙　社会主義めざす多セクター市場経済の進展と多様化する社会」『前衛』2002年8月号88頁。
3) その内容につき，北原上掲注2）論文89頁。
4) ストライキはホー・チ・ミン市など南部の大都市に多く，外資系，特に韓国および台湾資本の事業体に集中している。業種別では製靴，縫製，輸出食品加工など軽工業部門での発生率が高い。ストライキの原因としては，労働契約（書面化拒否，契約期間の限定など），賃金・賞与の不払いや遅払い，過度の労働強化，社会保険料の滞納，侮辱的取扱いや使用者の暴力，労働組合の結成拒否などに関するものが多い。BAN PHAP LUAT-TONG LIEN DOAN LAO DONG VIET NAM, So49/BC-PL, 16.10.2000, Ha Noi

個別報告

　結果，ベトナム国内において労使紛争は増加の一途を辿っており，特に外資系セクター，国営外セクターを中心としてストライキも多発している。[4]

　ところが，ドイモイ以前の社会主義的労働関係を前提とするベトナム労働組合は，上記のような労働関係の変容やそれにともなう労使紛争の発生という事態に殆ど対処できていないのが実情である。

　そこで，ベトナムにおける労働組合の位置づけと役割を，現実の労使関係に対応していかにドイモイするか，が問題となるが，この労働組合に関するドイモイについては，その方向性と射程について，あらかじめ一定の限定と限界が内在している。そして，この制約は，先述したベトナムにおける市場経済の特殊性に由来するものに他ならない。

　本稿は，以上のような問題認識に立ち，ベトナムにおける労働組合法制の現状を分析するとともに，経済面のドイモイにあわせて労働組合法制をもドイモイすることの必要性，およびその展望と課題を検討するものである。

II　労働関係法制の概況

　ドイモイ下のベトナムにおいては法治国家の建設が急がれており，なかでも労働分野については，外資を呼び込むというドイモイ特有の方針との関係もあって，特に早い段階から法整備が進められてきた。

　たとえば，ドイモイ路線採択の翌年（1987年）にはベトナムへの外国投資法が公布され，市場経済が本格化した1990年ころ以降，主なものだけでも，外資系企業の労働規制，労働契約法令，私営事業体法，会社法，1994年6月の労働法典，1996年4月の各労働紛争解決手続法令と，矢継ぎ早の立法が行われた。一般契約法を定める民法典の公布が1995年10月末であることと比べても，ベトナムが労働関係法制を重視していることが窺えよう。また，関係諸機関による施行細則の公布や，上記諸法規の改正作業も平行して進められている。[5]

5）　1945年以降の労働法制，特に労働法典制定の経緯と概要につき，拙稿（押見姓で登載）「ベトナムの労働関係法制」『北大法学研究科ジュニア・リサーチ・ジャーナル』第6号155頁以下参照。

本稿では紙幅の関係上これら法制の中身について詳しく紹介することはできないが，たとえば40時間労働制[6]や，長期使用を前提とする短期契約の禁止，営業譲渡に際しての雇用契約の承継（新たな合意の成立まで）など，その基準法的部分については，資本主義先進諸国における労働法制，労働法学ないし実務の蓄積を多分に（現時点で適用することの妥当性や内部的整合性の問題は有れ）摂取したことがうかがえるものとなっている。

　他方，労働組合の位置づけや役割に関する諸規定は，依然として社会主義的色彩の濃いものである。

　現在，労働組合の位置づけを規定する法規範文書としては，上位規範から順に1992年憲法，1990年労働組合法，1998年労働組合条例などがある。これら各法規のもとで，ベトナム労働組合は，労使間の経済的・社会的不公平や，労働者の団結に基づく交渉ないし闘争を前提とする圧力団体としてではなく，党と国家の労働に関する政策決定や立法に関与するとともに，これを労働および労働者の生活の現場において周知し，実現させ，またその適用を監視する，準国家機関的な政治—社会組織として位置づけられている[7]。また，ベトナム労働組合には，労働者の権利と利益の唯一かつ一般的代表者たる地位が定められている[8]。

　以上のようなベトナム労働組合の性質は，たとえば労使紛争解決手続法制において次のような問題を生ぜしめている。

　ベトナム労働法典，各労働紛争解決手続法令などの関係諸法規は，労使紛争

---

6) 188/1999/QD-TTg
7) このような機能を組織面において担保するために，ベトナム労働組合は，共産党や，共産党に領導される全ての国家機関・組織と同様の，民主集中・思想統一原則を体現する一元的組織構造をとっている。なお，政治—社会組織について，白石昌也編著『ベトナムの国家機構』明石書店2000年5月59頁（渡辺英緒執筆分）参照。
8) ベトナム労働組合にこのような地位を付与することの正当性ないし合理性は，国内においては一般に革命的適法性・歴史的正統性の見地から説明されている。ただし，労働者の加入意思ないし支持の観点からこれを再検討（再確認）する論文もある（Dau Quy Ha, Quyen va to chuc dai dien cua nguoi lao dong, Lao dong VA XA HOI, 5-1994, p 7)。なお，歴史的正統性の主張が立脚するベトナム労働組合の出自と革命への功績については，藤原未来子「現代ベトナムの労働者に対する労働組合の役割—北部国営セクターにおける労働組合活動の内容の変化を中心に—」東京外国語大学1998年3月提出修士論文（未公刊）に詳しい。

を個別的紛争と集団的紛争に分類し，それぞれにつき解決手続を規定している[9]。ただし，後に見るように，ここでいう集団的紛争の労働側当事者は労働者集団（一事業体ないし単位の労働者の部分ないし全集合）であって，必ずしも組合員であることを要しない。当該職場の基礎労働組合（ベトナム労働組合の末端組織）は，闘争主体としてではなく，当該労働者集団の法定代表者として紛争の解決（収拾）手続に参加するにすぎない。

そこで，集団的紛争の定義，すなわち，個別的紛争との区分が問題となるのであり，2002年4月に行われた労働法典の一部改正[10]に際しても，この点につき様々な改正案が議論された。たとえば，労働使用単位の過半数労働者による紛争とする案（ハノイ法科大学の作成にかかる2001年3月9日付意見書）や，同一事項に関する5名以上の紛争とする案，あるいは，これに基礎労働組合によって代表されることを要件として加える案（いずれも2001年3月時点での法案）などである。

しかし，結局この部分に関する改正は行われず，明確な定義が存しない状態が現在まで続いており，集団的労使紛争解決システムが殆ど利用されていない原因のひとつとなっている。

III　ベトナム労働組合の独立性

本章では，ベトナム労働法制における労働組合の，党および国家との関係，また使用者との関係について，特に労働組合の独立性を中心に検討する。利害関係が多様化する市場経済の条件下で労働者の権利と利益を公正に代表し効果的に防衛するためには，ベトナムにおける市場経済の特殊性を勘案してもなお，これら各主体からの一定以上の独立性確保が不可欠と考えられるからである。

---

9) この労使紛争解決システムには，中国のそれとの共通点が多い。中国の労使紛争解決システムについては，楊坤「中国における労使紛争処理システムと労働組合の役割」『労働法律旬報』1491，1493，1497，1507，1508各号所収が詳しい。
10) 2002年4月2日可決，2003年1月1日施行。Luat so 35/2002/QH10

1　党および国家との関係

　党および国家とベトナム労働組合の関係について検討すると，まず組織面に関しては，少なくとも建前上はその独立性が確保されているということができる。祖国戦線内部において，共産党は労働組合組織と同列の一構成員に過ぎないし，国家との関係についても，関係法システムの構築やその運用において一定の関与権限が法定されているとはいえ，労働組合はあくまで国家機関の体系とは別の枠組みに属する大衆団体であって，国家権力の行使主体となることもないし，下級機関としてその命令に服する関係にもない。

　他方，ベトナム労働組合は，政治面においては共産党に領導され，経済面においては国家予算からの援助を受ける組織であることが法定されている。

　まず，労働組合が共産党の領導に服するべきことを定める具体的な規定としては1990年労働組合法第1条1項などがある。そして，そのような関係を実現するために，実際，歴代のベトナム労働組合主席は党の中央委員を兼任しているし，各レベル労働組合の役員ポストもその大半が共産党員によって占められている。[11]

　また，国家による経済的援助は，国家予算法に基づく措置である。ベトナム労働総同盟に対する2000年度の支出総額は542億ドン（約4億円），2002年度の予算額は789億1100万ドン（約6億円）であった。[12]

2　使用者との関係

　使用者と基礎労働組合の関係に関する規定は，大きくふたつに分類できる。ひとつは，基礎労働組合に対し，それぞれの職場における労働関係法規の実

---

[11]　ベトナム労働総同盟の作成にかかる教科書は，この点につき，「党は，労働組合の工作をさせるために自らの幹部を組合に押しつけるのではなく，大衆が労働組合の指導的要職に自ら選出するために良い党員を紹介するに過ぎない」としている。TONG LIEN DOAN LAO DONG VIET NAM, TRUONG DAI HOC CONG DOAN, NHUNG VAN DE CO BAN VE CONG DOAN VIET NAM, NHA XUAT BAN LAO DONG, 1996, p 41〜42

[12]　国家予算の約0.06〜0.07％に相当。NUOC CONG HOA XA HOI CHU NGHIA VIET NAM BO TAI CHINH, NGAN SACH NHA NUOC Quyet toan nam 2000 & du toan nam 2002, NHA XUAT BAN TAI CHINH HA NOI, 3.2002

現チェック機関としての役割を付与する規定である。使用者は，労働者の権利と利益に直接関係する事項について，基礎労働組合と協議ないし合意すべきことが定められている。このような場を通じて，労働組合は，例えば労働時間や安全衛生基準の遵守状況などを監視し，必要に応じて所轄機関による調査等に協力する。

　もうひとつは，労働組合の活動の保障に関する規定である。労働法典は，使用者に対し，組合の活動に協力し，条件を整える義務，不利益取り扱いや支配介入の禁止，労働時間中の組合活動に対する賃金の支払いや役員に対する解雇制限を規定して，労働組合を手厚く保護している。

　さらに，経済的独立性に直接関係する事項として，使用者の組合費負担義務がある。すなわち，外資系企業を除くすべての労働使用単位であって基礎労働組合を有するものは，その使用する労働者に対する賃金総額の２％に相当する金額を当該基礎労働組合に納めなければならない[13]。なお，外資系企業がこの義務を免除されているのは，外国からの直接投資を奨励する政府首相の決定に基づく措置であるが，ベトナム労働組合は，2003年3月，政府に対し，外資系企業に対するこの免除措置の廃止を提議している。また，組合専従者の賃金を事業体が負担すべきとする主張がホー・チ・ミン市労働同盟の機関紙に掲載されるなど[14]，一般に，ベトナム労働組合において，使用者からの経済的独立の必要性に関する認識はきわめて甘いということができる。

　なお，新設の事業体には当然基礎労働組合が存在せず，そのような事業体に対しては省レベル労働同盟が基礎労働組合の結成を働きかけるべきことが労働法典において定められているところ，現地でのヒアリングによれば，ここでまずオルグの対象となるのは，当該事業体の労働者ではなく，社長である。

　すなわち，社長による組合結成の申請を受けて，社長の決定に基づく組合員資格の範囲において労働組合を結成するという取り扱いがなされている[15]。そのため，労働者集団の権利行使を抑制するために使用者が自ら基礎労働組合の指

---

13) THONG TU LIEN TICH 76/1999/TTLT-BTC-TLD, 16.6.1999
14) Nguoi lao dong, 2.8.2000, 3
15) 2003年2月に行った，ハノイ市内の日系スーパー・マーケット支店長に対するヒアリング。

導的地位に就くケースのあることが指摘されており,やや古いが1997年に筆者が行った調査では,唯一の組合員が社長というケースも確認された[16]。

Ⅳ　ベトナム労働組合の唯一・一般的代表性

このベトナム労働組合は,具体的には以下のような規定を根拠として,先に触れた,労働者の権利と利益に関する唯一かつ一般的代表者たる地位を付与されている。

まず,労働組合法第1条2項は,ベトナム国内のベトナム人労働者について広範な組合員資格を規定するとともに,その組合設立・加入権は労働総同盟の定めるベトナム労働組合条例の枠内においてのみ実現しうる旨規定している。すなわち,労働者は,ベトナム労働組合の末端組織である基礎労働組合としてしか,合法的に労働組合を設立することができない(唯一代表性)。

また,同法第2条1項は,ベトナム労働組合を「労働者の権利と利益を代表」する組織(傍点筆者)と位置づけているが,これは,その組合員であると否とを問わず,国内の全労働者の権利と利益を代表することを意味している(一般的代表性)。

以上のようなベトナム労働組合の唯一・一般的代表性により,基礎労働組合は,当該職場の組織率にかかわりなく,その全労働者の権利と利益を代表する。

1　労働条件決定システムにおける組合の役割

このことは,事業体内部の労働条件決定システムにおいて次のように具現化されている。まず,就業規則の作成に際して,使用者は,常に基礎労働組合執行委員会の意見を参考にしなければならない。

また,労働協約は,当該事業体の組織率にかかわりなく,その全労働者に適用される。労働協約のこのような効力は,ベトナム労働法において,労働協約

---

[16] ハノイ市内の私営企業(バス修理工場)の例。ただし,ベトナム労働組合条例の施行を指導するベトナム労働総同盟の1999年5月27日付通知(THONG TRI)68/TTr-TLD 第1条は,事業主の組合員資格を否定している。

個別報告

がそもそも当該事業体の労働者集団（ここでは全労働者の意）と使用者の間の協定であり，基礎労働組合は労働者集団の法定代表者として交渉に臨むに過ぎないことに由来する（労働法典第45条1項a）。そこで，その交渉の過程は全労働者に対して公開され，しかも，協約の締結に際しては労働者集団の過半数の同意を得るべきこととされている。

なお，2000年3月のある調査結果によると，51.25％の事業体において，基礎労働組合が未設立であるために協約が締結されておらず，このような状況を踏まえて，基礎労働組合による協約締結権の独占につき，その妥当性を再検討する論文も発表されている[17]。

2 労使紛争解決システムにおける組合の役割

労働法典および労組法は労使紛争解決システムへの組合参加の原則を定めている。この原則のもとで，具体的な紛争解決システムにおけるベトナム労働組合組織の役割が様々なレベルの関係諸規定により定められているが，その役割には二面性がある。

第1は，労働側当事者を代表する機能である。たとえば基礎労働組合は，集団的労使紛争解決手続においては必ず当事者たる労働者集団を代表し，個別的紛争については当事者たる労働者が希望する場合にその代表者となる。いずれの場合も，当該労働者（ら）の組合加入の有無は問われない。

第2は，紛争解決システムを構成し，またはこれに参与する機能である。たとえば，基礎労働組合を有する事業体において第1段階の労使紛争解決機関となる基礎労働和解協議会（個別的紛争・集団的紛争共通[18]）については，基礎労働組合が使用者側と同人数の労働側構成員を出す。また，集団的紛争について2段階目の解決機関となる省レベル労働仲裁協議会については，省レベル労働同盟が，その構成員のうち1名を出す。

なお，1994年労働法典は実質的に初めてスト権を規定し，集団的労使紛争解

---

17) TRAN THUY LAM, MOT SO VAN DE VE THOA UOC LAO DONG TAP THE, tap chi Luat Hoc, so2, 2002, p 22
18) 基礎労働和解協議会の設立基準は「10名以上の労働者を常用する事業体」であったが，昨年の労働法典一部改正（上掲注10））により，「労働組合を有する事業体」に改正された。

決手続の一部としてその解決手続を定めた。このスト権は、集団的紛争が上記の省レベル労働仲裁協議会においても解決を見なかった場合に初めて、労働者集団の過半数の賛成と基礎労働組合の決定により、基礎労働組合の指導の下でのみ行使することができる。

ただし、現実には1995年1月1日の労働法典施行後2003年3月までに発生した560件[20]以上に上るストライキのうち、上記の要件を満たして行われたものは皆無であるところ、法定の解決手続はそのような違法ストライキを解決対象としていないため[21]、当該地方の労働組合同盟や労働機関、人民委員会などの介入により収拾されているのが実情である[22]。

V 終章——労働組合のドイモイ

1 変革を迫られる労働組合

このような労働組合法制の下で、市場経済の発展は今後ベトナムにどのような状況をもたらすだろうか。

ここに、国民生活の安定に伴う価値観や欲求の多様化、利害関係の複雑化、外国からの情報や知識の流入を背景として、ベトナム共産党に次のような二者択一が迫られるとする分析がある。

すなわち、その第1は政治的な多元主義を認めるという方向性の選択であり、第2は、形式的には一党支配体制を継続しながら、一種の連合体のような包括

---

19) この仲裁協議会による仲裁裁定は、実質的には調停案であり、強制力がない。この問題を指摘する論文として、LUU BINH NHUONG, VE TRANH CHAP LAO DONG TAP THE VA VIEC GIAI QUYET TRANH CHAP LAO DONG TAP THE, tap chi Luat Hoc, so2, 2001, p 38
20) LAO DONG, 14.3.2003, 2
21) その原因として、基礎労働組合が未結成の事業体が多いこと、また、結成しても活動能力や労働者からの信頼度が低いことが指摘されている。BAN PHAP LUAT-TONG LIEN DOAN LAO DONG VIET NAM, TAI LIEU TAP HUAN-CONG DOAN THAM GIA GIAI QUYET TRANH CHAP LAO DONG VA DINH CONG, 10. 2000
22) ちなみに、違法ストに対する罰則はスト禁止企業における場合（ND58/CP, 31.5.1997）と首相による中止命令を無視した場合（ND38/CP, 25.6.1996）にしか存在せず、手続的違法の場合は手続を経て再行使も可能である（40/KHXX, 6.7.1996）。

個別報告

政党に脱皮するという方向性の選択である[23]。

　私見によれば，上のような分析は，概ね労働組合組織についても妥当する。すなわち，ベトナム労働組合に対しては，次の二者択一が迫られることになると思われる。第1は労働者代表主体を多元化する方向性の選択であり，第2は，唯一代表性を維持しつつ，各経済セクターの労使関係の特質に応じて組合の位置づけや役割を多様化する方向性の選択である。

　ただし，労働組合は，価値観や利害関係の多様化が進む人民の生活により直接的に関係する労働の現場をあずかる存在であることや，その威信が共産党のそれほど高いものでないことから，事態はより切迫した状況にある。

　ここで，仮に「党と労働者大衆を結ぶ紐」[24]である労働組合組織について上記第1の選択を迫られる事態が現実のものとなるなら，それは体制維持の観点から蟻の一穴となりかねない。前述のスト権を規定するに際しては労働組合の政治的圧力団体化を危惧する観点から国会で議論が集中したが[25]，他方，その過度の弱体化もまた，党としては避けねばならない。

　そこで，非国家セクターに顕著な組合結成の遅れと（約6割の事業体が未組織）[26]，それに起因する様々な関係法システムの機能不全を前にして労働組合法制のドイモイを進めるとき，このような党の思惑はベトナム労働組合組織の維持・強化インセンティブとして働くし，ベトナム労働組合も当然この方向性を主張する。

　これに対し，労働・傷病兵・社会部や一部の労働法学者らは，専ら上記機能不全への効果的対策や，法システムとしての合理性・整合性の観点から，比較的踏み込んだ改革案を提出する。そして，そのような改革案は上記第1の選択肢に親和性を有するものとなる傾向があるが，とはいえ，その改革の射程にはもちろん，ドイモイの基本的性格に由来する一定の限界が付されている。

---

23)　白石前掲注1）書209頁以下。
24)　1974年労働組合条例序文。
25)　村野勉「解説」『ベトナム社会主義共和国労働法典』日本労働研究機構1995年11月所収。なお，中国におけるスト権の取扱いにつき，常凱「中国におけるストライキ立法」『法制研究』第69巻第3号465頁。
26)　Nguoi lao dong, 20.11.2002, 3

次節では，労働組合法制のドイモイがこのような様々な立場の絡み合いの中で進んでいる様子を，若干の具体例を通して検証する。

2 労働組合法制のドイモイ

労働組合法制に関しては，非国家セクターの成長に伴う未組織事業体の増加により，当該事業体における労働者代表主体のあり方が議論されてきた。

この問題については，労働・傷病兵・社会部の組織する関係法案の起草委員会などが，労働者代表委員会の設置という形によりベトナム労働組合の一元的労働者代表体制を事業体内部に限って一部緩和する方針を打ち出し（労働者代表主体の一部多元化），ベトナム労働組合などがそのような動きに反対するという構図が繰り返されてきた。[27]

たとえば，労働法典起草委員会の1992年5月草案は，地方の労働機関が未組織事業体の労働者集団を指導して代表委員会を選出させ，右代表委員会が労働組合と同様の権利と責任を有し，保護を受けるべきこと（スト権行使も可能），また，基礎労働組合が過半数を組織できない場合については，基礎労働組合執行委員会が労働者集団（全労働者）に未組織労働者の代表者を選出させ，これと協力して労働者集団を代表すべきことを提案した。

また，同起草委員会による1994年4月の草案は，基礎労働組合が結成されたときはその組織率にかかわらず労働者集団（全労働者）を代表するとして基礎労働組合の代表性を相当強化しながらも，その組織率が過半数に満たない場合は，基礎労働組合は労働者集団の要求にもとづいて未組織労働者の代表を選出させることとした。

しかし，このような規定案は1994年5月の最終草案では姿を消し，結局，成立した労働法典第153条1項は，未組織事業体について，基礎労働組合に準ずる臨時労働組合を設立すべきことを省レベル労働同盟の義務として規定した。

ところが，この問題は，前述の労働法典の一部改正に際して再び議論されるところとなった。

たとえば，改正法起草委員会が作成した2000年12月の報告書は，上記労働法

---

27) 従業員代表制を批判する労働総同盟機関紙の記事として，LAO DONG, 24.7.2000, 2

典第153条1項について労働者代表制度の導入を視野に入れた改正作業が必要であることを示唆し，さらにハノイ法科大学による2001年3月の意見書は，同条同項につき，未組織事業体においては労働者集団がその代表を選出する権利を有する旨改正すべきであるとした。

しかし，ベトナム労働組合などの反対を受けて同年5月に作成された改正案の内容は，旧法よりもむしろベトナム労働組合による一元的労働者代表体制を強化するものとなり，これが国会に上程され，可決された。すなわち，改正労働法典第153条1項は，未組織事業体については，上部組合が臨時労働組合執行委員会を「指名」する（つまり，いわば強制設立する）こととしたのである。

なお，この間，労働・傷病兵・社会部は，いくつかの通達において労働者代表制度を部分的に実現させていた。たとえば，1995年3月の通達5号および同年4月の通達10号は，事業体に設置する昇給協議会の構成員として，および，賞与に関する規定を定める場合の意見聴取の対象として，それぞれ未組織事業体につき，労働者集団の代表にその役目を担わせることを規定している。

もっとも，労働法典が上述のように改正されたことで実際に未組織事業体の組織化が進むとすれば，これらの通達が適用される対象は無くなる可能性もある。

以上見てきたところによると，ベトナム労働組合法制のドイモイについては，ベトナム労働組合による一元的労働者代表体制をむしろ強化することをもって現況への処方とする方向性が確定されたものと思われる。

ただし，これをもってドイモイ政策全般の流れに対する反動と評価するのは早計である。ドイモイ政策とはそもそも単なる「規制緩和」路線ではないし，本稿では扱わなかったが現在進められている労働組合幹部の認識や能力のドイモイといった法制面以外のドイモイの進展次第では，上述した臨時労働組合執行委員会の「指名」は，将来における社会主義の達成と，現在における労働者の権利と利益の代表という2つの課題への，バランスのとれた解決策となる可能性も十分に認められるからである。

しかし，目下，国土の「工業化・現代化」[28]政策の下で賃金労働者が急増して

---

28) 「工業化・現代化」につき，北原前掲注2)論文91頁参照。

いる。1990年時点で約400万人であったその人口は，2000年では約900万人となり，2010年には2000万人を上回ることが見込まれている[29]。そのとき，ベトナム労働組合が，その広範な労働者層の，しかも現在よりさらに多様化した権利と利益を十分に代表できなければ，先述の二者択一はもはや回避不可能となるだろう。

　今後は，一元的労働者代表体制の組織基盤を整えたベトナム労働組合に対し，たとえば使用者からの独立性を担保するシステムの構築など，労働組合がより公正かつ積極的に労働者の権利と利益を代表し得るような方向での労働組合法制のドイモイが必要と思われる。

＊　本稿は，平成15年度文部科学省科学研究費補助金（特別研究員奨励費）による研究成果の一部である。

（さいとう　よしひさ）

[29] BO LAO DONG-THUONG BINH VA XA HOI, BAO CAO TONG KET THUC HIEN BO LUAT LAO DONG, Ha Noi, 20.4.2001

ドイツにおける被用者概念と労働契約

皆 川 宏 之
（京都大学大学院）

I　はじめに

　現在の労働法学で最も盛んに議論されるテーマに，雇用形態の多様化，非典型雇用の拡大に対する労働法の対応がある。いわゆる「契約労働」の拡大もまたその問題の1つであり，そうした就業者に対し，これまでの労働法制・理論が如何なる関係に立つべきかが問われている。そこでは，如何なる労務提供を行う者に労働法を適用すべきか，との問題が改めて問われることになる。かかる問題を考察するためには，労働法の適用を受ける労働関係の本質とは何か，との問いに立ち戻らねばならない。

　以上のような問題関心を踏まえ，本稿では，ドイツにおける被用者概念及び労働契約を巡る近時の議論について検討する。ドイツでも日本と同様，標準的労働関係にある基幹的従業員が企業組織の中で減少し，その一方で，とりわけ労働契約以外の契約形式を取る就業者が増加したことから，労働法・社会保険法の潜脱，若しくは，労働法適用のための前提条件確定の困難さが問題化し，そのために被用者概念を巡る議論が非常に活性化している。本稿の目的は，ドイツでの被用者概念論の主要な論点を，その前提となる法制，判例，社会的事情を踏まえて理解することにある。

Ⅱ　被用者概念の形成

1　人的従属性基準の確立

　ドイツでの被用者概念の形成は，歴史的には19世紀末に遡る。19世紀の段階では，営業法上の労働者や商業補助者，家事労働，農業労働を行う奉公人などの労働関係は個々の法規により規制され，それらを包摂する統一的な労働法は存在しなかったが，1880年代以降の社会保険立法の結果，その制度を運用する中で社会保険被保険者を確定する必要が生まれ，強制保険の適用対象となる賃金労働者の特性がライヒ保険庁の裁決実務を通じて具体的に示されていった。[1]

　独立した分野としての統一的な労働法は，20世紀初頭にその確立を見た。第一次大戦後に成立したヴァイマール共和政の下，労働協約の集団的拘束力承認や，経営協議会の法定，労働時間規制といった実体法上の規制が進展するとともに，1926年の労働裁判所法により独立した労働裁判権が創出された。それまで，管轄する裁判権が分かれていた営業法上の「労働者」と，商事法上の「商業補助者」の雇用関係はともに，新たに創設された労働裁判権の下に置かれることとなった。[2]　その際に両者に共通する特質が，労務を提供する者の「人的従属性」に見出された。当時，成立を見た労働法学は，人的従属性のメルクマールとして，使用者の指揮命令への被拘束性（フーク：A. Hueck）や，他人の事業所や世帯への編入（ニキッシュ：A. Nikisch）などを抽出した。同時に，労働を行う者が置かれる経済的状況，すなわち使用者からの賃金への依存や低い経済的条件は，従属労働の特質として決定的な要素ではないとの見解が定着した。[3]　かくして労働者と職員を包摂する上位概念として「被用者（Arbeitnehmer）」の概念が定着するに至ったのである。

　ライヒ労働裁判所もまた，商業代理人への労働協約適用の可否が争われた

---

1) 柳屋孝安「ドイツ・西ドイツにおける被用者類似の者の概念について(1)」，日本文理大学商経学会誌6巻1号（1987年），271頁以下参照。
2) Vgl. Die Arbeitsgerichtsbarkeit : Festschrift zum 100 jährigen Bestehen des Deutschen Arbeitsgerichtsverbandes (1994).
3) E. Molitor, Das Wesen des Arbeitsvertrages (1925), S. 73ff.

個別報告

1930年2月15日の判決において,雇用関係を肯定する要素として経済的な従属性は決定的ではなく,人的な観点での従属性が必要との見解を示した。[4]

第二次大戦後の立法,判例,学説は,人的従属性を被用者の特性とする見解の継承の上に展開された。

立法の面では,1953年8月6日の商法典改正の際,商業代理人に関する新たな規定が商法典84条以下に設けられた。84条1項2文は,「本質的に自由に,自らの業務活動を形成し労働時間を決定し得る」者が,「独立(selbständig)」した商業代理人であるとする。

連邦労働裁判所(BAG)は,労働契約を自由雇用契約や請負契約等の契約と区別するための基準を人的従属性の存在に見る立場を早期に明確にし[5],現在までそれを維持している。その際,上記の商法典84条1項2文が制定法上の根拠規定として用いられてきた。[6] 同条項の解釈によれば,本質的に自らの業務活動を自由に形成できず,また,自由に労働時間を決定できない者が「被用者」となるため,そこから,労務提供の遂行に際して使用者からその内容に関する指揮命令,あるいは,労働場所や労働時間に関する指揮命令の拘束を受ける場合に被用者性が肯定されることになる。

学説の通説的見解もまた,労働関係の特質を人的従属性に求めるというヴァイマール期以降に確立された立場を継承し,そのメルクマールとして,使用者の指揮命令への被拘束性若しくは事業所への編入の2つの要素が論者により混合されて用いられてきた。[7]

2 1970年代の放送事業協働者訴訟

被用者性を巡るドイツでの判例を豊富なものとしたのが,テレビ・ラジオ等の放送事業に携わる自由協働者(freie Mitarbeiter)により1960年代後半から相

---

4) RAG 15.2.1930, ARS 8, S.452.
5) BAG 28.2.1962 AP Nr.1 zu §611 BGB Abhängigkeit.
6) BAG 21.1.1966 AP Nr.2 zu §92 HGB.
7) W. Hromadka, Arbeitnehmerbegriff und Arbeitsrecht, NZA (1997), S.570f.
8) 橋本陽子「ドイツにおける労働者概念の意義と機能」本郷法政紀要 No.6(1997年),244頁以下。

次いで提起された，労働関係の確認を求める一連の訴訟である。この自由協働[8]
者は，有期の報酬契約等の契約形式に基づき番組制作の様々な業務に従事し，
職務内容の専門性が高く，また，多様な内容の番組を提供する放送事業の必要
性から労働市場での職業的流動性が求められるといった特徴があった。1970年
代に入ると，放送局優位の労働市場の状況から報酬額が抑制されるなど，協働
者の社会経済的条件が低下し，彼らに対する保護の必要性が唱えられるように
なる。[9]

こうした自由協働者問題への対応として，立法の面では，1974年10月29日の
法改正で創設された労働協約法12a条により，労働協約法の適用対象が「被用
者類似の者（arbeitnehmerähnliche Person）」へと拡張された。この条項に基づき，[10]
放送局を始めとする新聞社，劇場などの使用者と，自由協働者が加入した労働
組合との間で労働協約が締結され，自由協働者の報酬や休暇等の労働条件の向
上が実現された。この立法的対応により一定の就業条件の向上が達成される結
果とはなったものの，しかしその一方で彼らの職場確保がなお不安定であると
いう問題は残され，放送局に対して常雇用を求めるための被用者性確認訴訟が
提起され続けた。[11]

自由協働者の法的関係を巡るBAGの一連の判決の中で，当時注目されたの
が1978年3月15日判決であった。この判決の要点は2点ある。まず，協働者が[12]
労務を提供する際に，放送局側からの専門的な指揮命令拘束や，番組編集に携

---

9) 柳屋孝安「西ドイツ労働法における被用者概念の変化（上）」労働協会雑誌317号（1985年）47頁以下。
10) 労働協約法12a条
    (1)この法律の条項は，以下に該当する者に適用される。
    1　経済的に従属し，被用者と比肩し得る社会的な保護の必要性がある者（被用者類似の者）で，雇用契約若しくは請負契約に基づき他人のために働き，債務の給付を自身で，主として被用者の協働なく提供し，且つ，
    a）専ら一人の者のために働く，あるいは，
    b）その者の稼得全体に当たる報酬の少なくとも半分以上を平均して一人の者より得る場合（以下省略）。
11) B. Riepenhausen, Die ständigen freien Mitarbeiter der Rundfunkanstalten, RdA (1978), S. 17ff.
12) BAG 15.3.1978 AP Nr. 26 zu §611 BGB Abhängigkeit.

わる時間や場所に関する明確な拘束がない場合でも，協働者の労働が他の協働者とのグループワークや放送局の設備に依存している点から，「労働の他人決定性」が認められるとされた。さらにそれとの関連で判決は，「労働の他人利益性」が人的従属性のメルクマールであるとし，その意味を「経営者のように，自ら設定した目的に従って，自己の労働力を，自己責任の下，市場におけるリスクとともに利用することができない」ことであるとした。そして，かかる他人決定的および他人利益的な労働を給付する協働者には典型的に「社会的な要保護性」があるとされたのである。ここでBAGが引用したのは，ヴィーデマン（H. Wiedemann），リープ（M. Lieb），ボイティエン（V. Beuthien）らによって提唱された学説であった。彼らの主張の要旨は，ある者が他人利益のための労働を行う場合に，その者が自らの自由な経済的行為を通じて自己の生存のための準備配慮を自らでは行うことが不可能となることから生ずる「社会的な要保護性」に労働法の適用根拠を求めるものであり，その論理を突き詰めれば，被用者性の基準を人的従属性からそうした社会的要保護性に置き換えることとなるはずであった。もっともBAGは他人利益性の要素を人的従属性判断の枠内で扱い，さらに，その後，この判決で示された判断を維持発展させることはなく，他人決定性の要素については後に明確に変更を行っている。しかし，ここで着目された労働の他人利益性の要素は，続く80年代以降の議論の中に受け継がれ，新たな被用者概念形成の試みへと繋がっていくのである。

---

13) BAGE 30, S. 170.
14) V. Beuthien/T. Wehler, Stellung und Schutz der freien Mitarbeiter im Arbeitsrecht, RdA (1978), S. 4f.
15) BAG 30. 11. 1994 AP Nr. 74 zu §611 BGB Abhängigkeit = BAGE 78 S. 343ff. 通訳兼アナウンサーの被用者性が争われた本件判決では，番組制作に携わる協働者について労働関係を肯定する徴表として，放送局が決まった時間の枠内で協働者の労働を利用できる状況，例えば，放送局が一方的に作成した勤務予定の中に協働者が組み込まれ，実際にそれに従って決められた時間に労働を提供している状況等が挙げられ，1978年3月15日判決が示した放送局の施設と協働者チームへの依存という基準については，もはやBAGはそれを維持していないことが述べられている。

III 新たな被用者概念の提唱と展開

1 ヴァンクによる代替モデルの提唱

　労働法の適用根拠を労働の「他人利益性」や労働者の「社会的要保護性」に求める前述の学説を引き継いだのがヴァンク（R. Wank）である。彼は1988年に公刊したモノグラフィー『被用者と自営業者』[16]において，被用者概念確定のための代替モデルを構想した。彼の理論は次のような前提から出発する。

　(1)　労働法による被用者保護の根拠は，被用者が自らの生計基盤を使用者の職場に依存している点に求められる。

　(2)　人的に従属した労働の提供という労働法適用の構成要件と，解雇保護，疾病時の賃金継続支払といった保護給付が使用者に課されるという法的帰結との間には意味連関が欠けており，目的論的な構成が行われるべきである。

　(3)　ある就業者が自営業者に分類された場合には，被用者に与えられる保護に相当する保護が法的に存在せず，労働法と自営業者法は機能的に不等価である。

　(4)　そこで，2つの法分野の機能を等価とするような分類方法が考案されなければならない。

　以上の前提の上に立ち，ヴァンクは次のように自営業者と被用者を区別する[17]。

　(a)　本来的な自営業者として想定されるのは，人的・物的資源の投入，契約相手との契約条件，供給する物・サービスの種類，価格設定等を市場の中で決定する自由を有する者（企業経営者），あるいは，自らのサービス提供に当たり，市場において複数の契約相手と交渉し契約を締結する者（自由業）などである。このように，市場に参加し，そこでのリスクを引き受けつつ，チャンスを生かした利得追求の可能性を有するという，そうした条件を享受する自営業者であれば，労務提供に伴う諸々のリスクを自ら負担することが可能である。

　(b)　これに対し，被用者の特徴は，市場におけるリスクを使用者が負担する

---

16)　R. Wank, Arbeitnehmer und Selbständige (1988).
17)　Ebenda, S. 127ff.

ことでそれを免れる一方,自らの労働の成果を市場で活かして利得を得るチャンスが制限されている点にある。そこから,労働に伴う様々なリスクに対する保護を使用者に負担させることが正当化される。

(a)のような自営業者の特徴を踏まえて,ヴァンクは以下の要件を満たす就業者を自営業者に分類すべきとする。(1)就業者が契約締結の際に任意に自営業者としての労務提供を選択し,それに伴う経営者的なリスクを引き受けたと認められる場合。任意性が認められるならば当該就業者は自己の職業上・生存上のリスクに対して自ら備える意思を持つと見なされる[18]。(2)ある就業者が自らの労務給付を複数の需要者に対して供給することができる場合。自らの経営組織に協働者が存在し,労務提供を代替させることが可能である場合には,当該就業者は市場に参加する可能性を持つ[19]。(3)経営者的なチャンスとリスクが均衡している場合。ある就業者が経営者的な決定の自由を持つということは,市場でのリスクを引き受けることと同時に,チャンスを活かして獲得された利得もまた享受し得ることを意味する。リスクとチャンスをともに引き受ける場合に初めて自営業者と被用者の区分は機能的に等価となる[20]。

これに対し被用者とは,上記の自営業者の条件を満たさない就業者ということになる。ヴァンクは1992年の論説[21]において,被用者のメルクマールとして5つを挙げている。それによると(1)継続的に,(2)専ら一人の委託者に対してのみ,(3)協働者を用いることなく,自分自身で,(4)実質的に自らの経営資本なく,(5)実質的に自らの経営組織なく,労働の提供を行う者が被用者である[22]。

ヴァンクによる被用者概念のモデルは,結論からすると,有意味な資本や組織を持たず特定の業務委託者に対し経済的な従属関係にあって自らが労務を提供する者をして,本来の自営業者の特徴である経営者的自由を行使し得る条件が欠けることを理由に被用者に分類し,労働法の包括的な適用をもたらそうとするものである。この結論は,労働法の適用根拠を被用者の社会的要保護性に

---

18) Ebenda, S. 120.
19) Ebenda, S. 165ff.
20) Ebenda, S. 129.
21) R. Wank, Die "neue Selbständigkeit", DB (1992), S. 90ff.
22) Ebenda, S. 91.

求めた1970年代の学説を，法の機能分析と機能的等価性の観点を導入することで再構築したものと評価できる。ヴァンクによって提起されたこの新しい被用者概念のモデルはその後の被用者概念論に大きな反響を呼び起こし，1990年代に考案された労働契約法の諸草案における被用者の定義規定の中にその影響を見て取ることができる[23]。

2 代替モデルに対する応答

こうした状況の下で，1990年代の末にロマードゥカ（W. Hromadka）やボエムケ（B. Boemke）らの論説を通じてヴァンクのモデルに対する理論的な応答が行われ，被用者概念論の争点が明確になってきている。ヴァンク流のモデルに対する彼らの批判点をまとめると，以下のような問題点が指摘される。

（1） ヴァンクのモデルは，ドイツの現行の法制と合致しない。ヴァンクの定義によるならば，労働協約法12a条等で定義された「被用者類似の者」の多くが被用者に分類されることとなる。また，商法典84条1項2文によると，独立していると見なされるはずの商業代理人であっても，自らの資本や組織なくして特定の契約相手に対し継続的に代理業を行っていれば被用者に分類される結果となる。司法判断がこうした制定法上の結論から離れることは，裁判権の制定法への拘束を規定したドイツ基本法20条3項に反する[24]。法解釈の基礎となる立法者の決定は，自営業者／被用者類似の者／被用者の3区分[25]，及び，商法典84条1項2文の規定に示されている[26]。

---

[23] 1992年労働契約法草案1条3項「経営者的業務に基づき市場に参加する者は，被用者ではない」。
　1995年ザクセン州労働契約法草案1条「自由に選択した経営者的業務を行う者は被用者ではない」。
　1996年ブランデンブルク州労働契約法草案2条1項「被用者とは，任意に引き受けた経営者リスクに基づき独立して市場に参加することなく，私法上の契約に基づき，他の者のために人的な指揮命令拘束を受けて労務を提供する者である」。
　2条2項「自らの協働者，若しくは自らの経営資本なくして他の者のために労働する者は被用者と推定される」。
[24] B. Boemke, Neue Selbständigkeit und Arbeitsverhältnis, ZfA (1998), S. 290.
[25] Hromadka (Fn. 7), S. 576.
[26] Boemke (Fn. 24), S. 297f.

個別報告

(2) ヴァンクの定義によると，一人の契約相手との就業関係と並行して，市場に参加し得る可能性を持つ就業者は自営業者と見なされる。その論理を展開すると，短期間の労働契約やパートタイム労働契約の場合には，人的に従属した労働を行う場合であっても被用者性が認められず，労働法の適用対象から外れることになる。[27]こうした理論的帰結は，パートタイム被用者や短期間被用者であっても，対応する労働法上の保護が認められている現在の法状況と合致し得るものではない。

IV 新自営業問題

上記のような問題点を抱えつつも，ヴァンクにより提唱された被用者概念モデルを取り込んだ定義が多くの労働契約法草案で検討されてきた背景には，ドイツのいわゆる「新自営業」問題がある。新自営業者とは，労働契約以外の契約形式を取りつつ，被用者と類似した就業実態にある就業者，あるいは，被用者と自営業者の中間的性格を持つ，両者の区分のグレーゾーンにある就業者を意味する。その類似性は，彼らが自ら特定の契約相手との間で継続して労務提供を行い，稼得の面で同種の業務を行う被用者と同等，もしくはそれ以下の状況にある点に見られる。新自営業の代表的な業種としては，フランチャイズ契約に基づき商品の運送販売を行う貨物運転手，保険会社の保険契約代理人，デパートにおいて化粧品等の販売を行う宣伝販促員などが挙げられるが，[28]もっともこれは氷山の一角に過ぎず，「新しい」自営業者はその職種が非常に多岐にわたり，殊にサービス産業部門を中心に経済分野を問わず幅広く存在するとされる。

このような「自営業者」の実態調査は以前から試みられており，最近では1996年に，ドイツ連邦政府の委託を受けた労働市場職業調査研究所により，新自営業の実態把握のための調査が行われている。その報告書によると，「自営業者」として就業しながら，被用者とのグレーゾーンにあるような就業者は，

---

27) W. Hromadka, Zur Begriffsbestimmung des Arbeitnehmers, DB (1998), S. 196.
28) P. Frantzioch, Abhängige Selbständigkeit im Arbeitsrecht (2000), S. 36ff.

本業としてそれに従事している者の数で938,000人，ドイツの総就業者の約3％に相当するとの結果が示されている[29]。

この調査報告で注目されるのは，グレーゾーンにある自営業者の就業実態に対して被用者性判断の際の法的な基準を当てはめた場合に，「被用者」，「自営業者」，そのどちらとも決定しがたい「中間形態」のいずれに分類されるかを検討している点である。その基準として，労働裁判所が用いてきた人的従属性の基準，すなわち指揮命令への拘束および事業所への編入を用いたモデルと，ヴァンクによって提唱された基準，すなわち前述の代替モデルが用いられ，双方の比較が行われている。その結果によると，代替モデルを用いた場合，労務実態から法的には被用者と判断されるであろう自営業者，すなわち「仮装自営業者（Scheinselbständige）」に分類される者の割合が，判例モデルを用いた場合との比較で倍増するとの結果が示されている[30]。

こうした結果は，前述のような代替モデルの被用者定義からして当然の帰結である。代替モデルによれば，ある就業者が特定の契約相手との間で継続的に自ら労務を提供する状態にあれば，業務委託者の指揮命令拘束が存するか否かを問わずして被用者に分類されることとなるからである。新自営業に対する保護を労働法の適用拡張をもって図ろうとする立場からすると，そこにヴァンク流の代替モデルの利点がある。

問題は，新たな立法により，あるいは司法における判断基準の変更により，代替モデルのように立脚点を経済的従属性に置いた被用者概念を用いることが適切かどうかである。ドイツでは，過去にも被用者に類似した就業者に対する労働法適用の可否が問われた事例が存在するが，それではドイツで労働法の確立期以来，労働法の適用根拠が就業者の経済的従属性に求められてこなかったのは何故だろうか。その理由を確認するためには，労働法の役割が如何なる性質の保護に求められてきたのかを検討する必要がある。以下では，歴史的に形成された典型的および境界的な就業者の諸類型を取り上げ，それら就業者に対して労働法がどのように関連させられてきたのかを振り返ることとしたい。

---

29) Empirische Befunde zur "Scheinselbständigkeit", NZA (1997), S.593.
30) Ebenda, S.594.

個別報告

V 歴史の中の被用者と自営業者

1 工場労働者,商業職員

　ドイツでは,19世紀末の急速な工業発展の過程で工業労働者の数が増加し,就業者の中核となるに至った。それまでの身分的に編成された職業秩序は社会経済的意義を失い,工業労働者は法的には自由とされたが,実際には工場労働において使用者による強い支配管理の下で自由が著しく制限され,また低い経済条件の下で長時間労働を余儀なくされ,彼らはそうした点から現実に自由を喪失した状態にあった。そのような状態にある労働者の身体的・精神的及び経済的利益を保護するために,強行的な労働保護法規の制定,労働組合の結成と行動の保障といった成果が生み出された。[31] 労働法の役割には,経済的な面での保護と使用者の強い支配管理からの保護が含まれ,そしてその両面からの改善があって初めて適切な労働者保護が得られるとの認識が存在したのである。

　また,19世紀中には中間的身分として職業身分的な独立性を保持していた商人層も,本格的な資本主義発展の中でかつてのギルド的な身分的閉鎖性に支えられた職業の安定を失い,使用者に対する商業補助者の従属性が強められていった。そこから日曜労働を含む長時間労働,店主による労働及び生活への強い拘束,低い報酬等が社会的に問題化した。[32] また百貨店等の大規模経営が現れる中で,その経営組織の中に組み込まれた商業補助者が中核となり,「職員(Angestellte)」が新たな職業階層として台頭した。彼らは商業補助者連合を結成し,独自の集団的利益を追求していったのである。

　ここで留意すべきは,工場労働者,商業補助者のいずれもが,使用者の家父長的支配の下に置かれ長時間の拘束を受けており,そのことに対する要保護性が存在した点である。稼得面での条件の低さはその原因でもあり結果でもあり,その向上のみが労働法の保護の目的とされたわけではなかった。

---

31) Molitor (Fn. 3), S. 81ff.
32) 雨宮昭彦『帝政期ドイツの新中間層』(東京大学出版会,2000年) 79頁以下参照。

2 家内工業従事者，商業代理人

このように，ドイツの産業資本主義が高度に発展を遂げ，工場労働者と商業職員について典型的な労働関係が形成される一方，労務提供の内容に類似性がありながらも，独立の営業者として区別される職業類型が存在した。一定の生産手段と場所を所有していた家内工業従事者[33]や，組織化された産業の間で仲介的商業取引に携わる商業代理人[34]である。彼らの労務提供は，まず他人の計算の下で行われる点で労働者や職員との類似性があったものの，労務を実際に行う際，法的に，また事実的に一定の自由が存在した点で労働者，職員とは区別がなされた[35]。また稼得の面での類似性も存在した。家内工業従事者については生産手段と場所の所有という資産の希少性は早期に失われ，収入は低く安定しなかった[36]。商業代理人についても，特に第一次世界大戦後には，商業従事者としての知識・経験・階層独自性といった「資産」の価値希少性は減少し，特定の相手方への経済的な従属性が強まっていった[37]。これら就業者は，被用者類似の者として1926年制定の労働裁判所法において労働裁判権の適用範囲に含められたが，実体法の適用については被用者ではなく独立営業者とされた。彼らの経済的状況は労務提供の市場状況に左右されるものと考えられ，労働を具体化する際の自由の存否が決定的な区別要素となったのである。

3 自由業

その一方で，人的な労務提供において，19世紀的な自由の理念を現実に獲得し得た職業類型もまた存在した。教養市民層を主な担い手とする，医師，弁護士といったいわゆる「自由業 (freie Berufe)」である[38]。そうした自由業の特色は，

---

33) Vgl. G. A. Ritter/J. Kocka (Hrsg.), Deutsche Sozialgeschichte, Bd. II (1974), S. 261ff.
34) D. Schmidt, Die Reform des Rechts der Handelsvertreter von 1953 (1995), S. 38ff.
35) Hromadka (Fn. 7), S. 573.
36) Deutsche Sozialgeschichte (Fn. 33), S. 264.
37) Schmidt (Fn. 34), S. 41.
38) Vgl. H. Siegrist, Bürgerliche Berufe. Die Professionen und das Bürgertum, in : H. Siegrist (Hrsg.), Bürgerliche Berufe (1988), S. 11ff.
39) 黒田忠史「弁護士資格の制度と機能」，望田幸男編『近代ドイツ＝「資格社会」の制度と機能』（名古屋大学出版会，1995年）所収171頁以下，服部伸「医師資格の制度と機能」，同書199頁以下参照。

近代的な大学制度および国家的資格制度の確立により[39]，彼らの労務提供の希少性が維持され，固定された料金体系が集団的労働条件決定と同様の役割を果たした点に見出される。この点で商業代理人などとは，稼得水準を支える社会的な基盤に大きな差異が存在した。1900年に施行されたドイツ民法典では，611条2項により，医師，弁護士等の労務提供が雇用契約の対象に含められている。医師の治療行為は，自由雇用契約に基づく場合と，使用者との労働関係において行われる場合とに分かれ，その区分のための基準は人的従属性に求められてきた。例えば医師長などは，労働関係にあっても稼得面での要保護性は一般に認められ難い。しかしそれを理由に医師長に対する労働法の保護が必要とされないわけではなく，労働関係において使用者の指揮命令権に服する場合には，被用者の人格保護といった要保護性が存在するのである[40]。

4 放送事業自由協働者

Ⅱ2で言及した放送事業自由協働者の場合は，言語，政治経済，美術等々，高等教育を前提とした専門的・知的労働を提供するという点で自由業と共通し，そのため，労務の内容や遂行方法に関する指揮命令被拘束性は弱かった。一方で彼らの要保護性は，まずは労務提供市場の状況に，すなわち，取引の相手方がメディア関連の事業者に限定されていたこと，同種の協働者の数が多く買い手市場となったこと等に起因する就業条件の低下に基づくものであった。資格制度が確立され，労務に対する報酬が安定している自由業とはその点で事情が異なっていた。

そうした自由協働者に対する保護は2つの次元で行われた。第1に，労働協約法の効力を被用者類似の者に拡張することにより，主として報酬等の経済条件の面での集団的な利益保護の可能性が開かれた。第2に，特定の放送局と継続的な就業関係にあった協働者について，協働者の労務提供に対する現実の拘束が認められた場合に，労働裁判所により被用者性が肯定され，解雇保護を始めとする労働法の適用が認められてきた。

ここでは，まず，集団的利益保護を可能にすることにより，放送事業に関わ

---

40) BAG 10. 11. 1955 AP Nr. 2 zu §611 BGB Beschäftigungspflicht.

る協働者一般の経済的な条件向上が図られ、その上で個別事例において就業者が労務提供の際に自由を制限されていた場合に労働法上の保護が認められる、という2つの段階で保護が図られてきた点が指摘できる。

Ⅵ 新自営業と労働契約

以上の歴史的な概観から得られる示唆は、ある就業者についての要保護性とそれに対する法的保護を検討する場合、稼得面での状況と、労働の遂行に際しての被拘束性の2つの面からの考察が必要となることである。

現在のドイツにおける新自営業の特徴を考察すると、貨物運転手や保険外交員といった職種は、提供する労務の専門性や希少性、集団的な利益保護可能性のいずれもが低く、労務の形態も商業代理人に類して手数料制等を通じて市場でのリスクを負わされ易い形になっていることから、就業条件が低下し易い条件が揃っているといえる。その意味で、一般的な稼得向上のため何らかの社会政策的な施策が求められることは自然である。

続く問題は、そうした経済面での要保護性が、労働の具体化に際しての被拘束性の問題、すなわち、労働の他人決定性と如何に関連するかである。改めて確認すると、近代の労働法は市民法上で抽象的な自由と平等が実現され、それにより労働者の労働実態における現実の不自由、従属性が明るみに出されたところから出発し[41]、労働法制はそのような労働者の不自由な状態が招来する弊害を取り除く目的から発達してきた。経済的な条件向上は労働法の重要な役割であるが、そこにすべてが還元されるわけではない。労働関係における被用者に特有の要保護性は、使用者による労働条件の一方的決定性、すなわち被用者の側から見た労働の他人決定性から生ずる[42]。労働の具体化に際しての使用者の一方的形成が事実的に行われ、それが契約に基づく法的な権利として承認され得

---

41) Vgl. J. Rückert, Die Verrechtlichung der Arbeitsbeziehungen in Deutschland seit dem frühen 19. Jahrhundert, in: H. G. Nutzinger (Hrsg.), Die Entstehung des Arbeitsrechts in Deutschland (1998), S. 221ff.
42) 西谷敏「21世紀の労働と法」『21世紀労働法の展望』講座21世紀の労働法第1巻（有斐閣、2000年）、17頁以下参照。

る点に,労働関係とその他の法関係との差違が存在する。労働の具体化について自由の可能性を持つ就業者は,様々な事情から多くの稼得を得ることが可能となれば,自由を現実に享受できる。近代市民法が求める第1の価値は,稼得ではなく人格の自由そのものにある。被用者の場合には,経済条件が向上することにより,長時間労働等から来る精神・身体的な負担が減殺され得るが,労働の他人決定的性格そのものが消滅するわけではない。

ドイツの立法者および裁判所は,契約が実行される中で労務提供者に一定の自由が存する場合には,民法ないし商法に基づく契約関係と判断している。その価値判断は,商法典84条1項2文「本質的に自由に自らの業務活動を形成し労働時間を決定し得る者は独立している」との規定に示されている。これは,自由を第一義の価値とする一般的な契約法理念に沿ったものといえる。

その一方で,労務提供における自由の可能性が存在する場合であっても,すでに論じてきたように,労務提供市場の状況や,労務の価値を下支えする社会的制度の有無といった諸々の条件から,就業条件の低下,市場におけるリスクの過重負担,特定の相手への経済的な依存などが就業者にもたらされる可能性があり,それを通じて事実的に自由が失われる危険は,現在幅広い職種で高まっているものと思われる。そのような状況の下で,かかる就業者に対する法的な対応,とりわけ労働法の関与の可能性は如何に想定され得るであろうか。以下では,その点をドイツにおける現状及び問題点と併せて考察してみたい。

第1に,就業条件の低下による要保護性のある職種について,一般的に経済面での条件向上を図ることが考えられる。ドイツでは,被用者類似の者,特に放送事業自由協働者を名宛人として集団的な就業条件決定の可能性を開いた労働協約法12a条,特定の事業者に専属する商業代理人について契約条件の下限設定に政府が関与できることを定めた商法典92a条1項等の立法が行われている。もっとも,こうした立法措置は,当該職種の集団的利益追求の可能性が現実に存在しなければ,換言すると,労働組合や商業代理人連合のような利益代表組織が現実に存在しなければ,実質的な意義を持ち難い。[43] 新自営業の場合には,職種や就業形態が多岐にわたる点に特徴があるため,職種の同質性の下に

---

43) Frantzioch (Fn. 28), S. 99.

利益を結集し難いという問題点がある。

　第2に，個々の事例における被用者性判断の次元での対応が考えられる。すでに見たように，ある者の労務提供関係が，労働関係か，それとも自由雇用，請負等の契約関係のいずれに分類されるかは，労働の他人決定性の有無に拠る。問題は，労働の遂行に際してどの程度の，若しくは如何なる要素の被拘束性が存在すれば，労働の他人決定性が肯定され得るかである。この判断基準の設定如何で，被用者に分類される者の範囲は変化することになる。

　最近の判例では，ヴァンク流の代替モデルを用いて就業者の被用者性を判断した例が下級審に見られる。従来の人的従属性基準ではなくⅢ1で見たヴァンク流の5つの被用者メルクマールを用いることを明言し，それに従って宣伝販促員が労働関係にあったことを認めた事例[44]もあるが，従来の人的従属性基準を維持しつつ，保険代理人について，市場でのリスクを負担させられる一方，業務遂行に際し経営者的な自由が狭く限定されていることを理由に，その被用者性を肯定した事例も存在する[45]。ここでの要点は，商法典84条に規定された「業務活動の自由な形成」の不可能性を如何に解するかにあった。後者の判決では，特定の保険会社のために保険代理業務を行っていた保険代理人について，その業務遂行に当たり実際に存在した自由の余地は，会社から提供される保険契約者獲得のための住所資料をくまなく利用するか否かということ以外にはほとんど存在しなかったこと，また，他の保険会社のために業務を行うには当該保険会社の同意を得る必要があったこと等の事情から，業務活動の自由な形成が不可能と判断された。この判決は，新自営業に特徴的な就業実態を踏まえ，経営者的な自由が事実上大きく制約されている状況を人的従属性の要素と判断した点に特徴がある。

---

44) LAG Köln 30. 6. 1995 AP Nr. 80 zu §611 BGB Abhängigkeit.
45) LAG Nürnberg 25. 2. 1998, ZIP (1998), S. 617.
46) BAG 19. 11. 1997 AP Nr. 90 zu §611 Abhängigkeit；貨物運転手について，毎日定時に運送委託者の倉庫に行く義務があったこと等から労働関係の存在を肯定。BAG 30. 9. 1998 AP Nr. 103 zu §611 Abhängigkeit；特定の委託者との間で継続的に運送を請け負ってきた運転手について，並行して他の顧客との間で運送業務を行い得る可能性があったことを理由に労働関係の存在を否定。上記の事例との相違点として，業務開始と終了の時間が定められていなかった点が挙げられている。

個別報告

　これに対しBAGは，人的従属性の解釈として，それを時間的拘束を核として就業者自身に対する拘束が実際に存在することに見る立場を取っている[46]。労働関係の特質が，労働の遂行に際しての被用者自身への人的な拘束性にある点を踏まえるならば，BAGによる人的従属性の解釈は，労働法の役割に関するオーソドックスな理解の上に立つものといえる。その意味で，現在BAGは，被用者性の判断に際して新自営業の就業実態に合わせた基準の設定を特に行っていないものと評価できる。このような判例の状況を踏まえると，人的従属性の存在は確定し難いものの経済的に従属した被用者類似の自営業者に関しては，労働法の包括的な適用ではなく，その部分的な適用や，あるいは別の法理や法制による保護を検討する必要が残されているといえる。

Ⅶ　む　す　び

　以上，ドイツにおける被用者概念論を，その歴史的背景と併せて概観してきた。最後に，近時日本でも議論が進みつつある，雇傭に類似した労務供給契約への法的対応との関連で，ドイツでの問題状況から得られる示唆に触れておきたい。
　概観したように，ドイツでの新自営業の特徴は，職種が多岐にわたり集団的利益の結集が難しく，また，そのための歴史的基盤が欠けている点，また，特定の委託者との間で経済的な従属関係にあり，その中で業務に対し諸々の制約を受けてはいるものの，労務遂行の場所や時間についての被拘束性が明瞭ではないために被用者性の判断が難しい点などが挙げられる。その場合，BAGが基準とする程の人的従属性の要素の存在が確定し難くとも，典型的な自営業者の場合に想定されるような自由な業務活動が事実的に難しくなっているような就業者については，その自由が制約されていることを踏まえるならば，やはり何らかの保護の必要性が存在しているといえる。
　1つの方法は，労働法上の保護を個々の規制目的に応じて，部分的，類推的に従属的な自営業者に対して適用することである。ドイツでは，すでに労働協約法により被用者類似の者に対する集団的な就業条件保護の可能性が開かれて

いるが，こうした法的可能性を現実化するような組織化を職種毎に講じていく手段も考え得る。しかし，放送事業協働者訴訟での関心の中心が雇用の安定，すなわち解雇制限の有無にあったことを踏まえると，この点での保護を認め得るか否かが最大の問題であろう。

　もう1つは，一般私法および経済法の法理を通じて従属的自営業者に対する保護をもたらし，自営業者としての就業条件を改善する方法である。この方法と前述の方法との整合性を如何に図り，適切で合目的的な法解釈，法政策を行うべきかは非常に困難な問題である。その点の検討については他日を期したい。先に典型的な自由業は，強固な社会的制度の基盤が存する故にその自由を現実化せしめた点を指摘したが，自営業促進の方向性を取る場合でも，個別事例での法解釈と相俟って，稼得の可能性を安定させるための一般的な社会的施策が求められよう。

（みながわ　ひろゆき）

立法過程から見た労働関係の内閣提出法律案に対する修正

寺 山 洋 一
(日本労働法学会会員)

I　問題意識

　従来の労働政策が幅広く見直されている昨今,労働法制の研究においてもその立法過程や立法政策に着目することが一層求められていると考えられる。例えば,平成4年から平成13年までに成立した労働関係の法律の内訳を見てみると,議員立法によるものは1件,内閣の提出によるものは54件,後者において修正が行われたものは10件(内閣提出法律案に占める割合は約19%),そのうち対案が発議されたものは5件となっている。[1]

　このように大半の労働関係の内閣提出法律案は原案のまま成立しており,それ故,その立法過程のうち政府内部での利害調整,殊に審議会(公労使の三者構成)を通じた利害調整の役割が重視されることとなり,[2] その視点から内閣提出法律案に対する修正をとらえてみるならば,審議会における合意形成に際し,労使ともに厳しい選択を余儀なくされたような事柄について,与野党間で政治的な解決を図ったものと考えられよう。

　これに対し,「野党にとっては修正が議員立法以上に実質的に政策形成過程に参画する手段でもある。[3]」という点,いわば修正における国会の意思表明と

---

1) 対案についての法律上の定義はなく,本稿では,労働関係の内閣提出法律案と両立し難いような内容を含む法律案であって,通常野党側の議員が発議するものを意味している。
2) 労働政策の形成過程に関しては,例えば,久米郁男「労働政策過程の成熟と変容」日本労働研究雑誌475号2-13頁(2000年),畠中信夫「労働安全衛生法の形成とその効果」日本労働研究雑誌475号14-28頁(2000年)等を参照。

いう意味合いに重きを置いてみると、また別の側面が見えてくると思われる。

例えば、政策決定の過程に着目すると、内閣提出法律案の場合では、審議会での真摯な議論（さらに法律改正担当課による意見調整）を通じた合意形成となるのに対し、修正案の場合では、後述するように与野党間の修正協議を通じた合意形成となる。また、立案と審査の過程に着目すると、内閣提出法律案の場合では、専ら法律改正担当課が内閣提出法律案の原案を作成し、内閣法制局の審査を受けるのに対し、修正案の場合では、議院法制局が原案を作成し、審査を行うという差異が見られる。[4]

確かに、労働関係の内閣提出法律案に対する修正の局面は、それが法律として成立するまでの立法過程の一断面に過ぎないが、修正により政府が提出した法律案の内容が変更され、また、当該修正が行われた個々の規定に関する立法者の意思としては、政府の意図と国会の意図が交錯する点にかんがみれば、[5]その修正に至るまでの経緯を探求することは、労働関係の立法研究だけでなく、その解釈論を展開する前提としても重要であると思われる。

本稿は、以上の問題意識に立って、これまで主たる議論の対象とされなかった労働関係の内閣提出法律案に対する修正に関する立法過程について考察を試みるものであり、具体的には、その修正に至るまでの立法過程を三つのモデルに分けて検討を行うこととする。

II 修正に関する立法過程の実際

最初に、労働関係の内閣提出法律案に対する修正に至るまでの立法過程の実際を知るため、労働関係の内閣提出法律案が提出（又は法案審議）された会期において対案が発議されている場合（後述IIIでは基本モデルとしている。）について、3件の事例を取り上げる。

---

3) 谷勝宏『現代日本の立法過程』221頁（1995年）。
4) 浅野一郎編著『国会事典〔第3版補訂版〕』209頁（1998年）等を参照。
5) 修正に関する立法者の意思を探る手がかりとしては、本文VIで述べる多角的な検討によるほか、附帯決議や国会質疑などが考えられる。殊に附帯決議については学会の質疑でも提示されており、見直し条項との違いなどを含め、重要な検討課題と認識している。

個別報告

(a) 労働者派遣法等の一部改正

第143回国会に提出され，第145回国会で成立した労働者派遣事業の適正な運営の確保及び派遣労働者の就業条件の整備等に関する法律等の一部を改正する法律（平成11年法律第84号）では，対案として，第145回国会において日本共産党から，衆議院に労働者派遣事業の適正な運営の確保及び派遣労働者の就業条件の整備等に関する法律等の一部を改正する法律案[6]が，参議院に同一の題名の法律案が発議されている。

そして最終的には衆議院において，自由民主党，民主党，公明党・改革クラブ，自由党及び社会民主党・市民連合の提出により，

・ 労働者派遣の役務の提供を受ける期間の制限の規定に抵触することとなる最初の日の通知がない場合における労働者派遣契約の締結の禁止（第26条第6項関係）
・ 派遣元事業主による健康保険の被保険者の資格の取得等の確認に関する事項の派遣先への通知（第35条第2号関係）
・ 派遣労働者の就業に係る雇用の分野における男女の均等な機会及び待遇の確保等に関する法律の適用に関する特例（第47条の2関係）

等，多岐にわたる修正が行われている[7]。

(b) 労働契約承継法

第147回国会に成立した会社の分割に伴う労働契約の承継等に関する法律（平成12年法律第103号）では，対案として，同一の会期において，民主党から衆

---

[6] 当該要綱の中から修正内容と相通じる内容を摘要すると，次のようになる（以下，関係条文は削除し，また，対案の内容や経過は，官報（号外），衆議院HP等を参照）。
「八 派遣元事業主が講ずべき措置等（六及び七に掲げる事項を除く。）の改正
　　6 社会保険等の被保険者資格の通知
　九 派遣先が講ずべき措置等（六に掲げる事項を除く。）の改正
　　5 派遣先における性的な言動に起因する問題に関する雇用管理上及び指揮命令上の配慮」
[7] 官報（号外）平成11年5月21日〇第145回国会衆議院会議録第32号10-15頁等を参照。
[8] 当該要綱の中から修正内容と相通じる内容を摘要すると，次のようになる。
「九 事業主の責務
　事業主は，企業組織の再編を行おうとするときは，その雇用する労働者の保護を図るため必要な措置を講ずるように努めなければならないものとすること。」

議院に企業組織の再編における労働者の保護に関する法律案が，また，日本共産党からも衆議院及び参議院に企業組織の再編を行う事業主に雇用される労働者の保護に関する法律案が発議されている。

そして最終的には衆議院において，自由民主党，民主党，公明党・改革クラブ，保守党及び自由党の提出により，分割会社が分割に当たって労働者の理解と協力を得るよう努めること（第7条関係）について修正が行われている。

(c) 育児・介護休業法の一部改正

第151回国会に提出され，第153回国会で成立した育児休業，介護休業等育児又は家族介護を行う労働者の福祉に関する法律の一部を改正する法律（平成13年法律第118号）では，対案として，第151回国会において民主党から，衆議院に育児休業，介護休業等育児又は家族介護を行う労働者の福祉に関する法律の一部を改正する法律案が発議されている。また，同一の会期において日本共産党から，参議院に育児休業，介護休業等育児又は家族介護を行う労働者の福祉に関する法律の一部を改正する法律案が発議され，第153回国会においても同党から，参議院に同一の題名の法律案が発議されている。

さらに，委員会の採決に際し，野党の一部から，参議院に修正案が提出されているが，最終的には衆議院において，自由民主党，民主党・無所属クラブ，公明党，日本共産党，社会民主党・市民連合及び保守党の提出により，国によ

---

9) 官報（号外）平成12年5月12日〇第147回国会衆議院会議録第33号23-24頁等を参照。
10) 当該要綱の中から修正内容と相通じる内容を摘要すると，次のようになる。
「一 看護休暇（第三中）
　(一) 事業主は，小学校就学の始期に達するまでの子を養育する労働者が請求した場合においては，看護休暇…（著者　略）…を与えなければならないものとすること。」
また，この対案の経緯に関し，民主党HPの以下の内容が参考となろう。
「焦点は「子どもの看護休暇創設」で，休暇創設の努力規定にとどまる政府案に対し，民主党は小学校就学始期までの子の看護休暇…（著者　略）…を提起した。民主党は，政府案について3年後の見直しなど附則修正を勝ちとったことから，独自案を撤回，政府案に賛成した。」（「国会レポート2002」第2章の8）
11) 当該要綱の中から修正内容と相通じる内容を摘要すると，次のようになる。
「三 家族の看護等のための休暇の措置（第五中）
事業主は，労働者の申出に基づくその養育する子その他の対象家族の看護その他の厚生労働省令で定める事由のための休暇…（著者　略）…を一年間に十労働日…（著者　略）…以上与えるための措置を講じなければならないものとすること。」

個別報告

る看護休暇制度の普及のための努力の促進（附則第3条関係）等について修正が行われている。[13]

III 内閣提出法律案に対する修正の基本モデル

1 対案から修正へ

上記IIの3件の事例を見比べてみると，労働関係の内閣提出法律案に対し，国会において似通った対応がなされていることを見出すことができよう。

一般的に，野党側としては，政府が提出した労働関係の法律案と異なる政策内容を法律的に表明しようとするときには，その対案を用意することが考えられ，そうした対案は，通常，当該内閣提出法律案の法案審議までに発議され，労働関係の内閣提出法律案と一括して審議されることもまれではない。

しかし，委員会において労働関係の内閣提出法律案とその対案の採決となれば，与党の支持する内閣提出法律案の方が過半数を占めやすいことは想像に難くなく，野党側としては，内閣提出法律案という同じ土俵に立って，その修正を目指すことも考えられるが，そのためには通常与党の賛同が求められる。[14]

このため往々にして与野党間で修正協議の場が持たれ，その合意内容についてそれぞれの政党で意思決定が行われることにより，実質的に修正協議が整ったものと考えられよう。[15] この点に関し，前記IIの(b)の労働契約承継法案に対する修正案の趣旨説明では，「同法律案は，今国会に提出され，慎重かつ熱心な質疑を行いました。こうした審議を踏まえ，自由民主党，民主党，公明党・改

---

12) 官報（号外）平成13年11月9日○第153回国会参議院会議録第9号9頁を参照。
13) 官報（号外）平成13年11月1日○第153回国会衆議院会議録第11号16-20頁等を参照。
14) この点，昭和59年当時の日本社会党の立場から，次の指摘が参考となる。
　「政府提案に対して政策方針上の違いから反対する場合は，「法律案に対しては法律案で対決を」の立場から対案もしくは修正案を提案している。修正案が受け入れられた場合は，社会党はその法案にもちろん賛成する。」（海野明昇「日本社会党の立法活動」ジュリスト805号219-220頁（1984年））
15) 本文IIの(a)の事例では，必ずしも対案から修正への構図には当てはまらないが，対案の存在により立法府において立法上の争点が顕在化していると考え，対案を発議した政党とその後可決された修正案を提出する政党との包含関係を問わないこととした。

革クラブ，保守党及び自由党の5会派間で数次にわたり精力的な協議を重ねた結果，本案に対して，以下の修正案の意見の一致を見たものであります。[16]」
とされている。

2 内閣提出法律案に対する修正の基本モデルの内容

しかし，結果として修正が行われれば事足りるわけではなく，与野党間の修正協議の過程は必ずしも顕在化していないことから，労働関係の内閣提出法律案に内在する立法上の争点が明らかとなるよう，その対案が発議されることも望まれる。この点，
「政府提出法案に対し，野党がこれを批判する対案を議員立法として提出し，終局的には国民の選択に委ねることにより，法律案の議員提出を活発ならしめ，また，政府提出法案の審議にあたっては，常に修正案の形でこれを批判し，政府提出法案が国民の立場からみて適切な内容のものとなるように努力すべきではないか[17]」
との指摘も見られる。対案には，内閣提出法律案に内在する立法上の争点に関し，政府とは異なる政策判断が具体的に提示されており，そのことも考慮された上で，修正が行われていると思われる。

我が国の議院内閣制の慣行の下において，①対案の発議による労働関係の内閣提出法律案に内在する立法上の争点の提起，②当該争点についての与野党間における修正協議，③与野党間での修正内容の合意[18]，④議院法制局における修正案の作成及び審査，⑤修正案の提出及び可決，という一連の対応がなされることは，労働関係の内閣提出法律案に対する修正に関する立法過程が，対案の存在によって顕在化し，国民の目に分かりやすいという観点から重要と考えられる。逆に対案が発議されていなければ，労働関係の内閣提出法律案に内在する立法上の争点の提起（①）という意味合いが薄れ，修正に至るまでの立法過

---

16) 第147回国会衆議院労働委員会議録第12号（平成12年5月12日）1頁。
17) 浅野一郎「立法過程における議院の役割」中村睦男編『議員立法の研究』512頁（1993年）。
18) 与野党間での修正内容の合意に，立法府独自の政策判断を見い出そうとするならば，本文Ⅵで述べるように修正に関する立法政策等を論ずる余地が出てくると考えられる。

個別報告

程が顕在化しないと思われる。

そこで本稿では，以上の対応のうち，対案の発議（①）と修正案の提出及び可決（⑤）という比較的顕在化している法律的な対応（対案及び修正案は，いずれも議院法制局の審査を経ているものである。[19]）を，内閣提出法律案に対する修正の基本モデル（以下単に「基本モデル」という。）としてとらえ，以下，この基本モデルの観点から考察を進めることとする。

Ⅳ 対案先行モデル

1 対案先行モデルの実際

ここでは，基本モデルの要素である対案が，労働関係の内閣提出法律案が提出される会期よりも前に発議されている場合（以下「対案先行モデル」という。）について，2件の事例を取り上げる。[20]

ところで，対案先行モデルでは，その対案の発議の時点からは，当該発議をした政党の政策表明と，当該内閣提出法律案の提出の時点からは，政府の政策を先取りした対案と考えられる。そして，政府の政策を先取りしたような対案のある労働関係の法律については，既に先学において，炭鉱災害による一酸化炭素中毒症に関する特別措置法（昭和42年法律第92号），家内労働法（昭和45年法律第60号），雇用の分野における男女の均等な機会及び待遇の確保等女子労働者の福祉の増進に関する法律（昭和47年法律第113号），育児休業等に関する法律（平成3年法律第76号），短時間労働者の雇用管理の改善等に関する法律（平成5年法律第76号）が取り上げられている。[21]

---

19) 基本モデルの内容に対案の可決がないのは，それが可決されれば議員立法となるためであり，修正案の可決があるのは，可決されない修正案と区別するためである。
20) 本文Ⅳの1の各事例は，労働関係の内閣提出法律案が提出された会期に対案が発議されており（継続審査等の場合を含む。），かつ，それより前の会期にも同一又は類似した法律案が発議されている場合である。この先行した法律案は，厳密には対案でないが，修正協議における野党側の意向を知る上で重要と考えられるので，本稿では対案として扱っている。
21) 石村健『議員立法』203-220頁（1997年）を参照。

(a) 短時間労働者法

最後に挙げた短時間労働者法は第126回国会で成立しているが，既に第123回国会において4野党から，衆議院に短時間労働者の通常の労働者との均等待遇及び適正な就業条件の確保に関する法律案が発議されている。[22]

また，委員会の採決に際し，日本共産党から衆議院及び参議院にそれぞれ修正案が提出されているが[23]，最終的には衆議院において，自由民主党，日本社会党・護憲民主連合，公明党・国民会議及び民社党の提出により，

・ 事業主が短時間労働者の雇用管理の改善等のための措置を講ずるに当たって通常の労働者との均衡等を考慮すること（第3条第1項関係）

・ 事業主は，短時間労働者を雇い入れたときは，労働時間その他の労働条件に関する事項を明らかにした文書を交付するように努めること（第6条関係）

・ 事業主は，短時間労働者に係る就業規則を作成し，又は変更しようとするときは，短時間労働者の過半数を代表するものの意見を聴くように努めること（第7条関係）

等について修正が行われている。[24]

(b) 育児休業法の一部改正

第132回国会に成立した育児休業等に関する法律の一部を改正する法律（平成7年法律第107号）では，既に第126回国会において公明党から，参議院に介護休業等に関する法律案が，第132回国会においても新進党（参議院では平成会）から，衆議院に介護休業等に関する法律案が，参議院に同一の題名の法律案が[25]

---

22) 当該要綱の中から修正内容と相通じる内容を摘要すると，次のようになる（労働省婦人局長松原亘子『短時間労働者の雇用管理の改善等に関する法律』101-106頁（1994年）を参照）。
「第一　差別的取扱いの禁止（「第二章　均等待遇」中）
　第一　賃金等に関する事項を記載した書面の交付等（「第三章　使用者の講ずる措置」中）
　第四　就業規則作成の手続（第三章中）」
23) 官報（号外）平成5年6月11日○第126回国会参議院会議録第24号13-14頁を参照。
24) 官報（号外）平成5年6月8日○第126回国会衆議院会議録第32号2，16-20頁等を参照。
25) 当該要綱の中から修正内容と相通じる内容を摘要すると，次のようになる。
「一　施行期日（第十二中）
　この法律は，平成七年十月一日から施行するものとすること。ただし，第五（介護休業のこと。筆者　注），…（筆者　略）…の規定は，平成八年四月一日から施行するものとすること。」

個別報告

発議されている。

また,委員会の採決に際し,平成会からは参議院に,日本共産党からも衆議院及び参議院に,それぞれ修正案が提出されているが[26],最終的には衆議院において,自由民主党・自由連合,日本社会党・護憲民主連合及び新党さきがけの提出により,事業主は,平成11年4月1日から施行されることとなる介護休業制度等に関する規定の施行前においても,介護休業制度等の措置を講ずるよう努めること(附則第2条関係)等について修正が行われている[27]。

2 小　　括

上記1の2件の事例については,いずれも先行した対案の発議によって,その当時の労働関係の法律に内在する立法上の争点が国会に提起され,その解決策の一つとして,後に政府から内閣提出法律案が提出されたとも考えることができよう。また,前記1の一酸化炭素中毒症特別措置法,家内労働法,男女雇用機会均等法,育児休業法の場合も含め,対案が先行する場合には,その後の内閣提出法律案に対し,いずれも修正が行われている[28]。

その意味で,対案先行モデルについては,結果として,内閣提出法律案の提出を促すような働き,さらには修正の方向性を意識させるような働きが考えられるのではなかろうか。

V　対案不存在モデル

1　対案不存在モデルの実際

次に,基本モデルの要素である対案が発議されていない場合(以下「対案不存在モデル」という。)について,5件の事例を取り上げる。

---

26)　官報(号外)平成7年6月5日○第132回国会参議院会議録第27号10頁を参照。
27)　官報(号外)平成7年5月18日○第132回国会衆議院会議録第28号5-6,56-62頁等を参照。
28)　官報(号外)昭和42年7月21日○第55回国会参議院会議録追録13頁,官報(号外)昭和45年4月28日○第63回国会衆議院会議録第23号54-55頁,官報(号外)昭和60年5月10日○第102回国会参議院会議録第15号1-2頁,官報(号外)平成3年4月26日○第120回国会参議院会議録第22号88頁等を参照。

(a) 労働保険徴収法及び雇用保険法の一部改正

第123回国会に成立した労働保険の保険料の徴収等に関する法律及び雇用保険法の一部を改正する法律（平成4年法律第8号）では，委員会の採決に際し，日本共産党から衆議院に修正案が提出されているが，最終的には衆議院において，自由民主党，日本社会党・護憲共同，公明党・国民会議及び民社党の提出により，見直し条項（附則第2条関係）について修正が行われている。[29]

(b) 時短促進法

同じ第123回国会に成立した労働時間の短縮の促進に関する臨時措置法（平成4年法律第90号）では，委員会の採決に際し，日本共産党から衆議院に修正案が提出されているが，最終的には衆議院において，自由民主党，日本社会党・護憲共同，公明党・国民会議及び民社党の共同提出により，労働大臣が労働時間短縮実施計画の承認に当たって関係事業場の労働者の意見を聴くように努めること（第8条第5項関係）について修正が行われている。[30]

(c) 雇用保険法等の一部改正

第129回国会に成立した雇用保険法等の一部を改正する法律（平成6年法律第57号）では，衆議院において，施行期日の繰下げ（附則第1条第1号関係）について修正が行われている。[31]

(d) 労働基準法の一部改正

第142回国会に提出され，第143回国会で成立した労働基準法の一部を改正する法律（平成10年法律第112号）では，委員会の採決に際し，日本共産党から参議院に修正案が提出されているが，[32]最終的には衆議院において，自由民主党，民主党，平和・改革，自由党及び社会民主党・市民連合の提出により，

・ 企画業務型裁量労働制の対象労働者の同意等を労使委員会で決議することを制度実施の要件とすること（第38条の4第1項第6号関係）
・ 労働大臣が激変緩和措置として定める子の養育又は家族の介護を行う女性

---

[29] 官報（号外）平成4年3月26日○第123回国会衆議院会議録第13号5-6，44-46頁等を参照。
[30] 官報（号外）平成4年5月21日○第123回国会衆議院会議録第25号1，5-6頁等を参照。
[31] 官報（号外）平成6年6月7日○第129回国会衆議院会議録第24号(2)61-68頁等を参照。
[32] 官報（号外）平成10年9月25日○第143回国会参議院会議録第10号13頁を参照。

労働者に係る労働時間の延長の限度についての基準は，1年当たり150時間を超えないものとすること（附則第133条関係）
等，主に企画業務型裁量労働制に関して多岐にわたる修正が行われている。[33]

(e) 個別労働紛争解決促進法

第151回国会に成立した個別労働関係紛争の解決の促進に関する法律（平成13年法律第112号）では，衆議院において，自由民主党，民主党・無所属クラブ，公明党，自由党，日本共産党，社会民主党・市民連合及び保守党の提出により，地方公共団体が推進するように努める施策としての個別労働関係紛争に係るあっせんの明記（第20条第1項関係）等について修正が行われている。[34]

2 対案不存在モデルの着眼点

対案不存在モデルでは，前述したように労働関係の内閣提出法律案に内在する立法上の争点の提起という意味合いが薄れてしまうことから，それぞれの立法上の争点の所在を明らかにするため，上記1の各事例の修正内容の特徴に着目して検討を行うこととする。

(1) 新規性

まず，修正内容に新規の政策内容が盛り込まれているものに着目すると，前記1の(b)，(d)及び(e)の事例が該当し，当該修正箇所に立法上の争点が内在していると考えられよう。

なお，前記Ⅱの3件の事例及び前記Ⅳの1の2件の事例における修正内容にも，新規の政策内容が盛り込まれていると考えられる。

(2) 見直し条項

---

33) 官報（号外）平成10年9月4日〇第143回国会衆議院会議録第8号15-22頁等を参照。
34) 官報（号外）平成13年6月22日〇第151回国会衆議院会議録第42号16頁等を参照。また，本文Ⅴの1の(e)の事例に係る経緯に関し，以下の民主党HPが参考となる。
「個別的労働関係の調整に関する法律案ワーキングチームを中心に民主案を作成した。…（著者　略）…その後の折衝で政府案について，個別労働関係紛争の解決にあたって地方公共団体の施策として「あっせん」を明記，その際中央労働委員会が必要な助言または指導ができると明記することとなった。…（著者　略）…これを受け，民主党案は提出しないこととし，政府案を民主党を含む全党で修正成立させた。」「国会レポート2001」第3章の16）

次に，修正内容に見直し条項（法律の施行の日から一定期間経過後，当該法律の規定の見直しを行う旨の条項[35]）が付されているものに着目すると，前記1の(a)及び(d)の事例が該当し，特に(d)の事例では，既に内閣提出法律案において，子の養育又は家族の介護を行う労働者の時間外労働に関する制度の在り方についての見直し条項が定められていたところ，これに対し更に修正が行われているとともに，企画業務型裁量労働制についての見直し条項が新たに付されている。

見直し条項については，その見直しの対象に立法上の争点が内在していると考えるのが素直な見方であろうし，また仮に，個別の修正内容について与野党間の修正協議が難航することが予想されるような場合でも，そうした立法上の争点を見直し条項の形で定めることがその解決策の一つにもなり得ると思われる。

(3) 施行期日の繰下げ

さらに，修正内容に施行期日の繰下げが行われているものに着目すると，前記1の(c)及び(d)の事例が該当し，(c)の事例では，修正の行われた日（平6.6.7）が，内閣提出法律案の附則第1条第1号に掲げる改正規定の施行の日（平6.4.1）を既に経過しているのに対し，(d)の事例では，修正の行われた日（平10.9.4）が，内閣提出法律案における企画業務型裁量労働制に関する施行の日（平11.4.1）の6か月程前であり，必ずしも客観的な事情として施行期日を繰り下げる必要性が認められるわけではないと思われる。むしろ，その施行期日を1年間延期するという修正内容に立法上の争点が内在していると考えられよう。

3 小　括

以上(1)から(3)までの着眼点を通じ，前記1の(a)，(b)，(d)及び(e)の事例について立法上の争点の所在が明らかとなるよう検討を試みてみたが，その修正に関する立法者の意思を探求するためには，後記Ⅵで述べる多角的な検討を併せて行うことが望ましいと考えられる。

---

[35] 見直し条項は，内閣提出法律案に定められている場合（例えば，規制改革推進3か年計画（再改定）（平成15年3月28日閣議決定）における「規制の新設審査等」を参照）や，修正により新たに付される場合等がある。なお，見直し条項の規定振りやその法的効果等については，学会の質疑でも提示されており，改めて論ずることとしたい。

個別報告

Ⅵ 結びに代えて

　最後に，上記ⅡからⅤまでの総括を行い，今後の展望について述べたい。

　前記Ⅱ及びⅢでは，労働関係の内閣提出法律案に対する修正に関する立法過程の検討に当たっては，対案の発議並びに修正案の提出及び可決を要素とする基本モデルの視点が適切である旨を，前記Ⅳでは，対案先行モデルについて，結果として，労働関係の内閣提出法律案の提出を促すような働き，さらには修正の方向性を意識させるような働きが考えられる旨を指摘した。

　また，前記Ⅴでは，対案不存在モデルにおける修正内容の特徴に着目し，それぞれの内閣提出法律案に内在する立法上の争点の所在が明らかとなるよう検討を試みた。

　そして以上の三つのモデル（基本モデル，対案先行モデル，対案不存在モデル）は，修正が行われた個々の規定に関する立法者の意思を探求するときの重要な視座の一つになると考えられる。

　ところで本稿の検討も含め，労働関係の立法過程について，それぞれの法現象ごと（内閣提出法律案や修正案等）に，又は特定の分野ごと（労働基準法制，規制改革関連法制，企業組織の再編成に際しての労働者の保護法制等）に検討を行うことにより，労働法制の研究についての基礎的な素材を提供できるのではないかと思われる。

　例えば，修正が行われた規定に関する立法者の意思を探求するには，本稿の検討のほか，修正が行われた特定の分野における従来からの修正の経緯や，修正全般に関する横断的な立法政策の特徴など[36]，多角的に考察することが望ましいと考えられる。

　また，特定の労働の分野における内閣提出法律案に関する立法政策とその修正に関する立法政策との相関性，労働関係の個々の規定（例えば法的効果が類似する規定等）に見られる立法政策の特徴などを検討するに当たっても，立法過

---

36) この点については，寺山洋一「労働関係の内閣提出法律案に対する修正に関する立法政策について」季刊労働法201号105-142頁（2002年）を参照。

程に着目した基礎作業が求められると考えられる。さらに隣接領域に目を向けると，労働立法に際しての利害調整の多様性，労働立法に関する立法過程と政治過程との関連など，立法過程を通じた検討は幅広い研究に発展する素地になると思われる。

　本稿は，このように多角的な検討が要請される立法過程論の一断面をとらえるものであるが，今後さらに検討の幅を広げ，多角的な研究に取り組むことを課題としたい。

＊ 学会における質疑やコメント，匿名レフェリーの指摘を受け，各モデルの名称等論文全体にわたって見直しを行った。有益なコメントを下さった会員，レフェリー諸氏に，この場を借りて謝意を表したい。

（てらやま　よういち）

回顧と展望

職務発明と「相当の対価」
　（オリンパス光学工業事件・最三小判平15・4・22）……………奥野　寿
業務委託に伴う出向とその延長
　（新日本製鐵〔日鐵運輸第2〕事件・最二小判平15・4・18）……中内　哲

職務発明と「相当の対価」
——オリンパス光学工業事件・最三小判平15・4・22——

奥 野　　寿

(東京大学)

I　事実の概要

　本件は，光学機械の製造販売を主たる業務とする上告人（第一審被告）Yの元従業員であった被上告人X（第一審原告）が，在職中に行った職務発明について特許法35条3項に基づく「相当の対価」の支払を請求した事案である。
　(1)　Xは昭和44年5月Yに入社し，昭和48年から同53年ころまでYの研究開発部に在籍し，ビデオディスク装置の研究開発に従事していた。そして，Xは研究開発部に在籍中の昭和52年，発明の名称を「ピックアップ装置」とする発明をした（以下，「本件発明」という）。本件発明はYの業務範囲に属し，かつ，Xの職務に属するものであり，特許法35条1項に定める職務発明である。
　Yには「発明考案取扱規定」（以下，「本件規定」という）が存在し，これに基づきYはXから本件発明について特許を受ける権利を承継し，本件発明について特許出願を行い，特許を取得した。Yはこの特許権を含む多数の特許権及び実用新案権について，平成2年10月以降，ピックアップ装置製造会社数社とライセンス契約ないしクロスライセンス契約を締結し，以後継続的にこれらの会社から特許権実施料を受領した。
　Xは本件規定に基づき，本件発明に関して出願補償として昭和53年1月5日に3000円，登録補償として平成元年3月14日に8000円，更に，工業所有権収入取得時報償として平成4年10月1日に20万円，合計21万1000円の支払を受けた。工業所有権収入取得時報償については，Yが工業所有権収入を第三者か

ら分割して受領した場合，受領開始日より2年間を対象として1回限りの報償をすることとされ，また，報償金額の限度額は100万円とされていた。

(2) 第1審判決（東京地判平成11・4・16判時1690号145頁）は，本件規定について，Yが一方的に定めたものであり，個々の発明の譲渡についての対価額についてXがこれに拘束される理由はなく，結局，「勤務規則等に発明についての報償の規定があっても，当該報償額が［特許］法の定める相当対価の額に満たないものであれば，発明者は，使用者等に対し，不足額を請求できるものと解するのが相当である」と判示した上で，「相当の対価」を250万円と認定し，既払額21万1000円を控除した228万9000円の限度でXの請求を認容した。相当対価請求権の消滅時効の成否については，本件規定に基づき工業所有権収入取得時報償を受領した平成4年10月1日以前には，算定基礎となる工業所有権収入の額及びXがYから受ける報償額が明らかではなく，Xは特許法35条3項に基づく相当対価請求権を行使することが現実に期待しえない状況にあり，本件訴訟提起時（平成7年）には平成4年10月1日からいまだ10年が経過していないことから，消滅時効は成立していないと判断した。X，Y双方とも控訴。

(3) 原審判決（東京高判平成13・5・22労判812号21頁）は双方の控訴をいずれも棄却した。原審判決は，使用者等は，職務発明にかかる特許権等の承継に関しては特許法35条3項にいう「勤務規則その他の定め」により一方的に定めることができるとする一方で，「相当の対価」の額についてはこれにより一方的に定めることはできないとして，特許法35条3項，4項は強行規定であると判示した。そして，使用者等による定めに基づき算定された額が特許法35条3項，4項にいう相当の対価に不足する場合には，「従業者等が対価請求権を有効に放棄するなど，特段の事情のない限り，」従業者等は相当の対価を使用者等に請求しうると判断した。消滅時効の成否については第一審判決を是認した。

これに対してYが上告。

II 判　　旨

　上告棄却（なお，最高裁は，第一審判決主文がXの請求を一部認容するにとどまるにもかかわらず，「その余の請求を棄却」していなかった点を更正している）。

　1 (1)　「特許法35条は，……職務発明について特許を受ける権利及び特許権（以下「特許を受ける権利等」という。）の帰属及びその利用に関して，使用者等と従業者等のそれぞれの利益を保護するとともに，両者間の利害を調整することを図った規定である。……これによれば，使用者等は，職務発明について特許を受ける権利等を使用者等に承継させる意思を従業者等が有しているか否かにかかわりなく，使用者等があらかじめ定める勤務規則その他の定め（以下，「勤務規則等」という。）において，特許を受ける権利等が使用者等に承継される旨の条項を設けておくことができるのであり，また，その承継について対価を支払う旨及び対価の額，支払時期等を定めることも妨げられることがないということができる。」

　(2)　「しかし，いまだ職務発明がされておらず，承継されるべき特許を受ける権利等の内容や価値が具体化する前に，あらかじめ対価の額を確定的に定めることができないことは明らかであって，上述した同条の趣旨及び規定内容に照らしても，これが許容されていると解することはできない。換言すると，勤務規則等に定められた対価は，これが同条3項，4項所定の相当の対価の一部に当たると解し得ることは格別，それが直ちに相当の対価の全部に当たるとみることはできないのであり，その対価の額が同条4項の趣旨・内容に合致して初めて同条3項，4項所定の相当の対価に当たると解することができるのである。したがって，勤務規則等により職務発明について特許を受ける権利等を使用者等に承継させた従業者等は，当該勤務規則等に，使用者等が従業者等に対して支払うべき対価に関する条項がある場合においても，これによる対価の額が同条4項の規定に従って定められる対価の額に満たないときは，同条3項の規定に基づき，その不足する額に相当する対価の支払を求めることができると解するのが相当である。」

2 「職務発明について特許を受ける権利等を使用者等に承継させる旨を定めた勤務規則等がある場合においては，従業者等は，当該勤務規則等により，特許を受ける権利等を使用者等に承継させたときに，相当の対価の支払を受ける権利を取得する（特許法35条3項）。対価の額については，同条4項の規定があるので，勤務規則等による額が同条により算定される額に満たないときは同項により算定される額に修正されるのであるが，対価の支払時期についてはそのような規定はない。したがって，勤務規則等に対価の支払時期が定められているときは，勤務規則等の定めによる支払時期が到来するまでの間は，相当の対価の支払を受ける権利の行使につき法律上の障害があるものとして，その支払を求めることができないというべきである。そうすると，勤務規則等に，使用者等が従業者等に対して支払うべき対価の支払時期に関する条項がある場合には，その支払時期が相当の対価の支払を受ける権利の消滅時効の起算点となると解するのが相当である。」

III 検 討

1 本判決の意義

本判決（労判846号5頁）は，職務発明にかかる特許を受ける権利を使用者に承継させた場合の対価の額に関する規定が存在する状況の下で，当該規定に基づく対価が，特許法35条3項，4項に定める「相当の対価」に不足する場合には，同項に基づき不足額を請求することができることを判示したはじめての最高裁判決である。下級審裁判例では，対価の額に関する規定が存在する場合でも，特許法35条3項，4項にいう相当の対価を請求しうるとする判断が既に相次いで示されていたが[1]，本判決は，このような下級審裁判例の流れを最高裁として確認・是認するものとして大きな意義を有する。3で詳述するが，実務としては，従来の低廉な対価額ないし対価の上限について適切に見直しを行う必要があるといえる。

---

[1] 本件第一審判決，本件原審判決，日亜化学工業事件・東京地中間判平成14・9・19労判834号14頁，日立製作所（職務発明補償金請求）事件・東京地判平成14・11・29労判842号5頁。

更に，本判決は，対価に関する規定が存在する場合における相当対価請求権の消滅時効の起算点について判断している点（4で検討），また，傍論ではあるが，使用者等は従業者等の意思に関わりなく，あらかじめ定める勤務規則等において，職務発明について特許を受ける権利等を承継させる旨定めうるとしている点（2で検討）でも注目される。

2　特許を受ける権利等を承継させる旨の定め

判旨1(1)は，「使用者等と従業者等のそれぞれの利益を保護するとともに，両者間の利害を調整する」との特許法35条の趣旨に照らして，使用者等は，職務発明について特許を受ける権利等を使用者等に承継させる意思を従業者等が有しているか否かに関わりなく，あらかじめ定める勤務規則等において，特許を受ける権利等が使用者等に承継される旨の条項を設けておくことができるとする。

特許法35条の趣旨については，学説上，従業者等に対して「相当の対価」を受ける権利を保障することにより従業者等を保護すると共に，使用者等に対して当該「相当の対価」の支払と引換えに，職務発明についての特許権または専用実施権の取得を保障することであると指摘されている[2]。判旨1(1)が説くところもこれと同様であると考えられ，使用者等に対して職務発明について特許を受ける権利等を保障するという観点からは，従業者等の意思に関わりなく，あらかじめ定める勤務規則等において，職務発明について特許を受ける権利等が使用者等に承継される旨の条項を設けうるとするのは一応理解しうる。

もっとも，労働法の観点から見た場合，具体的にそのような条項を定める方法についてなお若干の検討が必要と考える。「従業者等」には労働者のほか役員等が含まれるが，役員等は別として，労働者との関係では，職務発明にかかる権利の帰属（紹介は割愛したが，本判決も指摘するとおり職務発明についても，特許を受ける権利は発明者に原始的に帰属し（特許法29条1項参照），また，使用者等が承継させる旨の契約等を締結しない限り，当然に当該職務発明にかかる権利が使用者等

---

[2]　中山信弘編『注解特許法（上）第三版』（青林書院，2000年）335, 346頁〔中山信弘執筆〕。

に承継されるわけではない)は,労働条件の一内容として,労働契約,労働協約または就業規則により定められる必要があるのではないかと考えられる。学説上は,承継させる旨の定めについて使用者の一方的な意思表示により規定を設けうるとする有力説があるが,労働者との関係では,労基法及びこれに関する判例法理による,特許法35条とは別個の観点からの保護がなされるべきではないかと考える。判旨1(1)は「従業者等」について,あらかじめ定める「勤務規則等」で従業者等の意思に関わりなく職務発明について特許を受ける権利等を使用者等に承継させる旨定めうるとするが,労働者との関係でその同意の有無に関わりなく承継させる旨定めるためには,就業規則の制定・変更法理に従う必要があると考える。

3 勤務規則等に定めがある場合の相当対価(不足額)請求権

判旨1(2)は,勤務規則等において対価に関する定めが存在する場合でも,当該規定の額が特許法35条3項に定める「相当の対価」といえない場合には,同項に基づき「相当の対価」(に不足する額)の支払を求めうるとする。対価に関する定めが存在する場合でも,「相当の対価」を請求しうることは従来の下

---

3) 日亜化学工業事件中間判決は,特許法35条の「契約,勤務規則その他の定」に労働契約以外のものも含まれることから,権利の帰属(承継)が労働契約内容であることを否定しているが,これについては,「使用者と労働者の間の契約としてはあくまでも労働契約の一部に組み込まれる要素だといえないであろうか」として反対する見解もある(手塚和彰「従業員発明の今後を考える—従業員発明に関する日亜化学工業事件判決をめぐって」ジュリスト1241号44頁(2003年),49頁)。

4) 中山・前掲注2)書・346頁。

5) なお,労働者が同意する場合(労働契約・労働協約による場合)を除き,就業規則によるべきであるとする場合,それが労働契約の内容となるためには,当該規定内容が合理的であることが必要であり(電電公社帯広局事件・最一小判昭和61・3・13労判470号6頁),使用者等に対して職務発明について特許を受ける権利等を保障するとの観点からは問題が生じうる。もっとも,この点については,特許法35条の規定が存在し,特許を受ける権利等の承継について,「相当の対価」の支払を強行的に義務づけている点を踏まえて,特許を受ける権利等の承継については,合理的な規定内容であると解することができよう。このように解すると,使用者の一方的意思表示によることを認めるのと大差がないとの批判も考えられるが,就業規則については,労基法上,意見聴取・周知などの手続きが義務づけられており,労働者保護の観点からはなお差異が存すると考える。

6) 注1)参照。

級審裁判例でも肯定されており[6]，既に述べたとおり，この下級審裁判例の傾向を最高裁として是認したところに，本判決の重要な意義がある。

もっとも，これら従来の下級審裁判例には若干のニュアンスの差異が存する。すなわち，一方には，対価に関する規定が存在しても，従業者等はこれに拘束されることなく特許法35条3項に基づき相当な対価を請求することができるとする裁判例[7]が存在すると共に，他方，対価に関する規定が存在する場合であっても，当該規定に定める対価の額が特許法35条3項，4項の定める相当な対価の額に満たない場合にはその不足額を請求することができるとする裁判例[8]が存在する。本判決は，判旨1(2)の文言に照らして，後者の裁判例の立場を採用していることが明らかである。

使用者等が定める対価の額が特許法35条3項，4項の規定に従った相当の対価であるか否かが最終的に裁判所により決定されるという点では，確かに両者には差異は存在しない。しかし，前者の考え方に従えば，使用者等が対価の額について勤務規則等で定めたとしても法的には拘束力を有せず，相当の対価の額は常に裁判所による判断に委ねられることとなる。これに対して，後者の考え方によれば，使用者等が定める対価の額も，特許法35条3項，4項の規定に従う限りは有効とされる（本件原審判決はこの点を明確に指摘している）。

「相当の対価」については幅のある概念であることが指摘されており[9]，また，裁判所が相当の対価を実際に算定する場合にも，使用者等が受けるべき利益の額や使用者等が貢献した程度について，必ずしも厳密に算定がなされているわけではない（本件のように複数の特許を一括してライセンスする場合におけるある一つの特許の寄与率や，使用者等が貢献した程度については特にこのことが妥当する）。現在，相当の対価の算定方法及び額について判断が徐々に積み重ねられており，職務発明を排他的に独占することによって得られる利益（具体的には，ライセン

---

7) 本件第一審判決，日亜化学工業事件中間判決。
8) 本件原審判決。また，日立製作所（職務発明補償金請求）事件判決は，使用者が相当の対価について一方的に規定しても，従業者がこれに拘束される理由はないとしつつも，使用者が定める対価が特許法35条3項，4項の定める相当の対価に足りない場合にはその不足額を請求しうるとしており，中間的な立場ながら，後者の裁判例に属すると考えられる。
9) 例えば，中山信弘=相澤英孝「職務発明の現代的位置づけ—特許法35条改正の動きをめぐって」L & T (Law & Technology) 14号4頁（2002年），8頁〔中山信弘発言〕参照。

ス契約に基づく実施料収入）から，使用者等が貢献した割合部分を差し引いた額を相当の対価とする算定方法について，裁判例は基本的に一致しているといえるが，上述した後者の裁判例の立場を採用する判旨1 (2)は，このような裁判例の示す算定方法による額に概ね沿う対価の額を規定している場合には，特許法35条3項にいう相当の対価として，当該規定の効力を認める余地を認めているものであると解される。本判決と同様の考え方に立つ原審判決について，実務の側からは，発明ごとに従業員の個別の同意または裁判所の判断を要求するものである[10]等の批判がなされているが，本判決はそのように理解されるべきではなく，実務においてこれまで支給されてきた対価の額が著しく低額であることに警鐘を鳴らし，これまでの裁判例を斟酌して対価額の算定方法の変更・対価額の引き上げを行うよう求めるものと捉えられるべきである。

なお，判旨1 (2)は，使用者等が規定する額が特許法35条3項にいう相当の対価に不足する場合の差額を請求できるとする理由として，「いまだ職務発明がされておらず，承継されるべき特許を受ける権利等の内容や価値が具体化する前に，あらかじめ対価の額を確定的に定めること」は不可能であり，また，特許法35条に照らし許容されていないことをあげている。使用者等が定める対価の額以上の請求をなしえないとするのは，相当の対価に不足する額の請求権を放棄させることと捉えることができる。したがって，上記判旨は職務発明がなされる以前において上記権利を放棄させることを認めないという趣旨であると解される。原審判決は特に時間的限定を付することなく「従業者等が対価請求権を有効に放棄する」などの特段の事情が存在する場合には不足額を請求しえないとの判断を示しているが，判旨1 (2)は原審の上記判断を修正するものであるといえる。相当対価請求権が具体的に（不足額請求権として）発生していない段階においてまで放棄を認めるべきではなく，妥当な判断である。

4 相当の対価の支払を受ける権利の消滅時効の起算点

判旨2は相当の対価の支払を受ける権利の消滅時効の起算点について判断す

---

[10] 例えば，日本知的財産協会政策部会「職務発明の承継に係る補償金に関する東京高裁判決について」知財管理51巻8号1364頁（2001年）参照。

る。特許法35条3項に基づく「相当の対価」の請求がなされた従来の裁判例は，いずれも役員または労働者が退任・退職した後に訴訟が提起されており，職務発明を行い特許を受ける権利等を承継させた時点から長期間が経過していることから，消滅時効の成否，具体的にはその起算点がしばしば重要な争点とされている。

　従来の裁判例は，相当の対価の支払を受ける権利は特許を受ける権利等を承継させたときに発生し，当該時点から消滅時効が進行するとしているが[11]，それらの判決では対価の支払時期に関する規定が存在しないことが指摘されており，特に，ゴーセン事件判決は，「契約・勤務規則に特段の定めがな」い限り，特許を受ける権利等を承継させた時点が消滅時効の起算点であると判示していた。本判決はこれらの裁判例を踏まえて，対価の支払時期に関する規定が存在する場合については，当該規定による対価の（最終）支払時期が到来した時点が消滅時効の起算点であることを明らかにしたものである。本件のような実績補償方式は裁判例上も認められており[12]，また，使用者等が受けるべき利益の把握をより適切に行う方式として合理的であると考えられる。したがって，そのような規定が設けられている場合には，従業者等は当該支払時期（期限）が到来するまで対価の支払を請求しえず，消滅時効も進行しないと解されることに照らして，判旨は妥当である。

　なお，第一審判決及び原審判決は，工業所有権収入取得時報償を受領した日（平成4年10月1日）以前はXがYから受ける報償額が不確定で，相当対価請求権の行使について「現実に期待し得ない」ことを理由として同日が消滅時効の起算点であると判断しており[13]，本判決とは論理構成が異なる。しかし，上述したとおり，実績補償の時期（期限）の到来まで相当の対価を請求する権利を

---

[11] 日本金属加工事件・東京地判昭和58・12・23判時1104号120頁，ゴーセン事件・大阪高判平成6・5・27判時1532号118頁（最二小判平成7・1・20判例集未登載により上告棄却）。
[12] このことを明確に述べる裁判例として，ミノルタカメラ事件・大阪地判昭和59・4・26無体裁集16巻1号282頁がある。
[13] 日立製作所（職務発明補償金請求）事件においても，対価の支払時期に関する規定が存在する状況の下で消滅時効の成否が争われており，本件と同様に，使用者から受ける報償金の額が確定しない限り相当対価請求権を行使することは現実に期待しえず，その時点まで消滅時効は進行しないとの判断が示されている。

そもそも行使しえないのであるから，法律上の障害があるとする最高裁の論理が正当であると考える。

(おくの　ひさし)

業務委託に伴う出向とその延長
―― 新日本製鐵(日鐵運輸第2)事件・最二小判平15・4・18 ――

中 内 哲
(北九州市立大学)

I 事実の概要

　1980年代後半に入ると鉄鋼業が構造的な不況に陥り，これを主たる事業としていたY会社（被告・被控訴人・被上告人）は，大幅な人員削減策の実施を迫られた。そこで，同社は，訴外組合との協議を経て，他の製鉄所だけでなく他社製鉄所と比較しても労働生産性が劣るP製鉄所構内における鉄道輸送部門の一定の業務を他社へ委託することにした（以下，本件業務委託）。同製鉄所における当該部門の委託率は，他の各部門（原料揚陸・無軌道輸送・倉庫・出荷）のそれが70％を超えているのに対し，わずか7％であった。

　本件業務委託を円滑に進めるため，30歳代以下の者・2年以内に定年を迎える者・病気休職者等を除くP製鉄所の鉄道輸送部門に所属する従業員141名のうち，137名が1989（平成元）年4月1日までに委託先会社へ出向（Y会社従業員としての身分を留保しつつ，委託される業務に従事していた労働者がその受入会社で就労）する。

　ところが，Xら（原告・控訴人・上告人）2名は，復帰が予定されていないこと，将来転籍のおそれがあること等を理由に，上記出向の内示を拒否した（他に2名の拒否者あり）。Y会社は，組合とも協議しつつ数回にわたってXらの説得に努めたが，その拒否事由を正当と認めず，同年4月15日付でXらに業務委託先である訴外A会社への出向を命じた（以下「本件各出向命令」）。

　これに対し，Xらは，当該命令がXらの個別的同意を得ておらず法的に無

効である等と主張して，本件訴訟を提起した。第1審（福岡地判平8・3・26労判847号30頁）および原審（福岡高判平11・3・12労判847号18頁）はその訴えをいずれも斥けたため，Xらが上告に及ぶ。

　Y会社の就業規則54条には，「会社は従業員に対し業務上の必要によって社外勤務をさせることがある」旨の定めがあり（訴外組合に加入するXらに適用される労働協約54条も同様），労働協約たる社外勤務協定は，出向期間（原則3年）や出向者の地位・賃金・退職金・各種手当・昇格(給)の査定等について，当該労働者の利益に配慮した上で詳細に規定していた。また，A会社におけるXらの労働条件を見ると，業務内容・勤務場所は出向以前と同一であったが，月平均残業時間は数時間程度増加し，休日日数はY会社のそれに比して少ない。

　なお，Y会社は，業務上の必要により出向期間を延長しうる旨を定めた社外勤務協定4条1項但書に基づき，3度にわたって（1992〔平成4〕年・95〔同7〕年・98〔同10〕年の各4月15日付で）本件各出向命令を延長している。

II　判　　旨

上告棄却
1　本件各出向命令の発出可能性とその権利濫用性
　(1)　①Xらに対する人事措置はいわゆる在籍出向であること，②Y会社就業規則54条，③労働協約にも当該就業規則条項と同旨の定めがあり，出向労働者の処遇に関する詳細な規定である社外勤務協定が整備されていること，「以上のような事情の下においては，Y会社は，Xらに対し，その個別的同意なしに，……本件各出向命令を発令……できるというべきである。」

　(2)　原審が適法に確定した事実関係等によれば，P製鉄所構内における「鉄道輸送部門の一定の業務をA会社に委託することとした〔Y会社の〕経営判断が合理性を欠くものとはいえず，これに伴い，委託される業務に従事していたY会社の従業員につき出向措置を講ずる必要があったとい」え，当該「措置の対象となる者の人選基準には合理性があり，具体的な人選についてもその不当性をうかがわせる事情はない。」

「また，本件各出向命令によってＸらの……従事する業務内容や勤務場所には何らの変更はなく，……社外勤務協定による出向中の社員の……処遇等に関する規定等を勘案すれば，Ｘらがその生活関係，労働条件等において著しい不利益を受けるものとはいえ」ず，当該「命令の発令に至る手続に不相当な点があるともいえない。」

「これらの事情にかんがみれば，本件各出向命令が権利の濫用に当たるということはできない。」

2　本件出向命令延長の権利濫用性

原審が適法に確定した事実関係等によれば，本件各出向命令が延長された「時点においても，……［当該］業務委託を継続したＹ会社の経営判断は合理性を欠くものではなく，既に……［その］業務に従事しているＸらを対象として本件各出向延長措置を講ずることにも合理性があり，これによりＸらが著しい不利益を受けるものとはいえないことなどからすれば，本件各出向延長措置も権利濫用に当たるとはいえない。」

Ⅲ　検　　討

1　出向の法的意義とその問題点

本件（労判847号14頁）で争われた在籍出向（以下，単に「出向」という）を法的に定義すれば，それは「指揮命令権者を変更する使用者の人事措置」と説明できる。出向は，実務上すでに長年にわたり多用されているものの，講学上，①使用者は労働者からの個別的・具体的同意を得ずにこれを実施しうるか，その際の要件は何か（＝出向命令権の法的根拠），さらに，②使用者が出向命令権を取得した場合，当該権利行使の濫用性（民１条３項参照）を判断する基準・要素は何かが，まずもって解明されるべき論点として捉えられきたことは周知の通りである。

1）　久保敬治＝浜田冨士郎『労働法』（ミネルヴァ書房，1993年）336頁［浜田執筆］参照。同旨，日東タイヤ事件控訴審判決・東京高判昭47・４・26労判189号58頁。

2 出向命令権の法的根拠をめぐる裁判例の状況[2]

上記論点①については，まず日立電子事件東京地裁判決（昭41・3・31労民集17巻2号368頁）[3]によって，使用者は「労働者の承諾その他これを法律上正当づける特段の根拠」に基づき当該命令権を取得するとされた。これ以降の裁判例を見ると，面接の際の労使のやりとり等に着目して，使用者の出向命令権に対する「包括的同意」を採用時に労働者が与えているとの判断[4]や，出向元と出向先との絶え間ない人事交流の実態に基づいて，その「慣行」が確立しているがゆえに，出向命令は無効とはならない旨言及するもの[5]が存在する。

しかしながら，裁判例の大勢は，出向元の就業規則・労働協約条項とその定め方に関心を寄せた。すなわち，使用者は，配置転換や出張といった同一企業内における人事異動条項のみが存在する場合[6]や，出向に関する定めが休職事由条項に留まる場合[7]には，これを根拠に出向命令を発出できないとされる一方，「会社は，業務上の必要があるとき，従業員（もしくは組合員）に対して出向を行うことができる」旨の定めがあれば，ひとまず出向命令権を取得する[8]，と。さらに近時は，単に当該権利の根拠条項だけでなく，出向労働者の処遇等に関する（詳細な）定めの存在まで考慮に入れて，出向命令を有効とする判断も見

---

2) なお，学説における従来の議論状況については，さしあたり，藤内和公「人事制度」日本労働法学会編『講座21世紀の労働法 第4巻 労働契約』（有斐閣，2000年）254頁以下，とくに264-267頁を参照されたい。
3) 同判決は，その根拠として，民法625条1項の趣旨や労働条件明示原則（労基法15条1項等参照）の精神に言及している。
4) 東京エンジニアリング事件・東京地判昭52・8・10労判283号27頁，ダイワ精工［仮処分異議］事件・東京地八王子支判昭57・4・26労判388号64頁参照。
5) 新学社教友館事件・京都地決昭47・6・23判時682号80頁参照。なお，本件第1審判決にも「慣行」との言及が見られる。
6) 小野田セメント事件・東京高判昭48・11・29判時727号91頁等のほか，直近の事案として学校法人藍野学院事件・大阪地決平11・1・25労判759号40頁も参照。
7) 前掲日立電子事件判決等のほか，前掲日東タイヤ事件控訴審判決も参照。
8) 就業規則条項と労働協約条項を併記するものに，光洋自動車事件・大阪地判昭50・4・25労判227号37頁等のほか，直近の事案としてJR東海中津川運輸区（出向）事件・名古屋地決平14・7・3労判838号42頁も参照。
　　他方，労働協約条項のみで出向命令権を根拠づける判断には，日本電気事件・東京地判昭43・8・31労民集19巻4号1109頁等のほか，本判決控訴審判決参照。また，就業規則条項のみによって当該権利を認めるものとして，日本ステンレス事件・新潟地高田支判昭61・10・31判時1226号128頁等がある。

受けられる[9]。

3　判旨1の分析──出向命令の有効性判断枠組み

本件以前に「出向命令権の法的根拠」が最高裁まで争われた2つの事件のいずれでも，その見解は積極的には示されなかった[10]。そのため，本判決はこの論点に対する最高裁としての初めての判示となるが，判旨1(1)は，本件における諸事実を摘示することでXらに対するY会社の出向命令権を直ちに導き出しており，一般論を展開していない。

もっとも，そこで着目された事実が，当該権利の発令根拠となる就業規則条項・労働協約条項と並んで，出向労働者の処遇に関する社外勤務協定であったことに鑑みれば，判旨1(1)は，前記2で確認された従来の下級審判例，とりわけその近時の動向を踏まえたものと評価できる。このことは，少なくとも当該判例における「使用者の出向命令権は，その発出可能性を明確に定めた就業規則（または労働協約）条項により根拠づけられる」との命題が，最高裁によって受容されたことを意味すると解してよい[11]。本判決が有する意義の第1はここに存する。

また，本判決は，前記1②で示した論点「出向命令の濫用性判断基準」についても，本件事実に立脚しながら具体的に提示した（判旨1(2)参照）。すなわち，①業務上の必要性，②出向労働者の人選基準（およびその運用）の合理性，③労働者が被る労働条件上または生活関係上の（著しい）不利益性，④出向命

---

9) JR東海出向事件・大阪地決昭62・11・30労判507号22頁，ゴールド・マリタイム［本訴］事件控訴審判決・大阪高判平2・7・26労判571号114頁，川崎製鉄（出向）事件・大阪高判平12・7・27労判792号70頁等参照。
　　但し，出向労働者の処遇に関する（詳細な）定めの存在は，出向命令権の発生「要件」を構成するというよりは，当該権限の発生を補強する「要素」と位置づけられよう。なぜなら，上記で参照した事案の中には，その不存在を理由として当該権利の発生を否定した判断は皆無だからである。
10) 日東タイヤ事件判決・最2小判昭48・10・19労判189号53頁とゴールド・マリタイム［本訴］事件判決・最2小判平4・1・24労判604号14頁を指し，いずれも原審の認定判断を正当として是認できる旨述べるに留まるものであった。
11) 実際，判旨1(1)は，まずY会社就業規則54条を単独で指摘しており，労働協約条項等は，それに次いで付加的に挙げられているにとどまる。

令の発令手続きの相当性（労働協約に基づく組合との協議／労働者への説明・説得）である。

これら4点は，従来の下級審判例においてもすべて認められるものであり[12]，その限りでは，判旨1(2)に対する評価は，前述した判旨1(1)へのそれと同様であるが，上記4基準の用法がこれまで事件ごとに異なることもあった点に照らすと[13]，本判決が出向命令の濫用性判断基準をこのように定式化したことの意義は極めて大きい。それゆえ，上記4基準は，今後，判例理論の中に根付いていくことになろう。

評者は，最高裁が出向命令に関してなした初めてのかかる説示（定立された濫用性判断基準を本件各出向命令へあてはめた結果も含む）を総じて支持できるものの，全く疑問がないわけではない。例えば，判旨1(2)が示した上記4基準における「必要性」「合理性」「(著しい)不利益性」「相当性」は，それぞれ（何が）どの程度求められるのか[14]，さらには，各基準の法的性格は「要件」あるいは「要素」のいずれなのか[15]，という問いに対して，最高裁は何も語っていないからである。これらへの応答内容如何によって出向命令の法的拘束力が左右されてしまうのであり，労使双方に結果予見可能性（または行為規範）を与えるためにも，今後，裁判所は，それに対する見解を積極的に示す責務を負うというべきであろう。

---

12) 近時でいえば，神戸製鋼所事件・神戸地判平11・2・18判タ1009号161頁が，出向命令の濫用性判断の基準として当該4つのすべてに言及している。

13) 例えば，JR東海（出向命令）事件・大阪地決平6・8・10労判658号56頁では①②，新日本ハイパック事件・長野地松本支決平元・2・3労判528号69頁では①②③，ゴールド・マリタイム［仮処分］事件・大阪地決昭60・8・29判時459号53頁では①②④から出向命令の濫用性が判断されている。

14) ちなみに，前掲川崎製鉄事件判決は，配転に関する東亜ペイント事件最高裁判決（最2小判昭61・7・14判時477号6頁）と同程度，すなわち①には「企業の合理的運営に寄与する程度」（相模ハム事件・大阪地決平9・6・5労判720号67頁も同旨），③については「通常甘受すべき程度を著しく超える」（不利益）を求める。

15) セントラル硝子［仮処分異議］事件・山口地判昭52・7・20労判281号46頁は，「要素」であり「総合して…決すべき」とする。同旨，前掲川崎製鉄事件判決等参照。

4　判旨２の分析——出向の延長

　本件における事案としての特徴は、いうまでもなく、本件各出向命令が３年ごとに３度にわたって延長された点である。判旨２は、当該延長の法的是非を判定するにあたり、基本的には、その「合理性」とＸらが被る「（著しい）不利益性」とを比較衡量し、前者の存在および後者の不存在を認定することによって、権利濫用性を否定する結論を導き出した。

　ところが、同判旨は、延長の「合理性」の存在を裏打ちする具体的な認定事実を指摘していない。原判決（「事実及び理由」第四・六１㈢、労判847号28頁参照）には、各延長時点において、「Ｐ製鉄所では、他の製鉄所に比べて多数の恒常的余力要員を抱えており、要員削減の必要性は一層顕著であった」とある。

　これを前提とする限り、Ｘらの出向期間の各満了時には、Ｐ製鉄所だけでなくＹ会社全体として彼ら２名を処遇する具体的ポストはなかったと把握するところから出発することになる。とすれば、上記期間満了時に、Ｙ会社に残されたＸらに対する選択肢は、①Ａ会社への転籍、②本件出向の延長、③Ｙ会社の復帰とともに（整理）解雇、以上３つのみであったろう。[16] Ｙ会社は、Ｘらが「Ｙ会社」本体での「就労」を希望していることをすでに確知していたから、①でも③でもなく②を採用したと推察される。つまり、本件出向の延長は、Ｙ会社からＸらへの（精一杯の）雇用保障措置であったと考えられるのである。

　以上に基づくと、不本意な出向に合計12年間も従ってきたＸらが裁判所に訴えた心情は察するにあまりあるものの、結論において本件出向延長措置を無効と解することに、評者は躊躇せざるをえない。とはいえ、それを有効とした判旨２が説得力ある論旨とも認められない。本件延長を社外勤務協定４条１項但書にいう「業務上の必要性」に基づく使用者の命令と捉え、基本的には判旨１で確認された出向命令の有効性判断枠組みに則って有効とした原判決（「事実及び理由」第四・六および七、労判847号28頁以下参照）のあり方が、より妥当と解される。

---

16)　Ｙ会社は、復帰するＸらを処遇するために、例えば、予め整理解雇や希望退職募集を行うことや、他の従業員を配置転換することを義務づけられていないからである。

5 おわりに——業務委託と人事措置

業務委託が実施されると，労働者の従前の職場は他社へ移るため，労働者は，それまでの職務になお従事し続けたいと願えば出向を迫られ，使用者の下に残ろうとすれば配転を余儀なくされる。また，業務委託は経営合理化の一環としてなされることが通常であるから，当該労働者にとっては，委託先会社への出向であれ，使用者の下での配転であれ，それは，本件出向（およびその延長）のように，雇用保障措置としての性格を帯びることになる（前記4参照）。

したがって，業務委託に伴う人事措置は，使用者が労働者の意向を知り，かつ，それに添いうる機会・能力を有していた，あるいは，業務委託が経営合理化とは異なる違法・不当な目的でなされたなど，特段の事情がない限り，その濫用性判断における，少なくとも「業務上の必要性」の判定にあたっては，その程度を高める機能を内包すると把握されるべきである。

なお，Y会社は，本件とほぼ同時期・同じ事情の下で発した出向命令およびその延長（3年ごとに3度）に関する2件の訴訟を本件とは別に提起されている[17]。いずれも上告中であるだけに，本判決の内容は，それらの上告審に多大な影響を与えることになろう。

（なかうち　さとし）

[附記] 本評釈の執筆にあたっては，本件原告側訴訟代理人の一人である田邊匡彦弁護士（黒崎合同法律事務所（北九州市八幡西区））に大変お世話になりました。この場をお借りしまして厚く御礼申し上げる次第です。

---

[17] 新日本製鐵（三島光産）事件・福岡高判平12・2・16労判784号73頁，および，新日本製鐵（日鐵運輸）事件・福岡高判平12・11・28労判806号58頁である。

◆ 日本労働法学会第105回大会記事 ◆

　日本労働学会第105回大会は，2003年5月11日（日）駒澤大学において，個別報告，特別講演およびミニ・シンポジウムの3部構成で開催された（敬称略）。

1　個別報告
第1会場
　テーマ：「中国における雇用の流動化と労働関係の終了」
　報告者：山下昇（久留米大学）
　司会　：菊池高志（西南学院大学）

　テーマ：「ベトナムの市場経済化と労働組合」
　報告者：斉藤善久（日本学術振興会特別研究員）
　司会　：道幸哲也（北海道大学）

第2会場
　テーマ：「ドイツにおける被用者概念と労働契約」
　報告者：皆川宏之（京都大学大学院）
　司会　：村中孝史（京都大学）

　テーマ：「労働関係の内閣提出法案に対する修正に至るまでの立法的な過程について」
　報告者：寺山洋一（労働法研究者）
　司会　：荒木尚志（東京大学）

2　特別講演
　テーマ：「司法制度改革と「労働」」
　報告者：高木剛（UIゼンセン同盟会長・連合副会長）

3　ミニ・シンポジウム
第1会場
　テーマ：「労働契約法の新潮流―独仏の新制度をどうとらえるか」
　報告者：奥田香子（京都府立大学），根本到（神戸商船大学），野川忍（東京学芸大学）
　司会　：野田進（九州大学）

第 2 会場
　テーマ：「労働条件変更法理の再構成」
　報告者：川口美貴（静岡大学），古川景一（弁護士）
　司会　：盛誠吾（一橋大学）

第 3 会場
　テーマ：「契約労働をめぐる法的諸問題」
　報告者：永野秀雄（法政大学），小俣勝治（青森中央学院大学），鎌田耕一（流通経済大学）
　司会　：毛塚勝利（専修大学）

4　総　会
1．林選挙管理委員長より，2002年12月に実施された理事・監事選挙の結果，以下の会員が当選したことが報告された（50音順，敬称略）。
　青野　覚，浅倉　むつ子，金子　征史，島田　陽一，菅野　和夫，角田　邦重，諏訪　康雄，浜村　彰，盛　誠吾，山川　隆一

2．水野監事より，昼食休憩時に開催された当日理事会での推薦理事選挙の結果，以下の 5 名が当選したことが報告され，承認された（50音順，敬称略）。
　石田　眞，唐津　博，清水　敏，野田　進，宮里　邦雄

3．山田事務局長より，2002年度会計報告がなされ，承認された。

4．山田事務局長より，学会事務局が第106回大会をもって移転するに際して，学会事務の一部を「学会事務センター」に委託するという提案がなされ承認された。これに伴い，2003年度予算案における支出の費目として，新たに「学会事務センター」を設けること，および学会誌出版体制変更に際し「学会誌編集経費」を設けることが報告され，承認された。

5．第105回大会前日の理事会において選出された土田新企画委員長より，第106回大会，第107回大会および第108回大会について報告がなされた。内容は，以下の通り（敬称略）。

　〈106回大会〉
　　日時：　2003年11月 3 日（月・祝）

会場： 関西大学
テーマ：「雇用政策法の基本原理―能力開発，雇用保険，公務員制度を手がかりに―」
司会： 清水　敏（早稲田大学），諏訪　康雄（法政大学）
報告者
　1　総論　　　　森戸　英幸（成蹊大学）
　2　能力開発　　両角　道代（明治学院大学）
　3　雇用保険　　藤原　稔弘（関西大学）
　4　公務員制度　下井　康史（新潟大学）

〈107回大会〉
日時：2004年5月9日（日）
会場候補地：金沢大学
個別報告予定者：
　松本　克美「安全配慮義務概念の拡張可能性――合意なき労働関係および工事発注関係における安全配慮義務概念の新たな展開」
　高橋　賢司「ドイツにおける従業員代表の労働条件規整権限の法的原理とその限界」

　報告を希望する者は，土田企画委員長または山田事務局長に連絡をするものとされた。7月20日の企画委員会において報告者を確定し，あわせて特別講演およびミニシンポジウムのテーマもその際に検討することになった。

〈108回大会〉
日時：未定
会場候補：日本大学
大シンポジウムのテーマ：未定。これも7月20日の企画委員会において確定することとされた。

　あわせて，前日理事会において，以下の4名が新企画委員として承認されたことが報告された（敬称略）。
奥田　香子（京都府立大学），名古　道功（金沢大学），本久　洋一（小樽商科大学），山川　隆一（筑波大学）

　また，有斐閣『講座21世紀の労働法』の収益の活用方法について，個別報告担当

者のうち，非専任者である会員に対し，研究費（定額）補助に活用するという案が提示されていることが報告された。

6．盛編集委員長より，学会誌101号から，学会誌の装丁が変更されたことについて報告された。

7．西谷理事（日本学術会議会員）より，日本学術会議について報告された。内容は下記の通り。
① 日本学術会議の設置形態をどうするかという議論がなされてきたが，当面は国の機関として存続することになった。
② 会員の選出方法について，学会による選出から，学士院のように会員が欠員を選出する方法に変更することが検討されている。また，現行の7部編成を2部ないし3部に再編すること，研究連絡委員会の制度を改変することが検討されている。
　第19期については，18期会員の任期を延長して改革案を策定することも考えられていたが，現行の手続に従って新たに会員を選出することになった。5月の推薦人会議で，社会法研連については4人の候補が選出された。
③ 2002年11月に，林弘子会員のお世話で「ジェンダーと法」に関する社会法研連のシンポジウムが福岡で開催された。また，2003年4月に，「法科大学院と研究者養成」に関する学術会議第2部のシンポジウムが開催された。

8．荒木理事より，国際労働法社会保障学会について報告された。内容は下記の通り。
① 第17回世界会議が，2003年9月2日から5日まで，ウルグアイのモンテビデオにおいて開催される。第1テーマ「団体交渉の当事者」では，諏訪康雄会員（法政大学）がジェネラル・レポートを，第2テーマ「労働法と基本的人権」では，和田肇会員（名古屋大学）がナショナル・レポートを，第3テーマ「失業者の社会的保護」では，大内伸哉会員（神戸大学）がナショナルレポートを担当する。
② 国際労使関係学会（IIRA）のアジア地域会議が，2004年6月23日から26日まで，韓国のソウルにおいて開催される。参加希望，レポート提出等については，日本労働研究機構内「日本労使関係研究協会」まで問い合わせのこと。
③ 日本支部では外国語論文・著書リストを作成し，支部会報に掲載しているので，外国語による論文・書籍を執筆公表された際には，同支部（東京大学法学部菅野研究室 sugeno@j.u-tokyo.ac.jp）まで連絡をいただきたい。

9．入退会について

　山田事務局長より，退会者6名，および以下の21名の新入会員が理事会において承認された旨報告がなされた（50音順，敬称略）。

　淺野　高宏（安西・外井法律事務所），稲庭　正信（(社)日本経済団体連合会），岩永　昌晃（京都大学大学院），岩本　充史（安西・外井法律事務所），大木　正俊（早稲田大学大学院），奥村　忠史（早稲田大学大学院），柿木　順子（柿木社会保険労務士事務所），金井　幸子（名古屋大学大学院），木南　直之（京都大学大学院），木村　恵子（安西・外井法律事務所），近藤　麻紀（安西・外井法律事務所），佐藤　浩一（社会保険労務士），清水　泰幸（東京都立大学大学院），大門　稜武（(社)消費者関連専門家会議），根岸　忠（上智大学大学院），濱口　桂一郎（衆議院調査局厚生労働調査室），藤江　知郁子（東京大学大学院），松本　好人（白鷗大学大学院），三輪　まどか（横浜国立大学大学院），渡邊　岳（安西・外井法律事務所），渡邊　徹（弁護士）

10．その他

　「講座21世紀の労働法」の4・5巻がそれぞれ300部増刷されたが，定価を維持するため，これにより発生する印税をそれぞれの巻の執筆者に放棄してもらうことが理事会により提案され，総会において承認された。

　2003年7月に，代表理事選出選挙が行われることが報告された。

◆ 日本労働法学会第106回大会案内 ◆

日時：2003年11月3日（月・祝）　9時30分—17時00分
会場：関西大学百周年記念会館（千里山キャンパス）
　　　〒564-8680
　　　大阪府吹田市山手町3-3-35
連絡先：電話　06-6368-1121（大沼邦博研究室）

統一テーマ：「雇用政策法の基本原理——能力開発，雇用保険，公務員制度を手がかりに」
司会：清水　敏（早稲田大学），諏訪　康雄（法政大学）
報告
　1　「雇用政策法——労働市場における「個人」のサポートシステム」
　　　　　　　　　　　　　　　　　　　　　森戸　英幸（成蹊大学）
　2　「雇用政策法の基本原理——職業能力開発を題材に」
　　　　　　　　　　　　　　　　　　　　　両角　道代（明治学院大学）
　3　「雇用保険制度の再検討」　　　　　　藤原　稔弘（関西大学）
　4　「公務員の勤務形態多様化政策と行政法・公務員法理論」
　　　　　　　　　　　　　　　　　　　　　下井　康史（新潟大学）

日本労働法学会規約

第1章 総　　則

第1条　本会は日本労働法学会と称する。
第2条　本会の事務所は理事会の定める所に置く。(改正，昭和39・4・10第28回総会)

第2章 目的及び事業

第3条　本会は労働法の研究を目的とし，あわせて研究者相互の協力を促進し，内外の学会との連絡及び協力を図ることを目的とする。
第4条　本会は前条の目的を達成するため，左の事業を行なう。
　1，研究報告会の開催
　2，機関誌その他刊行物の発行
　3，内外の学会との連絡及び協力
　4，公開講演会の開催，その他本会の目的を達成するために必要な事業

第3章 会　　員

第5条　労働法を研究する者は本会の会員となることができる。
　本会に名誉会員を置くことができる。名誉会員は理事会の推薦にもとづき総会で決定する。
　(改正，昭和47・10・9第44回総会)
第6条　会員になろうとする者は会員2名の紹介により理事会の承諾を得なければならない。
第7条　会員は総会の定めるところにより会費を納めなければならない。会費を滞納した者は理事会において退会したものとみなすことができる。
第8条　会員は機関誌及び刊行物の実費配布をうけることができる。(改正，昭和40・10・12第30回総会，昭和47・10・9第44回総会)

第4章 機　　関

第9条　本会に左の役員を置く。
　1，選挙により選出された理事（選挙理事）20名及び理事会の推薦による理事（推薦理事）若干名

2，監事　2名

（改正，昭和30・5・3第10回総会，昭和34・10・12第19回総会，昭和47・10・9第44回総会）

第10条　選挙理事及び監事は左の方法により選任する。
　1，理事及び監事の選挙を実施するために選挙管理委員会をおく。選挙管理委員会は理事会の指名する若干名の委員によって構成され，互選で委員長を選ぶ。
　2，理事は任期残存の理事をのぞく本項第5号所定の資格を有する会員の中から10名を無記名5名連記の投票により選挙する。
　3，監事は無記名2名連記の投票により選挙する。
　4，第2号及び第3号の選挙は選挙管理委員会発行の所定の用紙により郵送の方法による。
　5，選挙が実施される総会に対応する前年期までに入会し同期までの会費を既に納めている者は，第2号及び第3号の選挙につき選挙権及び被選挙権を有する。
　6，選挙において同点者が生じた場合は抽せんによって当選者をきめる。
　　推薦理事は全理事の同意を得て理事会が推薦し総会の追認を受ける。
　　代表理事は理事会において互選し，その任期は1年半とする。
　　　（改正，昭和30・5・3第10回総会，昭和34・10・12第19回総会，昭和44・10・7第38回総会，昭和47・10・9第44回総会，昭和51・10・14第52回総会）

第11条　理事会及び監事の任期は3年とし，理事の半数は1年半ごとに改選する。但し再選を妨げない。
　　補欠の理事及び監事の任期は前任者の残存期間とする。
　　（改正，昭和30・5・3第10回総会）

第12条　代表理事は本会を代表する。代表理事に故障がある場合にはその指名した他の理事が職務を代行する。

第13条　理事は理事会を組織し，会務を執行する。

第14条　監事は会計及び会務執行の状況を監査する。

第15条　理事会は委員を委嘱し会務の執行を補助させることができる。

第16条　代表理事は毎年少くとも1回会員の通常総会を招集しなければならない。
　　代表理事は必要があると認めるときは何時でも臨時総会を招集することができる。総会員の5分の1以上の者が会議の目的たる事項を示して請求した時は，代表理事は臨時総会を招集しなければならない。

第17条　総会の議事は出席会員の過半数をもって決する。総会に出席しない会員は書面により他の出席会員にその議決権を委任することができる。

第5章　規約の変更

第18条　本規約の変更は総会員の5分の1以上又は理事の過半数の提案により総会出席会員の3分の2以上の賛成を得なければならない。

学会事務局所在地
　〒192-0393　東京都八王子市東中野742-1中央大学法学部研究室内
　　　　電話・ＦＡＸ　0426(74)3248
　(事務局へのご連絡は毎週火曜日午後1時より4時までの間に願います)

SUMMARY

< Symposium I >

Contract of Employment Law in New Trend
—— Purpose and Summary of the Symposium

Susumu NODA

In recent years, "Individualization" has remarkably prevailed among Japanese labor relation. We have a good example: the cases of an individual labor conflict have so rapidly increased. To manage the problem, a special ADR system for the resolution of the individual labor conflicts, established by Ministry of Health and Labor, has started since 2001. This system has been successful in these cases for the present. It can be easily imagined that such conflicts will increase at a great rate.

However, Japanese labor legislation has not provided for the resolution of individual labor conflicts. In addition, Japanese labor law theory has not prepared the comprehensive doctrine for the issue.

Our symposium aims to propose a perspective of new theory for contract of employment by two series of researches : 1) Studies on the developing of labor contract law and theory in France and Germany during the 1990's ; 2) Studies on the recent transformation of modern contract law theory in Japan.

The discussion in our symposium was composed as follows :

A) Question and answer session about each report.
  a) Development on the contract of employment legislation and tribunal cases in French,
  b) Development on the contract of employment, the revision of civil code in German,
  c) Transformation of contract laws and the doctrine in Japan

B) The solutions from the French and German experience.

a) External control on the contract of employment,
b) Internal control on the contract of employment,
c) Aspects of modern contract law doctrine
C) The suggestion and workable idea for the future legislations and our theory.

Tendances du Droit des contrats de travail en France

Kaoko OKUDA

Nous examinons, dans cette article, les tendances du droit des contrats de travail en France, en tenant compte de la flexibilité externe et interne des relations de travail.

Pour la flexibilité externe, d'une part, l'encadrement strict du licenciement économique a été renforcé par la loi du 17 janvier 2002 de Modernisation sociale : l'obligation de reclassement, les nouvelles attributions des comités d'entreprise dans la procédure de licenciement collectif, l'augmentation de l'indemnité de licenciement, etc. Cette loi a aussi réformé les régles du contrat de travail à durée determinée pour faire face à la précarité des emplois.

La flexibilité interne, d'autre part, se développe surtout dans les normes collectives : révision et dénonciation de la convention collective, en particurier. Dans la jurisprudence de la Cour de cassation, au contraire, s'applique strictement le principe de la force obligatoire du contrat à la modification du contrat individuel de travail. Cela a conduit à l'intervention du législateur : la loi de 1993 sur le licenciement économique, les lois de 1998 et 2000 concernant la réduction du temps de travail. De plus, les clauses particulières insérées dans le contrat de travail, autorisant la modification unilatérale du contrat (clause de mobilité, par exemple), sont limitées ou condition é es (un critère de nécessité et de proportionnalité). Il est à noter que les juges attachent de l'importance aux droits fondamentaux et libertés individuelles des travailleurs.

Die Tendenz des Arbeitsvertragsrechts in Deutschland
── Die Kontrolle der Allgemeinen Geschäftsbedingungen im Gesetz zur Modernisierung des Schuldrechts ──

Itaru NEMOTO

Ⅰ Der Zweck und der Gegenstand.

Ⅱ Die Verwendung der Allgemeinen Geschäftsbedingungen in den Arbeitsverträge.

 1 Was sind Allgemeine Geschäftsbedingungen?

 2 Die Situation der Arbeitsvertragspraxis.

Ⅲ Der Inhalt und die Bedeutung der Kontrolle der Allgemeinen Geschäftsbedingungen im Gesetz zur Modernisierung des Schuldrechts.

 1 Die Situation der Vertragskontrolle (Inhaltskontrolle) vor der Änderung des BGB.

 2 Der Verlauf und der Zweck der Änderung des BGB.

 3 Der Anwendungsbereich.

 4 Der Tatbestand und die Weise der Kontrolle der Allgemeinen Geschäftsbedingungen.

 5 Die Rechtsfolge.

 6 Der Einfluss der neuen Kontrolle.

Ⅳ Die Bedeutung der Kontrolle der Allgemeinen Geschäftsbedingungen im Arbeitsvertragsrechts und die Andeutung in Japan.

 1 Die Inhaltskontrolle und das Arbeitsvertragsrecht.

 2 Die Andeutung in Japan.

German-French New Current and its Suggestion to Japanese Law
—— Towards Reconstruction of a Principle of Labor Contract Law ——

Shinobu NOGAWA

Ⅰ Fundamental viewpoint
  (1) Formation of an individual contract of globalization and employment
  (2) The tendency of the formation of an individual contract and comparison of system reform
Ⅱ A labor contract of Japan—the present condition involving a principle of law
  (1) The control system and its transformation of the labor contract
  (2) Development of the case law method on the labor contract and its task
Ⅲ New current in Germany and France and suggestion to Japan
  (1) Germany—Reconstruction of inner control system
  (2) France—Strengthening of external control system
Ⅳ Towards the reconstruction of principle of the theory of labor contract law
  (1) Fundamental viewpoint
  (2) The new standard of the contract law in Civil Code and its suggestion to the labor contract law
Ⅴ Conclusion

< Symposium II >

Reconstruction of the Theory of the Modification of Working Conditions
—— Purpose and Summary of the Symposium ——

Seigo MORI

The modification of working conditions is one of the most controversial subjects in Japanese Labor Law. Especially, the problem of unilateral modification by employer through a revision of work rules, which the Supreme Court has admitted as far as the modification is reasonable, is attracting concern anew with the appearance of new Supreme Court decisions.

In this symposium, the two presenters aimed to propose a new approach to the theory of the unilateral modification of working conditions by employer. For that purpose, they had fully discussed previously and prepared a unified report. The main characteristics of their theory are as follows :

1) The major concern of the presenters consists in constructing a new comprehensive theory of the unilateral modification of working conditions by employer, which includes not only the modification through making or changing work rules, but also the modification by other methods such as work direction and personnel orders.

2) While the presenters admit a right of employer to modify unilaterally the working conditions, based on worker's prior consent, they argue, at the same time, that several conditions of validity for that right should be extracted from employer's duty to take care, in both stages of its formation and exercise. They point out, as such conditions, a duty to secure the working conditions as a general obligation, a duty to clarify the extent of the right to modify (in its formation) and a duty to explain and consult with workers (in its exercise) etc. as individual obligations.

3) The presenters attempt also to define the burden of proof concerning

the modification of working conditions, comparing the theory of working conditions with that of dismissal, which they regard as an ultimate modification of working conditions.

In the discussion of this symposium, participants argued many subjects, for example, about the legal grounds of the employer's right to modify working conditions, about the contents and legal basis of duty to take care, and about the validity of comparison between the two theories of working conditions and dismissal.

Reconstruction de la théorie de la modification des conditions de travail

Miki KAWAGUCHI
Keiichi FURUKAWA

Introduction

C'est un sujet important, au niveau théorique ou au niveau pratique, si l'employeur peut modifier unilatéralement des conditions de travail même si le salarié ne donne pas son accord lors de la modification. Mais en ce qui concerne la jurisprudence et la doctorine jusqu'à présent, nous pouvons signaler des problèmes suivants ; premièrement, il n'existe pas la théorie systèmatique de la modification des conditions de travail, et les conditions de validité et la répartition de la risque de la preuve ne sont pas précis et raisonnables, et deuxièmement, la différence et la communauté entre la théorie de la modification unilatérale des conditions de travail par l'employeur et la théorie du licenciement ne sont pas examinées.

Cette étude a pour but d'observer l'orientation de la théorie de la modification unilatérale des conditions de travail, la reconstruction de la théorie de la modification unilatérale des conditions de travail et la différence et la communauté entre la théorie de la modification unilatérale des conditions de

travail et la théorie du licenciement.
  1 Définition
    (1) Conditions de travail
    (2) Modification des conditions de travail
  2 Objet de cette étude
    (1) Modification unilatérale des conditions de travail par l'employeur
    (2) Types des modifications unilatérales des conditions de travail
I Orientation de la théorie de la modification unilatérale des conditions de travail
  1 Construction de la théorie
    (1) Approche
    (2) Cadre de base de la reconstruction
  2 Théorie compatible avec la theórie du licenciement
    (1) Modification unilatérale des conditions de travail et Licenciement
    (2) Théorie de la modification unilatérale des conditions de travail et Théorie du licenciement
II Reconstruction de la théorie de la modification unilatérale des conditions de travail
  1 Fondement de la réglementation et Construction de la théorie
    (1) Accord préarable du salarié
    (2) Obligation de loyauté et de bonne foi en matière contractuelle de l'employeur
  2 Conditions de validité et Risque de la preuve
    (1) Conditions de validité et Risque de la preuve communs aux tous les types
    (2) Conditions de validité et Risque de la preuve de chaque type
III Théorie de la modification unilatérale des conditions de travail et Théorie du licenciement
  1 Reconstruction de la théorie du licenciement
    (1) Théorie du licenciement basée sur l'obligation de loyauté et de bonne foi en matière contractuelle de l'employeur

(2) Relation avec l'article 18-2 de la loi sur les règles du travail
 2 Comparaison entre la theórie de la modification unilatérale des conditions de travail et la théorie du licenciement
   (1) Différence sur les conditions d'avoir le droit
   (2) Différence et Communauté sur les conditions de l'exercice de droit
Conclusion
 1 Importance de cette étude
 2 Utilité des conditions de validité posées par cette étude

< Symposium III >

Legal Problems of Contract Work
—— Summary of the Discussions in the Symposium ——

Katsutoshi KEZUKA

Changes in the labour market and the organization of work, linked to globalization and technical innovation, have increased the number of contract workers who are formally self-employed or work on business trust contract. Since they are not employees by the test of the personal subordination, it is a hot issue, how and to what extent to protect them. The main approach is to make new criteria to deicide the scope of employment relationships. The economical dependency test is commonly proposed to distinguish between employees and independent contractors. In order to resolve this problem sufficiently, however, we have to reconstruct also the responsibility of the user enterprises, because the increase of contract workers is caused by management strategies. *Kamata* stressed the necessity of setting up the user responsibility, but showed no legal ground, why the user enterprise must take the responsibility as an employer against contract workers of "ambiguous employment relationships". *Nagao* proposed the new control test of employment relationships, which is deduced from vicarious liability of employers in tort. Nevertheless, he did not distinguish between the employer as a party of employment contract and employer as an owner of an enterprise, although the scope of employers to take vicarious liability is generally considered wider than that of employees as a party of employment contract.

On suggestive discussions, I think it is useful to constitute the employer responsibility from two aspects, namely that of a party of employment contract and that of an owner of the enterprise (entrepreneur). The employer responsibility of an entrepreneur is not limited to the persons who are classified into the employment relationships. A contract worker, even if he were not regarded as an employee, could be protected at least in the range of the entrepreneur's duties, as far as he works mainly for the business of the entrepreneur or mostly in the premises of the entrepreneur. Contract workers working in triangular relationships, whose legal situations are argued by *Omata*, could also enjoy legal protection from both the user and the provider enterprise. It is an open question how to define the content and the range of the employer responsibility of the entrepreneur.

Legislative Measures Necessary to Protect "Contract Workers" in Japan

Hideo NAGANO

Job security and the protection built around the employment relationship are being challenged as the notion of "contract workers" becomes more widespread in Japan. This article proposes some legislative measures to protect "contract workers" who have an immediate contract relationship with another person to which they provide their services directly.

This article first looks at the legislative ground of the "employment relationship theory", which are drawn from Article 715 and 716 of the Civil Code. This legislative ground gives us the firm legal framework to determine whether or not an employment relationship exists or to establish the boundaries between dependence and independence.

Then, this article, based on the above framework, enters into an evaluation of the notion of "contract workers." The author introduces the definition of "contract workers", who enjoy an employee status of the Trade Union Law that applies the economic reality test, while their employee status are rejected under the right to control test of the Labor Standards Law. The author adds the additional requirement to be "contract workers" as having a competitive status with ordinary workers for getting a job (or a service contract) in the same labor market in order to fulfill the labor union exemption stipulated under the Antitrust Law.

The protection provided by labor law, generally, is not applicable to "contract workers," except in the field of the collective relations law. In order to correct this defective formulation of the current labor law, this article examines the protections necessary to "contract workers," and proposes specific legislative measures to protect them in the law of the labor market, the individual labor relations law, and the other fields of law.

Schutzaufgabe für Vertragsarbeitnehmer in den dritten Beschäftigungsverhältnissen

Katsuji OMATA

Vertragsarbeitnehmer ist hier derjenige Beschäftigte, der bei einem nicht vertragsbezihenden Unternehmen (Dritten), vermitellt oder beschäftigt von einem anderen Unternehmen, tatächlich von dem Dritten abhängig Arbeit (Dienst) leistet.

Dem drittbezogenen Vertragasarbeitnehmer wie dem zweiseitigen werden die bisher von den festangestellten Beschäftigen ausgefürten Tätigkeiten im Fall der Outsourcing beauftragt werden. Dadurch wird die Arbeitgeberhaftung des aufraggebenden Unternehmens weggefallen. Arbeitsrechtliche Aufgabe liegt also darin, ob und wie das auftraggebenden Unternehmen arbeitsrechtliche Haftugng zu tragen habe.

Der Vermittler hier ist aber nicht im Sinne "Arbeitsvermitller" zu verstehen, sondern er beauftragt selbst erneut jemanden (Dritten) mit der vermittelnden Rolle wieder. In Japan ist es denkbar, daß der Vermittler als Verleiher gegenüber Leiharbeitnehmer Arbeitgeberhaftung tragen soll, wenn er auch noch Weisung erteilt. Dies ist aber ungenugend als Unterstützungsmaßnahme für Vertragsarbeitnehmer, wenn der Vermitller wirtschaftlich sehr schwach und deswegen in Konkurs mit dem unbezahlten Lohn gerät Im Typ des Fredmfirmeneinsatzes also, im Falle des Subunternehmervertrages, ist das Entstehn des stillschweigenden Arbeitvertrages des Arbeitnehmers mit dem einsetzenden (auftraggebenden) Unternehmen oder Verleugnen der Rechtspersonlichkeit des eingestzten Unternehmens (wie Durchgriffhaftung des einsetzenden Unternhemens) möglich, aber nur wenn man so sagen kann, daß in der Tat der Subunternehmer allein formell entsteht und das einsetzende Unternehmen gegenüber dessen Beschäftigten wie Arbeitgeber Arbeitsbedingungen bestimmt und Lohn bezhalt Der Geltungsbereich ist deswegen nicht so groß.

In Deutschland ist dagegen solcher Fremdfirmeinsatz als illegale Arbeitnehmerüberlassung einen Arbeitssvertrag mit dem eingesetzten Arbeitnehmer kraft der gesetzlichen Fiktion begründen soll, wenn Geräte und Material bei Subunternhemen von dem einsetzenden Unternehmen zur Verfügung gestellt und Arbeitnehmer des Subunternehmens in dem einsetzenden Unternehmen nach der ganzen Gestaltung der Beziehungen eingegliedert wird. Für diejenige Selbständigen, die von dem Bestller nicht persönlich abhängig, aber wgen keiner Möglichkeit der Unternehmertätigkeit auf dem Markt wirtschaftlich von ihm abhängig ist, besteht das System der Arbeinehmerähnlichkeit,in dem auf ihn einige Schutzgesetzete angewendet werden können.

In Japan wäre auch wünschenswert, in den drittbezogenen

Beschäftigungsverhältnissen Arbeitnehmerüberlassungsgesetz mit der privatrechtlichen Wirkung wie in Deutschland einzuführen. Aber es wäre nicht noch realistich mit Rücksicht auf die jetzige Reformtendenz. Unter einer Voraussetzung, daβ das Schutzsystem für die Arbeitnehmerähnlichen Person (Selbständigen) in Japan begründet würde, wäre es denkbar sekundär, dieses System auf solche Arbeitnehmer des Subunternehmers analog anzuwenden. Bei der Anwendung wäre es nicht auf wirtschaftliche Abhängikeit, sondern auf organisatorische Eingliederung des betroffenen Arbeitnehmers oder dessen Tätigkeit in den einsetzenden Betrieb abgestellt.

The Definition of Contract Labour and the Protection of Contract Workers

Koichi KAMATA

In many cases the kind of relationship between dependent worker and enterprise for which services are performed is of a civil or commercial order, some of which justifies the relationship between the concerned parties not falling within the scope of application of labour legislations. However, among the cases the relationship between the various parties is in all respects similar to an employment relationship (contract labour). Despite of the similarity, these worker (contract worker) lack protection on account of labour legislations not being applied to them.

This issue has been raised in Japan since the end of the Second World War. It is a consequence of change which have been taken place in the employment relationship. The protection of contract workers was discussed at the International Organization Conference in 1997 and 1998. But it did not complete its work, because it could not succeeded in identifying the contract workers.

Japanese courts protect the contract workers in many cases by adjusting the scope of application of labour legislations. But it is very difficult to foresee whether the worker is employee or not, because a test for determining an employee status is too complex even for judges. The supreme court inclines to interpret the scope of employment relationship too narrow.

I will try to clarify the definition of contract workers to be protected according to the conclusion of the discussion of the International Organization Conference in 1997 and 1998, which divided a situation of contact labour in two types, (a) a disguised and (b) a objectively ambiguous employment relationship. Taking accont of this division, I will refocus the Japanese employment relationship to which labour legislation will be applied

In order to make it easy to determine employee status in the disguised employment relation, I propose in this article to introduce a administrative procedure for determining the status, which comprises a broad presumption in favour of employee status.

Further I propose to establish a new category of worker between employee and independent contractor as a middle status, such as the employee-assimilated worker in German labour law, so that the scope of law should be enlarged in favour of contarct worker in the objectively ambiguous employment relationship

Employment Flexibility and Personnel Reduction System in China

Noboru YAMASHITA

Amid China's transition from a socialist planned to a socialist market economy, the government is trying to revise its employment system. Today in China, behind the rapid economic growth, the number of the unemployed is increasing. It is regarded as a result of layoff on a large scale, which is expanded in order to turn the inefficient economic system under the planned economy into the suitable one for current economy.

Coping with excess personnel, China's state-owned enterprises are trying to reduce the number of employees by means of "Xiagang". "Xiagang" is a system which secures a certain wage level of excess personnel and promotes their re-employment. It also means that flexible system replaces fixed one as a new type of employment.

The purpose of this paper is to introduce the functions of "Xiagang" at turning point of employment system reform in China.

Ⅰ　Introduction
Ⅱ　Labor Market in China
　　1．Given Conditions of Labor Market in China
　　2．The Triple Structure of Labor Market in China
Ⅲ　Policies in the Transition Period
　　1．"Xiagang" and the Labor Contract System
　　2．Functions and Merits of "Xiagang"
　　3．Demerits of "Xiagang"
Ⅳ　Employment Flexibility by "Xiagang"
　　1．Employment Flexibility in State-owned Sector
　　2．Actualities of "Xiagang"
Ⅴ　Conclusion

DOI MOI on the Labor Union in Vietnam

Yoshihisa SAITO

I Introduction

This paper will examine the necessity and the possibility of DOI MOI (renovation) on the legal status and the legal role of the labor union in Vietnam.

The market economy which has developed rapidly in Vietnam is only a step to the socialism within a limit of the unitary rule by the Communist Party.

But, the re-separation of laborer and employer has generated as a natural result, and many labor disputes have actually occurred too.

Here, it is the problem that the labor union in Vietnam at the present is not an organization that premises such a gap between labor and employer.

II General condition of the law systems on the labor union

III Independency of the labor union

   1 Relation with the party and the state

   2 Relation with employer

IV The one union system in Vietnam

   1 Role of the labor union in making decisions of labor condition

   2 Role of the labor union in the settlement of labor disputes

V Final chapter — DOI MOI on the labor union —

   1 Necessity of DOI MOI on the labor union

   2 DOI MOI on the law systems on the labor union

Employee-Concept and Labor Contract in Germany

Hiroyuki MINAGAWA

I   Introduction
II Historical development of the employee-concept in Germany
   1   Criteria of personal subordination
   2   Cases of freelancers at broadcasting stations in the 1970's
III New employee-concept
   1   Alternative model by R. Wank
   2   Criticizing the alternative model
IV Problems of the "new" kinds of self-employment
V   Employees and self-employed from a historical viewpoint
   1   Industrial workers, clerical workers
   2   Manufacturers, commercial agents
   3   Professions
   4   Freelancers at broadcasting stations
VI The new kinds of self-employment and labor contract
VII Conclusion

Amendment of Labor-related Legislative Bills submitted by the Cabinet

Youichi TERAYAMA

This paper analyzes the amendment process of labor-related legislative bills introduced by the Cabinet.

After examining 10 labor-related bills which were submitted by the Cabinet and passed in the last ten years, the author presents three different models in terms of the types of amendment. First, he assumes a basic amendment model, in which the government bill is followed by the opposition parties' counterproposal and ; the government's amendment proposal before its passage.

The second amendment model has an alternative bill proposed by opposition parties prior to the governmental bill. The third amendment model is accompanied by no official prior proposal nor counterproposals.

By examining the different situations concerning the legislative issues and their relations to the amendment in these three amendment models, the author stresses that these three models provides useful tools in pursuing the legislature's intent.

編集後記

◇ 本誌は，新しいカバーデザインによる学会誌の2冊目である。カバーデザインの変更については会員から多くのご感想をいただいたが，最も多かったのは，「驚いた」，「最初は学会誌とは思わなかった」というものであった。好評かどうかはともかく，決して不評ではなかったようで，ホッとしている。

◇ 本号は，2003年5月11日（日）に駒沢大学で開催された第105回大会でのミニシンポと個別報告の論文を中心に編集されている。また，冒頭の高木剛氏の「司法制度改革と『労働』」は，同大会での特別講演の記録である。

◇ 詳しくはご存じない会員も多いと思われるが，現在，秋に出版される学会誌の原稿は7月中旬までに学会誌編集委員会が取りまとめ，一括して法律文化社に入稿することになっている。学会の期日からわずか2か月ほどしかなく，その間に査読手続まで済ませなければならない。今回は，学会報告者には事前に執筆依頼を発送するなどの工夫をしてみたが，それでも報告から1か月ほどでの原稿執筆と，2週間ほどでの査読結果への対応をお願いせざるをえなかった。執筆者のご協力に対して深甚の謝意を表したい。

◇ 私が学会誌編集委員長になってから，本誌で3号目となった。編集作業にもだいぶ慣れ，カバーデザインと文字組の変更も終えることができた。これからは，新たな編集企画など，外観ではなく中身の刷新に取り組むことにしたい。

◇ 本号の発行にあたっても，法律文化社編集部の秋山泰さんと田多井妃文さんのお二人にはたいへんお世話になった。心からお礼申し上げる。

(盛誠吾／記)

《編集委員会》
盛誠吾（委員長），石田眞，石井保雄，表田充生，川田琢之，小西康之，佐藤敬二，武井寛，中内哲，本久洋一，水町勇一郎，山川隆一

労働契約法の新潮流
労働条件変更法理の再構成
契約労働をめぐる法的諸問題　　　　　　日本労働法学会誌102号

2003年10月10日　印　刷
2003年10月20日　発　行

編集者
発行者　日本労働法学会

印刷所　株式会社 共同印刷工業　〒615-0064 京都市右京区西院久田町78
　　　　　　　　　　　　　　　　電　話 (075)313-1010

発売元　株式会社 法律文化社　〒603-8053 京都市北区上賀茂岩ヶ垣内町71
　　　　　　　　　　　　　　　電　話 (075)791-7131
　　　　　　　　　　　　　　　Ｆ Ａ Ｘ (075)721-8400

2003 © 日本労働法学会　Printed in Japan
装丁　白沢 正
ISBN4-589-02673-2